外之既不后于世界之思潮，
内之仍弗失固有之血脉，取今复古，别立新宗

—— 鲁 迅 ——

复旦大学出版社

谨以小书，
纪念复旦大学建校 120 周年、上医建院 98 周年。

本书写作，陆续得到复旦大学上海医学院党委宣传部、
复旦大学校友总会、复旦大学教育发展基金会等部门和单位的大力支持，
由"复旦大学上海医学院上医文化基金"（2024）、
"复旦大学校友基金"（2025）资助完成，在此致以最诚挚的谢意。

巍巍学府

复旦·上医
与近代中国

1905
—
1949

王启元 著

复旦大学出版社

校友写校史

李天纲

　　校友写校史，这几年成了一个新现象。校庆年节，学校官方都会编撰校史作品，如《复旦大学志》（1985）、《复旦大学百年志》（2005）、《上海交通大学史》（2016）。最近二、三十年来，在众多网络论坛上、校友会网站上，很多校友都用文字描述自己的大学生涯，同时也追溯校史，讲解本校的校训、校风，记录校长、教师和同学间的事迹等。问了豆包："由校友撰写的大学历史著作有哪些"？给出的目录有四川大学中文系78级30位校友撰写的《我的大学》，南京理工大学1988级张新科的《流年卷帙》、未名氏的《厦门大学的先生们》，等等。翻检书柜中校友编撰的复旦校史，手边就有吴中杰（复旦中文系教授）的《复旦往事》（2005）、陈雁（复旦历史系教授）的《师道》（2012）、张安庆（复旦中文系80级）等《我们这一届》（2014）、张国伟（复旦历史系78级）的《相辉》（2020）和《卿云》（2022）。王启元（复旦大学中华古籍保护研究院副研究员）新书《巍巍学府：复旦、上医与近代中国》（简称《巍巍学府》）也是一部复旦人撰写的民间校史，生动活泼有类，完整全面则加之。

　　《巍巍学府》献给母校建立120周年，"我们该怎么纪念呢"？王启元用李登辉校长在1935年复旦大学30周年校庆时的讲话做序言的卷首语来设问。他的回答，应该就在全书的章节结构中。第

一、二章着重写"复旦之父"，创始校长马相伯；第三、四章写"复旦保姆"，长期担任校长的李登辉；第五、六章写上医奠基人，华人自办现代医院的鼻祖颜福庆。参插在各章校长叙述中的是复旦校区变迁历史，从诞生地徐家汇，到第一校园吴淞镇、第二校园李公祠，再到永久校园江湾。凑巧的是，颜福庆创办上海医学院，第一校园也是在吴淞炮台湾下，后来才移到肇家浜枫林桥南，成为永久校园。于是，校长加校园两条线索，是《巍巍学府》的主线。早期复旦的历史，就被编织在这经纬关系中，交互兴替，层层推进，相当合理。

办大学，最要紧的角色是校长，在中国新式高等教育的早期历史中尤其如此。复旦、上医，都不是奉命而建，而是艰难众筹。在清末民初自主办学高潮中涌现的公、私立大学，创始校长的功劳当属第一。我们完全可以说没有马相伯、颜福庆，就没有复旦和上医。今天邯郸校区有"相辉堂"，枫林校区立颜福庆像，是为了纪念他们的首创之功。"从震旦到复旦"，我们对马相伯的情况了解得更清楚。1903 年，马相伯几乎是独力创办震旦学院，自捐松江、青浦 3 000 亩地收益做基金，亲自教授拉丁文、法文、哲学和数学课程。1905 年，震旦因耶稣会介入办学，亟需调整课程，不意引发学潮，又是马相伯出面挽救。另立复旦公学的时候，马相伯之外，周馥、张謇、袁希涛等亦有贡献，有钱出钱，有地出地，终于在吴淞建校。复旦早期是"公学"，是众筹，即江苏各机构中的新老士绅都有出力。但是，复旦校史最认可马相伯校长，那是因为他在关键场合都与复旦同呼吸，共命运，成为复旦精神的象征。

办大学，显性的物质条件是校舍，这方面复旦先天不足，后来恶补。初期的复旦，借地办学，吴淞炮台湾、徐汇李公祠都没有置下产权。逢到政局变异，竟至颠沛流离，1911 年"辛亥革命"后曾去过无锡；1937 年"八一三"抗战前又曾应荣氏邀请，谋迁无锡大雷嘴山底。1922 年，李登辉从南洋募捐钱款，在江湾买地 70 余亩，聘请著名建筑师墨菲设计、建造校园。江湾校区在"一·二八""八一三"中都受到严重破坏。复旦早期如此不顺，创建时期的上医也遭厄运。复旦、上医之外，同济大学、中国公学（后合并）、中国政大（后合并）、商船学校（今海事）、水产学校（今海洋）都创建在吴淞镇；劳动大学、立达学园和后期复旦，都集中在江湾镇。吴淞、江湾两镇是华人举办新式大学最早和最成功的地区，受到日军侵华战争最严重的破坏，几至难以恢复。校园不定，给初期复旦带来困境，竟曾被上海坊间列在"野鸡"之列。颜福庆办上海医学院也是辛苦，虽然是领了国立第四中山大学的抬头，但大量经费都是他在筹集，上医的吴淞校区也是毁于一旦。顺便一说，颜福庆为上医择定的第一个校舍，就是复旦公学在 1911 年丢失的那个吴淞校园。2017 年我们因写作《颜福庆在武康路》去考察，确定复旦和上医共同使用的校舍，就在今天的吴淞中学内。这个有些必然的巧合，对于今天已经合体的两校，倒是值得一提的佳话。

　　大学有了校园，师生得以聚合，教授的作用更重要。特殊情况下，校园、校舍条件非常差的学校，有出色的教授和学生，也能有好的办学成就，如创建期的复旦，亦如南迁中的西南联大。今天大学里流行一句话，"大学者，非大楼之谓也，大师之谓也"。这话是针对国内大学大师缺乏的现状而言，是清华大学校长梅贻琦在就职典礼上说的，时在 1931 年 12 月 3 日。然而，我们在做《马相伯年谱长编》

时发现，此话的原意和句法，是马相伯提出和使用。1912 年 10 月，马相伯就任北京大学校长。22 日，他发表演讲："大学者，非议校舍大，学生年纪大（当时京师大学堂留下的学生都是高龄生）及教习修金（当时北大经常欠薪）大，乃以学生有高等之程度及高尚之道德而大。"马校长比梅校长早说了近三十年。大学首先是增进知识，培养人才的地方，有"大师"级的教授引领至关重要，从复旦到北大的马校长最早说出了这个道理。

顶级的校长、教授，稳定的校园、校舍，校园里、课堂中能有一批好的学生是又加一等的重要。成功的高等教育都是师生合作，即所谓知识间的激励，教学间的相长促成的。我们知道，欧洲大学的诞生，学生起了主体作用。巴黎大学（1150）历史上的"学院制"，法兰西、诺曼底、皮卡第、英格兰学院，就是由各教区选派和资助的神修生组成的，他们的资金实力、热情求知、自主管理和出色才干，才是早期巴黎大学的发展关键。早期复旦的校园校舍不稳定，但校长、教师、学生都是最出色的。马相伯是"新学"泰斗，李登辉是管理天才，严复（第二任校长）等教授也是一时之选。蔡元培托付给马相伯的南洋公学"二十四个拉丁文学生"，后来大部分都转入了震旦、复旦肄业。这一批学生是从江南和中国的精英，他们在清朝从科举制转到大学制的时期最为出色，如项骧、黄炎培、胡敦复、胡仁源、邵力子、李叔同、谢无量等，都在中国高等教育史上做出了最重要的贡献。从陕西远方投奔徐家汇的于右任，加入了震旦和复旦，忠诚于母校，在关键时刻协助马相伯，多次让复旦转危为安。这位大校友在 1905 年从震旦到复旦，1911 年从吴淞到李公祠，1943 年从私立到国立转变中的作用和贡献，超过一般教授，仅次于马、李校长，可以列在第三位。历史的原因，于右任校友的事迹在大陆谈得不多，虽然他的书法造诣已经为人所知。《巍巍学府》对于右任的贡献，是近年来校史叙述中写得最清楚的。大陆读者和校友们对于这个判断可以相信，不必疑惑。

在校学生和毕业校友，是一个大学最重要的资源和财富。校长终会离去，教授可以替换，今天的学生，日后的校友才是一个大学的未来。1911 年，吴淞光复军政府认定复旦"暂借"的原提督行辕 120 间老房子产权属于清朝，既然革命，应归还军政府，用作司令部。复旦丧失了办学六年的校园，面临解散。然而，于右任、邵力子等校友已经担任吴淞中国公学教授，兼复旦授课，坚决不同意停课。1913 年 3 月，马相伯、胡敦复、于右任、邵闻泰、钱智修、叶永鎏、郑允等校长、校友联名写信，邀请孙文担任复旦校董，随后就让他批准拨给徐家汇李公祠，给复旦公学用作新校舍。这个关键批文影印件，在复旦大学档案馆及上海松江泗泾镇马相伯故居中皆有陈列，可作信史之证。究其事件关节，校友于右任的作用比校长马相伯更重要。因为作为同盟会上海地区领袖、辛亥革命宣传的主要喉舌，于右任和孙文个人关系更密切，而马相伯虽然也在南京，身处辛亥革命漩涡中心，但和临时大总统关系一般。

在资料、文献和档案如此丰富的时代，加上人类使用 AI 技术处理大数据的能力突飞猛进，写作变得更加容易。ChatGPT、Deepseek 已经不止是收集、检索资料，还可以帮助作者进行考证、整理，并作出基本准确的判断。这是一个人人可以参与写作的时代，以前必得专家才能做的人文学科和社会科学的写作，现在的读者和爱好者也能从事。从目前阶段的人工智能程度看，专业写作还能延续，"专家"和

"民科""民哲"之间的界限暂时还不会消失，但却越来越模糊。专业和业余，统一的身份都是写作者，对学者的要求更高了。在基本文献、档案知识容易获取，专业信息方便普及的情况下，学者如何提升专业水平，发展业务能力，至少要达到人工智能的水平，这些都是近几年在大学里教书、写书的老师们经常谈论的问题。简而言之，这些就是 AI 时代，文科学者如何生存的问题。

我们在一起谈论的忧虑，王启元在《巍巍学府》里率先做出了反应。走出书斋，在实实在在的自然地理和人文氛围中了解写作中遇到的问题，切身感受书中涉及的环境，检验自己的知识和结论的可靠性，读书与行路配合，这是写作者可以做到的。我们注意到，《巍巍学府》中对一些地方有历史空间的现场描写。如写到复旦江湾校区开辟时的江湾镇地理状况，既有对上海老地图的考证，又结合了最近 city walk 新探勘的验证。近几年来复旦通识课开办的上海社会研究，显然也帮助了本书的写作。疫情结束以后，我们一起参加了上海和江南田野调查活动，把学生带到现场，在 city walk 中了解上海、江南和中华。王启元负责了五角场、江湾镇的行走，他把"山阴道上"的复旦风景，一一写进了《巍巍学府》，读来引人入胜。

校友写校史，一个特点是历有经验，还免不了地怀着感情。王启元写复旦校史，第一次把复旦和上医合并了写，马相伯、李登辉和颜福庆，三位重要校长占据了同等章节的篇幅，很有意义。复旦和上医本是两所学校，2000 年合并为新的复旦大学，复旦历史上第一次有了医学院。1900 年代在中国大学的初创阶段，文、商、法、政学院容易办，医、工、农、理科花钱多，学费贵、训练期长。除了交大、同济、大同、雷士德等有特殊实力的学校外，早期在上海办起来的大学，如圣约翰、沪江、震旦、复旦、中公、法政、持志、大夏、光华、暨大、劳大、上大……都以文、商、法科为主，逐步引入工科、医科。启元 2003 年入学新复旦，复旦已经从 liberal arts college 的规模，进入到真正的 comprehensive university。专业多了，学术思维的方式扩展了，校友自然也多样化了。王启元本科在复旦上医毕业，硕士、博士研究生在中文系古籍所完成。在北大和清华，本、硕、博在校完成的被称为"三北""三清"，那作者应是"三复"。了解复旦，认同母校，"校友写校史"，做一部合并枫林和邯郸两个校区的校史，王启元是合适的。《巍巍学府》有医学训练的细密，也有中文专业注重的文笔，不容易。"巍巍学府文章焕……"（复旦校歌词），《巍巍学府》，值得一看。

目　录

绪论
"我们该怎么纪念呢"

　　要知本校之有今日，确非易事；兹特将本校历史向诸位报告。本校创办于光绪乙巳年，系由震旦大学分裂学生所组织，其时校址在吴淞。至民国元年时，移至徐家汇，当呈准南京临时政府拨助万金。民国十一年，迁入江湾本校。又经十余年之经营，始有今日。本校向抱苦干主义，故于行政费，则极力撙节，方得有此成绩，已为社会人士所共鉴。国难方殷，需才孔急，本校此后发展，深有赖于邦人君子之热心援助。

——复旦大学校长李登辉博士

　　要向众多来宾介绍一所学校数十年的经历，无论如何也不是一件容易的事；即便再精简扼要，这里一应的创办时间、办学因缘，校址的转移都需要面面俱到。学校的办学精神与气质也是不得不提的，显然也已得到了社会民众的广泛认同。关于未来的发展，任何一位掌校人都不会放弃这么重要的场合，希望更多"邦人君子"、有识之士们慷慨支持，毕竟办学之事是公认的善行义举。那段发言来自《申报》1935年10月报道的复旦大学三十周年大庆开幕式，时任校长李登辉博士的致辞，全国各大媒体争相报道。这也是民国时期复旦校庆最隆重的一次，庆典持续了三天，包括立法院长、孙中山之子孙科，外交家兼校董王正廷及复旦创校校长、九六老人马相伯在内的海内嘉宾济济一堂。李校长的主旨发言中，创校三十年的经历无疑是最重要的部分；即便《申报》报道仅仅是其提要，但后人依然能够想见当时李校长致辞中饱含的深情。三十年中复旦广涉吴淞、徐汇、江湾，期间还一度远赴无锡，遭逢数次兵燹，其中艰辛曲折铭刻在每一位复旦同仁心中，构成了一代亲历者自豪的共同记忆。

在之后的岁月里，除却抗战时期，大约每隔十年或者五年，都会迎来一次或大或小的校庆典礼，对于母校的纪念加入了时代的层累与堆积，成为厚重而浓郁的历史记忆。同时，随着 20 世纪末上海医学院的加入，加之上医自创办起便自带的多重光环，更使原本已纷繁交错的历史线索愈加深邃难测。上医不仅有长久的校史与前史，还有早期创校办学时便与复旦结下的多重渊源，早期两校间频繁的互动，随着近年的研究深入也慢慢浮现。

如此，九十年前李登辉校长所言"要知本校之有今日，确非易事"，放到今天其难度更是可想而知；不能只凭当事人的回忆，还要加上诸多的史实考据与背景的交代。今天的复旦、上医人，不仅对创校吴淞、辗转办学的早期校史感到陌生迷茫，甚至连看似熟悉的马相伯、李登辉、颜福庆等校长们相关的身份、家族等话题，模糊得很，这是笔者动手写作这本小书的初衷之一。纪念母校，想必需要回到具体的历史现场与因缘当中，才能有更好的切身体会。

关于早期复旦与上医的创校史，1949 年前的相关研究虽然不少，但成体系的作品不能算很多。其中，除了校志等志书外，成就最高的莫过于复旦百年与上医八十年时推出的校长系列《马相伯传略》《李登辉传》《颜福庆传》《朱恒璧传》等人物传记，皆为一时之力作。近十余年来，李天纲老师对于马相伯生平及著述的整理，钱益民老师对民国时期复旦与上医办学史的考察，亦多有成就。尤其钱益民考察的校史人物群从最知名的校长，扩大到当时的实际从事人物如章益、何葆仁、郭任远等，大大拓宽了校史研究的面向。张仲民老师对于早期复旦创校时陈三立、陈寅恪父子及严复、熊季廉师徒的研究亦有开拓之功，把复旦创校的话题纳入主流近代史学的话语体系之中。陈以爱专著《动员的力量：上海学潮的起源》以另一种方式把复旦校史融入大历史的叙述之中，为近年来有关复旦校史论著最为精彩的作品之一。上医院史的研究，近年则围绕知名人物如十余位一级教授，陆续推出纪念文集。2018年复旦、上医抗战西迁80周年之际出版的《烽火中的上医》《烽火中的复旦》两书则为两校西迁史的扛鼎之作，几乎囊括了校档馆相关所有档案类文献，补充了诸多前著所未及的细节。而因为校史与专业的原因，民国天主教大学震旦的校史研究，也与复旦和上医有千丝万缕的联系，除了李天纲老师的考察外，交大历史系的任轶从传世中法文献中钩沉震旦创校及创办医学教育，也成就颇多。这些研究成果，是笔者参考、进入本书研究的重要指引与路径。

近来刊布的近代文献数据库如爱如生"申报库"、"全国报刊索引"、唐绍仪档案等，则让今天的研究变得更为便利，研究者得以发现更多历史细节。如出借吴淞提镇行辕给复旦的松江提督的名字叫"杨镜严"，复旦校董唐绍仪长期住在火车北站，抑或上医前身江苏医大解散时的学生领袖中就有日后的上医名家钱悳。这些"小结裹"

里的发现未必能为复旦上医的校史研究增色多少，但或许能帮助读者
更多切近历史与现场。

　　同时，目前学界对于旧大学校史的研究也开始逐渐突破各校档案
系统学者的校史校志书写，形成了民国大学史研究的研究圈。已有学
者开展民国大学个案研究中包括苏云峰《从清华学堂到清华大学
（1911—1929）：近代中国高等教育研究》、黄福庆《近代中国高等教
育研究：国立中山大学（1924—1937）》、许小青《政局与学府：从
东南大学到中央大学（1919—1937）》、蒋宝麟《民国时期中央大学
的学术与政治》、韩戍《政治变迁下的私立大学——光华大学研究
（1925—1951）》等。而关于民国教育制度中的学术评价、课程建
设、教育科目的考察等相关研究成果要更多。[1]这其中，民国大学研究
界对于燕京大学的选题，似乎有些明显的偏爱。且不论单篇精彩的论
文与研究档案资料不断问世，老燕大的专著似乎是民国诸校中最多的；
这其中无论是《从废园到燕园》还是《燕京大学与中西关系》都算得
上是高知名度的著作。而侯仁之先生《燕园史话》一书及《北京城的
生命印记》中关于海淀史地与校园的关系，则不止为海淀、燕大研究
中的开山名作，同时充满了对求学供职之所地情人文的温情与敬意。

　　2020年正月读到一本关于武汉大学校史的专著，笔者曾略作数
语附于书后，以为作者对于母校的款款深情与自豪，不仅能于字里行
间深刻感受到；从精心设计的腰封及其上"你如果要看中国怎样进
步、可以去到武昌看看珞珈山武汉大学"一语中，也能窥见一二了[2]。
本书作者刘文祥博士在之后的日子里陆续出版了关于武汉史地的多本
作品，让学界看到校史、大学史与区域、地方结合的广阔空间，也启
发本书关于吴淞、江湾诸节的写作。

这是一本关于复旦与上医早期历史的作品，也是笔者分别求学工作二十余年的地方。所谓"再看已是局中人"，要将这半个世纪的早期复旦与上医及其相关因缘，不落窠臼又娓娓道来，绝非易事。千头万绪，于何处展开；笔者略改电影《末代皇帝》的经典台词，以表心志：

我们该怎么纪念呢？

就像当初认识一样。

重新认识那个群贤毕至的时代

徐光启

徐光启出生在上海县城的城南，生平活动多在南北两京与上海县城附近的宅邸别墅。但因为其身后葬在了法华镇南"土山"之阴，这片地方反而因"徐家"之名而为天下所知。他逝世后的两百多年，有一位镇江来沪少年也步他的后尘，从上海县来到了徐家汇求学、毕业、任教，离开又归来，创办新学。六十六岁之前的马相伯，大约确实沿着徐光启的指引寻求自我与救赎。或者说，徐光启对马相伯的影响贯穿其百龄之年的大部分时间，1905 年远赴吴淞创办复旦也算在内，因为徐阁老在落款时不就常常自呼"吴淞徐光启"么？

李鸿章

作为近代史叙述中最具争议的人物之一，至少我们得承认他对于新式教育推广是有功的。主镇直隶北洋大臣时，开办北洋大学堂与南洋公学，影响泽及后世。南洋公学办学才五年便发生大学潮，间接帮助马相伯新创震旦乃至复旦。晚年马相伯吐槽周馥帮助他创办复旦时指出，若是1905年李中堂还在世，那么他看复旦"定然具另一副眼光相看"（《一日一谈》）。那能若此，复旦不过就是另一所南洋公学了么？而且，后来复旦不也做到了么？

周馥

作为马相伯的老大哥与前辈，在帮助马相伯创办复旦之后的三十年，还是被马相伯轻轻地揶揄了一下——见识不如李中堂。周玉山殁后逊帝谥其"悫慎"，想必是位审慎顶真的人物，不及自己的老长官"豁达大度"是肯定的。但今天看来，周馥依旧无愧复旦创校的头号功臣：最早创校的地和钱，都是他拨付的。从今天留在《申报》里的多封打给上海道台、松江提督的电报，看得出他的仗义相助又行事周全的秉性。今天复旦人似乎应该重新认识一下这位晚清名臣。

于右任

于右任不是南洋公学"旁听"的门徒，他是犯事后从西北逃到上海投奔了马相伯，也是早期震旦与复旦时期，马相伯最重要左臂右膀；主要还是因为他年纪最大，且有过办小学的经验。别看中年以后的于右任长须飘飘，俨然长者；早年的他仿佛就是一位武侠中人。据他回忆在开封会试时，因自印《半哭半笑楼诗草》被通缉。拿办的密旨已下，但电报和驿站都发生故障，明文未到，没有动手。他得到消息后刚离开，抓捕的人就到了。那时尚在过年之前，河南这地方的风俗，过年时住店的客人都把自己的大红名片贴在墙上。他临行时手里拿了几十张别人的名片，路上要是遇到盘问的，就随手拿一张名片出来，自己就是那名片上的人。这样一路糊弄过来，出了河南，到了武汉坐船来上海，名片正好用光！

袁希涛

袁希涛当过北洋时期教育部次长与代部长，曾带队赴美考察高等教育，陈寅恪和吴宓大概在北美见过他。复旦创校时他任庶务长兼校董，同时还是宝山本地人。宝山本地的近代初、高等学堂基础教育几乎都与他有关；同济迁淞改国立，便是他最大的手笔。就是这样一位本地知名教育家，在复旦的境况却颇不美妙。吴淞复旦开学一个学期后，马相伯赴日安抚留学生，而袁氏力主学校停办整顿，遭到学生罢黜。但个中究竟，因材料所限仍不知何故。

胡适

1906年5月澄衷学生胡适之，第一次乘坐淞沪铁路，来到吴淞参观了未来堪为南方新文化重地的复旦，归途的火车上他作出人生第一首旧诗。那天在吴淞，胡适大有可能遇到当时在苦苦维持教务的严复和陈三立，即便严复要到是年底才接手学监位。陈的公子寅恪当时也在复旦读书。鉴于吴淞校园并不宽敞，学生有限，两位未来中国学界的巨擘，大约早在前清时的复旦就见过面了。

叶子衡

作为想证明自己的富二代，叶子衡似乎还颇为成功。他把所创新式学堂，及自己捐建的疗养院，都以父亲叶澄衷的名字命名。而他自己最看重的跑马厅，在停办半个多世纪、沦为工厂用地后，大部分地改作校园，其中的东南片的四分之一并入了复旦（另有将近二分之一面积则最终属于上海财大）。而在民国时原属上医附属第二实习医院的澄衷医院，今天却没有变成复旦附属，那片经典的近代园林也与复旦失之交臂。

唐绍仪

他最知名的事件就是抗战初期被刺于武康路寓所，被伪装成古董商的刺客斧劈死。新公布的上图藏唐绍仪档案中收入多封古董店的清单，可见他确是至死不渝的大行家——但笔者也不愿意相信他真做了汉奸，比之北平附逆的名流们来说，1938年死之前的唐还是可观的。另一层对唐的好感，便来自他对近代教育事业的支持，唐档里保留了大量他经手的教育事业公私信牍，包括北洋医学堂、税务学堂、澄衷学堂、务本女中在内的诸多学堂都得到过他的关照，这其中当然也包括复旦与上医。复旦第一次腾飞：江湾新校舍的建立，便有唐绍仪出面化缘之功；早在之前五四运动时期，他也出面勉励了复旦的学生领袖。到了募捐中山医院与新上医时，唐绍仪也是重要的发起人。

茂飞

他的一个身份是李校长在纽黑文时没见过的耶鲁同届同学。当然，他更重要的经历是设计了清华、燕京、复旦、雅礼等校的校园建筑群，并影响了一代中国高校建筑设计理念，上医枫林桥建筑便受其影响。这么看，茂飞可以算是中国近代教育史上"最熟悉的陌生人"。他给复旦设计了一幅还算不错的校园理想图，但鉴于囊中羞涩，20 世纪初迁新址时的复旦，其实只实现了设计图的十分之一；当然，这些建筑最终还是成为复旦人共同的精神线索。但是大家不禁要问，如果按照茂飞的原意，那复旦校园该有多美——其实今天可以去看下位于福州闽江边魁歧村的福建协和大学旧址，那里的校园几乎跟复旦同时设计，同时施工，同时落成，但能做到忠实呈现茂飞的理念。

颜惠庆

作为北洋大佬与颜福庆的堂兄，颜惠庆对颜福庆的医学事业照顾尤嘉。而他又是亲手将李登辉介绍给马相伯的人。历任民国总理与复旦有渊源者不少；而复旦与上医共同的贵人，颜惠庆绝对是第一人。

胡美

他是早期雅礼会最杰出的来华医生；颜福庆毕业来长沙，就是协助胡美与雅礼会在此的医学尝试。在湖南，他与颜福庆合作无间。但当颜福庆希望在长沙以外尤其是长江以南开办新式医学教育时，胡美与雅礼会都明确不予支持，让人看到了他的局限。颜福庆转而求助洛克菲勒集团，成就了他日后在协和与上医的职业生涯。

黄炎培

作为南洋公学墨水瓶事件时期的学生，他没有继续跟随马相伯在震旦读书，却与于右任先后在日本加入了同盟会。北洋时期，他曾一度主持江苏教育工作，尤其推行日系医学教育体系，北洋时期的江苏医专办得不可谓不成功。国民政府成立，江苏九校合并后，由他参建的医学院建制却因德日与英美系的冲突，无法在新成立的第四中山大学中保留。然而，因为一次阑尾炎而经历的漫长住院时间，黄炎培竟又为自第四中山大学医学院独立出来的上医，谱写了传唱至今的校歌歌词。

刘大白

刘大白为复旦谱写了民国时期唯少的白话文校歌歌词，为当日诸多国立大学所不逮。但他毕竟是一位诗人，心性敏感的他，与李登辉校长都闹掰了，离开复旦后虽然辗转浙大与南京教育部，但都没有久住便离开，倒很符合他的脾气。他去世时虚龄才五十三，传说他早年在灵隐寺做过和尚，死后便葬在灵隐，方尖墓碑犹在。

"七君子"

"七君子"中，日后加入复旦的王造时先生已为人熟知，其实他们身边还有一拨有趣的不在场的在场者：复旦的校长们——为七君子辩护的律师中，有日后的副校长的江一平和未来的校务委员会主席（相当于校长）张志让；他们驳斥的，是1936年"三二五"事件后任复旦代理校长的钱新之提出的"劝降迫降"建议，这个主意的另一个附和者，是曾任国文部主任的叶楚伧。双方身后，是复旦创校校长马相伯的凝视，呼吁当局尽快放人。复旦四大校长和国文部主任在"救国会"事件中竟分属两大阵营，倒是证明我旦一贯的自由气氛。

乐文照

他是天生的大"学霸"，上海哈佛医学院毕业后继续赴波士顿哈佛医学院深造。上医草创时他是院长的第一人选。他的姻亲是南浔张氏，国民政府时代一等一的高门大姓。可他选择做一名普通的国立医学院教授与公立医学院医生，默默辅佐老大哥颜福庆。1939年，沦陷区的上医奉命西迁，老同学朱恒璧带队开拔，而他的任务是留下负责租界内上医沪校的教学，以及关照西迁诸君在沪的家属。太平洋战争后租界不存，乐文照经历万般艰难，苦苦支撑，直至光复后离去。今天上医人应该记得他的名字，他不仅是颜福庆的好搭档，更是上医的创始人、大功臣。

章益

章益是五四的热血青年，是李校长和复旦的好学生，是保护复旦、拒绝南迁的好校长。同时，他是个私德高尚的好人。同为"CC系"的红人、陈立夫亲手提拔的国立高校校长，且同样需要面对光复后渝校与沪校的冲突，北碚归来江湾的章益，依旧对老师执弟子礼，想尽办法救平校园不安的元素，新建登辉堂可见其最终得到老师的认同，其赤诚爱校之心日月可鉴。章益甚至参加过1985年复旦的八十大庆，但那时似乎已经没什么人记得他了。

注　释

1　徐斯雄、顾海良、崔延强：《民国大学学术评价制度研究》，《高等教育研究》2014年第7期，第 85 页；李红惠：《民国时期国立大学学术休假制度研究》，南京大学 2014 年博士学位论文；金鑫：《民国大学中文学科讲义研究》，南开大学 2014 年博士学位论文；任平：《晚清民国时期职业教育课程史论》，湖南师范大学 2010 年博士学位论文。

2　王启元《英雄城市的现代教育接力》，《文汇学人》，2020 年 3 月 27 日。

第一章
马相伯的历史世界

　　复旦的创始人是近代著名教育家与社会活动家马相伯先生（1840—1939）。1905 年，马相伯在六十六岁那年创办了复旦公学；所以在正式开始复旦·上医话题之前，有必要详细讲述一下马相伯先生传奇而辉煌的一生。

　　作为近代最伟大的教育家，除了复旦之外，马相伯所创学校中还有近代知名的震旦学院（后改大学）与北京的辅仁大学，及诸多中等、初等学校。其门下从学者，从梁启超、蔡元培、于右任、邵力子等名流要员，到各位早期震旦、复旦学子，可谓桃李满天下。同时，马相伯先生一生跌宕起落，遍涉教坛政界，晚年看淡风云，隐居沪上；享年一百岁的相伯老，是中国当代最著名的高寿名人之一。马相伯一

马相伯 1913 年像（《中国通讯》，1940 年第 1 期）

生两任复旦校长，但加一起时间不过两年余。复旦无疑是他一手造就的，但他百岁一生中的成就远不止复旦一家。现在略略跳出校史的视角，重回马相伯一生所经历的近代中国，寻觅这位教育家的成长历程与生命线索。

第一节　生于 1840

马相伯祖上传说为宋元之际著《文献通考》的名儒马端临，约清初迁往苏南镇江一带生活；大概在利玛窦进北京后，这一支马氏皈依天主教。除马相伯的出生地有丹阳和丹徒两种说法。因马相伯晚年自署丹阳籍贯，而被丹阳地方学者强调其出生于丹阳，并有马家村一处为证。震旦学子盛成（1899—1996）曾记马家于清初迁居镇江后，世居天主堂街，那里有镇江天主堂。此说比较符合晚清时期天主教社群聚居的习惯。马相伯早年曾署"丹徒马良"等落款，且可参考其弟马建忠亦仅署丹徒籍。丹徒县为晚清民国时镇江府附郭县，则亦符合其镇江城内人称谓，则马相伯出生在镇江城镇江天主堂社区的可能性最大。

他的父亲马岳熊，字松岩，于家乡镇江一带行医，惜老怜贫，母亲为同县沈氏。马相伯出生于清道光二十年三月六日，即 1840 年 4 月 7 日。家中兄弟五人，之前还有一个姐姐，成年的兄弟为大哥建勋及三弟建忠。

1851 年前后，马相伯离开镇江赴上海；那时的马相伯竟没跟父母说，取了积攒的几块钱盘缠后，便独自一人上路。李天纲教授《马相伯年谱长编》中记载马相伯只身赴沪上的另一重缘由，是想念自己的姐姐。据记载，这位姐姐在马相伯三岁出天花时对他照顾尤嘉，感情甚好，所以才会有弟弟出门寻姐姐的事。这位姐姐当时嫁入青浦朱家，其子、也就是马相伯的外甥朱志尧，是日后上海著名的企业家。来沪之后，马相伯经人介绍进入徐汇公学，为该校首届四十名学生之一。1862 年，徐家汇耶稣会初学院（Novitiate）成立开学，二十三岁的马相伯又成为首届学生之一，开始初学。两年初学院学习之后，他进入了哲学院学习，时间是 1864 年 6 月 3 日，那天他发愿加入耶稣会。哲学院学习之后，马相伯又转入为期四年的耶稣会专业神学训练，直到 1870 年，三十一岁的马相伯通过耶稣会士"ad gradum"（拉丁文意为升级）考试。同年马相伯又因教会"江南科学计划"，短期被派往南京住院学习科学。同年马相伯担任了徐汇公学监学，直到 1874 年马相伯离开耶稣会为止。

作为一代伟大的教育家，马相伯在外语、哲学、逻辑思辨甚至是国学经典上，显示出非凡的造诣，这与他个人的天分及其早年的受教育经历，无疑都是分不开的。不过由于马相伯年辈甚高，其早年所存文献极其有限，其少年家教及求学沪上、长大成人的经过，则更多需要依赖其晚年的诸多回忆，来拼凑细节。民国二十四年（1935）秋，年过九六龄的马相伯在徐家汇土山湾孤儿院的家中，开始接受一位署名"王瑞霖"的记者的专访，访谈最终长达三个多月，采访稿后在天津的《益世报》上

马相伯 Mr. Joseph Ma Siang Pei（载《震旦杂志》1939 年第 40 期）

逐日连载，又在某天主教杂志转载。次年的 1936 年初，得以汇成一册：《一日一谈》（上海，复兴书局，1936），于上海租界内由复兴书局公开出版，小书面世后在全国的读者中，产生了不小的震动。在访谈中，高年的马相伯思维敏捷，条理清晰；同时又舌灿莲花，侃侃而谈，旁及近代政治、文化、人物等多方面，展示了他过人的记忆力与见识。回忆录里多篇自己青少年时的回忆，可以很好地补充其早年史料的不足，尤其可注意马相伯先生来沪求学任教的记载，是颇为珍贵、也可能是其少见的史料。

《一日一谈》与马相伯少年求学时代直接相关的是其中第九、第十个故事，分别作《我的幼年》与《获得神学博士学位以后》，采访日期分别是 1935 年 10 月 15 日与 16 日。[1]这两则之外，书中还有多则篇章中零散提到了他的家庭教育、读书求学思考的诸多问题，则可作其求学生活的注脚。据说儿时的马相伯，颇有些过人之处；在书中第三十四篇《儿童时代的幻想与儿童教育中》，马相伯回忆自己在儿童时代最喜欢仰观天象，还喜欢刨根问底，追寻那些天象的根源。据说每到万里无云的晚上，儿时马相伯就喜欢扒着窗台，抬头看月亮；就这么一直看一直看，竟至于看到发狂。据他回忆，有一次曾经在月色底下，拼命地追赶月亮，仿佛夸父追日一样，最终当然是徒劳。还有一次是登楼开窗，想拿一根竹竿去敲月亮，无疑也落空了。

这些天真不失可爱的记录，不仅可见得马先生的豁达和风趣，也很容易看出他的兴趣所在。因为热爱天文现象，儿时马相伯没少向家人长辈发问，比如问过"月亮是活的吗""月亮生在哪儿"；每到了月初三初四或者二十四五的时候，还要发问"为什么月亮只有半个了"，以及"另外半个月亮去了哪里"诸如此类的问题。当然不出意外的是，这些问题不仅得不到家里人的正面回答，还多会遭到他们的呵斥，或者得到一些"瞎三话四"的答案——比如说，那不见的半个月亮是被老虎吃掉的。这些回答，当然不能让充满求知欲的马相伯满意，直到就学之后的他才慢慢靠学习为自己求得答案。日后的马相伯意识到，自己长大后对包括天文学在内的自然科学的兴趣，实际上都是靠儿时的这些幻想得来的。据马相伯的观点，儿童仰观天象，无疑是培养各种兴趣的重要途径：有些孩子就爱看星星，有些则不然。那些爱抬头的孩子，确实更多地富于想象力，而禀赋天才之萌芽；反之则不然。用马相伯自己的话，或许就是"儿童的天才与低能的分别"。马相伯早年对数学、天文用力颇深，此后精研中西哲学，从其一生的学养与修为来看，儿时的马相伯无疑就是在"天才"之列的吧！

对晚年的马相伯来说，孩童时代无疑是他最留恋的时代；他回忆早年家庭生活时，字里行间充满了幸福、甚是圆满。因为丹徒马家世代信奉天主教，小时候的家教极其严厉，尤其他的母亲，对小马相伯的一举一动、一言一行，都盯得很紧，这无疑在其一生中都产生极其深远的影响；马相伯早年退出教会，又在母亲去世后重新回归，这其中就与严母在其内心留下的教诲与约束不无关系。比如，小时候的马相伯与人说话，是不能出现脏字的。别人家的娃开口一两声骂人可能会引得家人欣欣喜色，但他母亲绝对不允许，口出恶言在马家是被严厉禁止的。又比如在桌上和大人一起吃饭，也有不少规矩：坐座不能侵占别人的地方，夹菜不能越过自己面前的盘子，如果一定要吃对面的菜，则必须要请大人给他夹。

有时候，母亲要带小马相伯去外婆家去，但每天还是要盯紧他的功课不放松；如新读多少页书、温习多少页、临多少字等要求，只有功课做完之后才准许出去玩；如若不然，母亲一定要严加督责。不过马相伯回忆，真的到了外婆家，他倒是不怎么怕他母亲，因为有外婆可以做靠山，正是所谓的隔代亲，每逢他要挨骂的时候，外婆会出来庇护。其实家里父亲、外婆都挺温和，唯独母亲严厉，不由得让小马相伯感叹别人家是严父慈母，而自己的家庭教育则是倒过来的，"严母慈父"。不过每到外婆护着外孙、母亲没有办法的时候，马母也会轻轻地对自己的母亲说，那你给我管管孩子，这让小马相伯看到母亲慈爱的一面。在母亲的督促教育下，马相伯切实养成了严于律己的好习惯，为自己日后处事待人打好了基础。还有一条，马家的教育因天主信仰的关系，不受传统社会的习染所拘束，尤其普通家庭中对于儿童，总是灌输其鬼神观念，而马家是不会出现的。他认为传统国人的家庭教育中，平时往往以鬼怪之说恐吓儿童，或者无论凶吉福祸都要求神拜庙，不知不觉就把儿童幼小的心灵弄得愚昧无知、盲从迷信的状态，是一种落后的家教观念。自己幸而不曾有过这种摧残，才有这样独立自由的精神状态。

尽管小时候受到母亲严厉的管教，但马相伯生来好动，没有因之消弭，而是继续快乐地生长着。他记述自己八岁时，开始在父亲的训示下，于家塾里念书，从时间来看似乎有些晚。钱智修《马相伯先生九十八岁年谱》中则载其发蒙的时间在五岁即道光二十四年甲辰（1844）[2]，这个时间可能比较接近事实。那时候私塾里有同学十几个人，马相伯年龄最小，但遇到事反而总是他做领袖。马相伯自己回忆，一来是因为他好出主意，鬼点子多，二来则是家庭教育的成果，能律己律人，所以大家确实也服从他的指挥。据说那时他对同学们最先的命令，就是不许骂人，也不许打人，由此树立威信。

当时塾里读书的内容应该无非开蒙和四书，钱智修提到开蒙的还有"教中书"，应该和马家有天主教背景有关。所以直到晚年，马相伯都对四书五经之类的经学文本滚瓜烂熟，随手拈来。不过，他对这些书中的许多观点无法苟同；在第三十五篇《经学与"月亮"》中一上来，马相伯便对其发难："中国的经学真正害死人！"他讲到自己在家塾读书时的经学老师，在为他讲解经典时候，常常为了一个字的含义，引经据典讲上两个钟头，把从前各家对这个字的解释一句句地背给他听，甚至连注疏家的名字都说得一个不落，却完全提不起马相伯的兴趣。教书先生两个小时指手画脚地上课，已然着实辛苦，换来的却是马相伯的反诘：尽管先生背的经传注疏都不错，但对其没有一点帮助——确也是实话。马相伯还回忆过私塾时，常常会对前清的皇帝们的能力发出疑问，因此也老是遭到先生的责骂。有一次江苏省内府县考童生试时，一位童生做了一篇清丽的八股文，据说受到嘉庆皇帝亲自嘉奖，遂传旨各省学校作为范文全国发布，马相伯听说后觉得很好奇，问先生皇帝竟然也懂怎么做八股文，先生大怒道："胡说！皇帝无所不能，无所不知，何况八股文？"马相伯由之论道，这是理学思维下所有迂腐士大夫的共识，是不会出现天赋人权、自由平等的观念的。当然马相伯对这些经学的思考和批判，要等到他毕业成年之后才更为深刻。

据马相伯回忆，自己到了十一岁那年离开镇江赴上海；据钱智修年谱，则以之为十二岁，即咸丰元年辛亥（1851）赴沪。那时的马相伯竟没跟父母说，取了积攒的几块钱盘缠后，便独自一人上路。需要补充说一句，互联网上有言论"马相伯十几岁从镇江步行到上海"[3]，此说夸张。马相伯来沪搭乘的应该是内河民船，但确实走了很久，他自己回忆谓十天，《马相伯年谱简编》载十一天，相比坐火车或者大船无疑要慢得多。马相伯没有解释他选择慢速交通工具的原因，李天纲老师曾谓彼时马相伯所行航路上，或有当时教会团体的关照，而下船的地点，应该就是日后上海天主教的中心之一——董家渡的码头，他姐姐姐夫家就在那里，马相伯就这样住进了朱家。

董家渡堂

　　1844 年中法《黄浦条约》签订后，天主教会用清政府对老天主堂的赔地，于道光二十七年（1847）二月在董家渡建造教堂，咸丰三年（1853）落成开堂。该堂奉圣方济各沙勿略为主保，故定名为圣方济各·沙勿略堂（Francisco Xavier Church），教堂规模之大，为当时全国之首。

此后不久，马相伯听说徐家汇有新办新式学校，经人介绍进入了法国天主教会所办学校徐汇公学，为该校首届四十名学生之一。徐汇公学是上海开办最早的新式教会学校，1850 年由耶稣会传教士南格禄创办，初名圣依纳爵公学（collège Saint-Ignace），吸收江南失学儿童入学。

徐汇公学（今徐汇中学）旧照

鸦片战争后三位法国耶稣会神父：南格禄（Claude Gotteland）、艾方济（François Estève）和李秀芳（Benjamin Brueyre），受命重返中国传教。1842 年 7 月 11 日，他们到达吴淞码头，进入上海市区。三人中，南格禄将更多从事科学研究，艾方济直接从事传教，李秀芳则在松江府城北张朴桥，创办圣母无玷圣心修道院。晚清时，在上海县附近仍有包括徐光启的后代聚居的徐家汇在内的天主教聚居地，甚至在徐光启墓的附近还保留了一个小圣堂。耶稣会南格禄一行得到徐光启后代的允许，在这里购买土地，建造教堂：徐家汇圣依纳爵主教座堂，供奉耶稣会创始人依纳爵·罗耀拉（Ignatius Loyola）。1849 年中国南北方同时发生水灾，大批灾民涌入上海，徐家汇一带也不能幸免。灾民把大量无力抚养的儿童送到徐家汇天主堂，请求当时的司铎设法收容并施以教育。教会在众多中国教友的帮助下，利用教堂周边的茅屋接纳了第一批难民儿童 12 人；次年即道光三十年（1850）该收容所适龄儿童迅速增至 31 人，于是，这处临时性的收容所被教会改为正规的西式学堂，即圣依纳爵公学，马相伯便是 1850 年正式入学圣依纳爵的第一届学生，他的同届同学中还有日后担任震旦学院院长（1905）的李问渔神父（1840—1911）。

圣依纳爵公学的主要创办人是南格禄，创校时还有一位起决定性作用的人物，就是时任圣依纳爵堂司铎的晁德莅神父（Angelo Zottolli，1826—1902，意大利人），也是学校的首任院长（一说咸丰二年即 1852 年任院长），同时还是马相伯的管教导师。晁德莅在华时间长达 22 年，其中有 15 年就是担任圣依纳爵公学的校长；也正是在他任职的时间里，这所学校取得稳步发展，包括马相伯在内的该校师生及华人神职人员，都接受到了他悉心的培训和指导，晁神父也实现了为耶稣会总部培养教会后备人才的初衷。

据马相伯回忆，晁神父从一开始就挺喜欢他，可能是因为自己天资还不坏；神父采用了当时来说非常先进的办学理念与教学方法，并不完全拘泥于西方宗教学校的那套体制，而是综合了中国的现实情况，再揉捏进西式的课程。比如，若严格按照教会理念办学的话，那么圣依纳爵公学中的宗教课程肯定是至关重要的，但晁德莅神父并不这么做；在宗教教育之余，他还加入不少文化教育，甚至在进行基督神学教育的同时，也不忘宣扬儒家正统思想。而且，知识全面的晁神父还教授学生理学科学。马相伯对各种自然科学都非常有兴趣，数学是他最喜欢的一科。到马相伯的自然科学学习一定的程度后，晁神父又开始教他们哲学——马相伯最初把西方哲学（philosophia）一词翻译成"致知学"，据回忆那是马相伯二十岁时候的事了。

用今天的眼光来看，马相伯的天分和学习能力，绝对属于学霸级，这不仅体现在他日后扎实的外语与哲学功底；他的早熟在学生时代便颇为引人注目。早在咸丰二年壬子（1852），十三岁的马相伯已经开始担任徐汇公学的助教，带教国文和经学（当在虚龄十四岁）；既做学生，又做先生。因为马相伯之前上过私塾，对旧学熟悉，且教学相长的缘故，边学边教的他学问进步得非常快。就在初当助教的这年，马相伯曾到南京参加乡试考试，但好像没有记录显示他曾考上举人。次年，太平军攻陷南京，马家众人辗转来到上海避难，他的三弟马建忠（1845—1900）也入学徐汇公学，与马相伯一起学习做修士。晁德莅非常喜欢他们兄弟俩，为他们分别取了"马斯臧"与"马斯才"的名字，尤其对马相伯的文采和书法更是青睐有加。耶稣会档案里保留着，晁神父当着众多学生的面表扬马相伯：人家说，中国人缺少感情，我从马（相伯）身上看到中国人的感情，实在比西洋人来得丰厚。

读书时，学校老师曾带学生们一起参观外国轮船和医院。那次马相伯看到，外国兵舰十有八九也是帆船；海关里验关用的"孔夫子"

号轮船，也是普普通通的明轮装备。其他的船即便用了发动机，外面还是要装橹，开动时在船尾摇橹的时候，在水面上画出无数个"人"字来样子挺滑稽。而水兵的兵器与机械也很简单，电力还完全没有用到军事上，舰炮既不能高低升降，也不能左右盘旋，更没有准头，和中国的土炮其实并没有多少差别。而马相伯看到的医术则更为幼稚，治疗水泡疮那时候竟是用烙铁去烫，马相伯感叹彼方法之野蛮，跟我们游方的江湖郎中也没什么区别。此行让马相伯开了眼界，他感到西洋的科学也只是刚刚萌芽，中国人只要齐心协力，迎头赶上是完全有可能的。这段关于早年参访的回忆出自《申报》1932 年 5 至 6 月凌其翰整理的《九三老人马相伯语录》之中。可能马相伯没有印象，1840 年鸦片战争中，攻陷大清海防的英国人，其实也是乘着与我们一样的平底沙船，用着并不显先进的炮火，竟能轻易攻略虎门、定海、吴淞、镇江等要塞重镇，毫无疑问，晚清以来的近代中国落后的其实并不见得是科学技术——这一问题困扰到马相伯九十三岁那时，显然仍未能解决。

马相伯回忆公学时，还有一位教授文学和经学的老师，名字没有留下来，是松江人，也是位天主教徒，在那时的上海算是比较开通的人物。有一次他带着马相伯一行参观一家洋行，走到房门口突然大声叫嚷："反坏，反坏，国家名器，可以这样糟蹋吗？"马相伯莫名其妙，走近一看，原来是门把手上有个小水晶球，很像清廷五品官顶戴上的水晶顶子，老师才感到有损国体。而且这家洋行又是广东人创办的，大约跟当时占领上海县城的小刀会起义领袖刘丽川等或是同乡，所以老头子难免心生嫌疑，所以才破口大骂。虽然马相伯尊称他为老夫子，但心想这位先生不免也有些迂腐。

求学时的马相伯，旧学底子已颇为深厚，且对训诂、诗词等国学领域都很有兴趣；从他的回忆中可以看出，他对《左传》、诸子尤其是《庄子》，以及李、杜、东坡的诗歌，都很熟悉，这些很可能也是年轻时候打的底子，到了成年后才有的感悟。大约二十岁出头的马相伯，虽然身在徐家汇，还曾经想重新研究下他熟悉的中国传统经学，但据他晚年的回忆，那段重温经典的日子却不甚曼妙。他只是随便翻了翻《诗经》的注解，看到为了"采采卷耳"一句四字的注释，就足足地写了三本书，便提不起兴趣。而且马相伯还发现，那些注疏互相就是在兜圈子，在字眼里打滚；"我不看还不至于不明白，但越看是越不明白了"，由此他已然决定断了研究中国传统经学的念头。当然，马相伯对经学批判性的研究与言论，一直并未停止，他有一个重要观点：晚清以来中国人的许多积习毒瘤，都是由那套陈腐的经学及其教育体系造成的，仅在《一日一谈》中，就有过不少表现，其流弊时而表现为"冬烘头脑"，时而又是"欺饰心理"，（前引《经学与"月亮"》），抑或"炀灶蔽明"（《孔教所给与社会的影响》）、教人说谎（《说谎》）。经学史家朱维铮先生则指出，马相伯不如晚明徐光启利玛窦那样对儒学保有尊重与同情，且其儒学功底，也未必如别人所说的那样高；在马相伯解《四书》时，更多的是出于否能为"我"所用的阳明心学态度，其在论辩时的引证也有过偏颇。不过朱先生也承认，时至晚年的马相伯，毫无疑问是有资格批评孔教论阴影下的儒教的，因为那时他面对的对手，正是康有为、陈焕章师徒及其腐朽的国教主张。

1860年，尚在读书的马相伯亲眼看到了太平天国运动的将领忠王李秀成。当时太平军从苏州东向，准备进攻上海，部队就驻扎在城西的徐家汇一带。年仅 21 岁的马相伯目睹李秀成身披龙袍，头戴红巾，人倒是挺和蔼的样子。在清早去徐家汇教堂祈祷时，忠王竟然还和附近乡人信徒亲密交谈。而整个太平军军纪严明，对教堂及周边地方人民皆秋毫无犯，这都给马相伯留下很深的印象。马相伯晚年多次回忆这段见闻，以此表达太平军及其将领们并非刻板中凶残暴虐的形象。

同治元年壬戌（1862），徐家汇耶稣会初学院成立开学，二十三岁的马相伯又成为首届学生之一，开始学习神学。这时他的导师依然是晁神父，转任神学院副院长（Vice Rector）。此时，也就是马相伯回忆的开始学习哲学的时候。同时，马相伯对天文学发生兴趣，开始学习数学等自然学科。据他回忆，刚开始开方、勾股都学得很辛苦，有如今天的中学生们。中国本土算学中，有所谓的"赤方""王方"，马相伯费了很大劲才明白那是什么，直到学习西洋数学、明白那就是几何开方之后，终于打通了枢纽，这让他兴奋不已。在第八篇《中西学术的谈屑》中，马相伯回忆自己少年时代研究数学时，对于中国传统数学专著《九章算术》颇曾用过一番功夫。他发现，中国的"勾股"就相当于西洋数学中的"微积分"；而中国之所谓"方程"就是西方数学的比率。中国古代的"方程"，释义为"方此程彼"，意思其实就是今天的等比例，比如今天常见的 1：3，当日被称为"一与三之比"，以此一方式为比方准则，也称之为"效也"或者"仿也"，便可以推出"彼"一方式，就是"程彼"，如"三与九之比"，即今天的 3：9，这便是古人说的比率。还有古代数学专有名词"少广"，及其英语表达"Extension"，即为今天已知长方形面积或长方体体积，求其一边之长的方法——标准中学数学题了。马先生以此

为汉英双语互译字面含义严丝合缝，"再恰当没有了"，并认为把中
西数理贯通起来看，可以视作其研究西洋科学的一种乐趣，足见马相
伯的好学与天分。不过数学不是马相伯学习的主业，他的首要任务是
学习神学，两年初学院学习之后，他进入了哲学院学习，时间是同治
三年甲子1864年6月3日，那天他发愿加入耶稣会。

　　哲学院学习之后，马相伯又转入为期四年的耶稣会专业神学训
练；直到三十一岁，通过耶稣会士"ad gradum"升级考试。马相伯
四年的学习成绩也保留下来：中国古典文献学的成绩为"优秀"，两
年的拉丁文，成绩"特优"，一年人文课程成绩"优秀"，一年的哲
学还是"特优"。马相伯晚年在震旦与复旦主讲哲学与拉丁文，这与
他少年时的学习有着直接的联系。《一日一谈》中，还保留了当时课
上马相伯与老师对话的内容。第六十三篇《"怯懦"与"残酷"》中
记载，马相伯在徐家汇读书时，一位拉丁文老师与自己有一段关于人
性的很重要的对话，让人记忆深刻，直到晚年犹然。他的老师对他
说，人越怯懦，则其待人也就越恶毒越残酷。马相伯问道，就常理来
说，残酷的人不应该是暴戾恣睢的人么？胆怯的人似乎不敢那样乱来
吧。老师说，胆怯的人之所以会胆怯，十有八九是因为做了许多"人
非鬼责""天怒人怨"的勾当，他们的心中才会时时刻刻有一种恐
怖，前后左右仿佛都有人在暗算他，所以会严加防范，这么一来就变
得天荆地棘，他身边亲朋好友都变成了他的嫌疑犯，所以一旦捉到他
认为的仇人或是可能图谋不轨的人，是一定要严加惩罚，不仅要置之
死地，甚至会很残酷地了结人家的性命。譬如奸夫谋杀亲夫，总是不
止一刀，因为一刀下去还会唯恐他不死，必须再来一刀又一刀，甚至
三五七八刀才肯放心。历来权奸之清除异己，无不是如此。而真正的

大英雄，才是公忠体国，爱民如己，心地坦荡无私，因为自己觉得对于人民大众没有私恩私怨，没有对不起国家人民，仰不愧于天，俯不怍于人，所以这样人的都很大胆，也不愿钩心斗角地去防备人，即便对敌人也是极其正当的防卫，真的要诉诸武力，最多不过是杀之而已，与那些胆小的人真是天差地别。马相伯又问，那些权奸大憝为什么要这么残酷地诛戮异己呢？老师说，就比如那些甘心媚外的权奸大憝来说吧，他们就是甘心拜倒在敌国异族的脚下，但对于本国人又要以主人自居，就是说，他们自己要做奴隶，又要国人跟着他做奴隶的奴隶，用中国的一句古话就是要老百姓"与奴才为奴才的奴才"，若是老百姓不愿意，他们自然是要严刑峻法随其后了的。马相伯又问，此外还有什么原因，老师说，那些权奸大恶既然头像异族，那必然是要对新主人表示十分的忠诚的，于是更是不得不对其同胞露出极其狰狞的面目，甚至不惜以同胞的多数生命，作他孝敬新主人的礼物，这些从史书上看例子是不胜枚举的，因为这些权奸如果不这么做，既不能见信于新主子，又不能镇压奴隶，那他们怎么才能安享他们的富贵！这段回忆是书中少有的回忆式对话，想来这些拉丁文学术之外的观点对马相伯的一生产生非常重要的影响。而鉴于这段访谈的时间已经是 1935 年 12 月 14 日，日本侵华的硝烟已日益临近，"一二·九"运动也已经在北平与全国爆发，马相伯这段回忆中，也不乏加入了他对时事的关注与担忧，当时的"权奸大憝"会怎么对付百姓黎民。

　　在神学院学习后，马相伯似乎也没放弃他的数理学习，他曾经在学习数学的同时，每遇到创获，便记下来，后来积累起来竟有一百二十多卷，自己给他命名《度数大全》。只是，年轻时候的他不知道珍惜，稿子之后散轶了，晚年想来还有点可惜。

同治九年庚午（1870）通过升级考试的马相伯，又因教会"江南科学计划"，短期被派往南京圣玛丽住院学习科学。就在这年，马相伯担任了徐汇公学学生督导，直到 1874 年马相伯离开徐家汇，进入仕途。马相伯回忆自己执教之后，研究主要为三方面，除了神学之外，他还教授哲学与数理，而且他对学生的本国经史子集讲习，也颇为注意。这也让教会中的一些人对其产生不满，遂让他改去研究天文，那时大约徐家汇天文台刚建前后，天文台里还没有现代的天文学仪器，那让马相伯无从研究——不过他与天文台的缘分，却在数十年后续结；1902 年冬天马相伯向耶稣会借了天文台的几间屋舍，与蔡元培带来的二十四位学生们，初办震旦学院，圆了他毁家办学的理想。[4]

徐家汇天文台旧照

不能研究天文的马相伯只能退而研究数学，那也不得安宁，频频受到教会的抵牾和掣肘，最终马相伯选择与教会决裂，由兄长建勋的引荐进入淮军圈子；早年的学习成果，还能多少有些发挥的余地。李鸿章对他也颇为赏识，据说李鸿章人随和礼貌，喜欢和僚属谈话，马相伯总能用自己的知识吸引到李，马相伯回忆李大人"有不知未尝不问，问后未尝不解"，自己为他讲过的西洋哲学问题，李大人一听便豁然贯通，这让马相伯也认识到自己所学不算太过白费。

马相伯的学生时代今天只能知其大概，除了年代久远等因素外，那确实也是中国近代教育刚刚发端的时代，各种制度、规章、课程等悉数草创，留不下太多材料。但从零星的碎片与马相伯高龄时候的回忆来看，他十余年的学生时代，为他日后从政、办学，无疑打下了极为扎实的基础，而在这基础上，马相伯更是为日后的中国大学开创了西方哲学等重要现代学科。[5]除此之外，马相伯在从教后非常注重演讲辩论之学，如同《悲惨世界》里米里哀主教注重耶稣基督的辩才，既自信又取信于人。在第五十五篇《中国人的演说》中，他回忆复旦公学时自己立下的规矩，凡是星期日上午学生均不准外出，由其拣定演说题目轮流命学生练习演说，他还亲自把演说必须的方法如分段、开始怎么能抓住观众、怎样总结等，分门别类，加以传授。学生们都很感兴趣，不仅福泽今日的复旦才俊们各个能说会辩，估计也是马相伯自己求学时候就掌握的技能，只是今天不易从材料中考知。另外，马相伯还特别注重话剧表演对师生教育的帮助，如震旦弟子中的李叔同，早年便是位卓越的话剧表演家，估计学生时代的马相伯，也曾经历过一定的表演训练，只是今天我们也只能约略推测而知了。将近二十载早年徐家汇求学与任教的生涯，还使得马相伯得以在最前沿旁观中国政治。[6]尽管没有参与世俗事务，但正是他冷静观察与总结近代时事，使得在日后出仕淮军、处理北洋事务时，同样显得游刃有余，足以见得求学时代的马相伯不是一个白面书生，他的学生生涯其实比他回忆的还要多彩激荡。

第二节　震旦学院[7]

1874 年，马相伯离开青少年时期一直生活的徐家汇，由大哥马建勋介绍来到山东淮军系圈子做事，做过布政使的幕僚，做过机器局的督办，也参与开矿的工作。此后的十年间，马相伯应黎庶昌、李鸿章等派遣，出使过日、朝、欧美等地，经历逐渐丰富。五十四岁（1893）时，马相伯妻子与幼子死于探亲的海难，此后不到十年的时间里，他的母亲、弟弟建忠相继离世，让马相伯陷入了深深的悲痛之中。1900 年起，马相伯陆续捐出家产，重归教会，隐居于徐家汇土山湾，并希望借助教会力量办学。1902 年底，马相伯在徐家汇旧天文台院址创办震旦学院，发布了学院章程，并于次年春正式开学，当时有来自国内多地的学生数十名，不久慕名而来的学生便达数百人。震旦于 1952 年院系调整时停办，其中经历多次政府更替及两次世界大战等国际局势变化，亲历了中国近代化的整个过程。学界尤为关注震旦创校与中国近代著名教育家马相伯的关系，因其与日后创办复旦公学有关。[8]但是在 1905 年春，马相伯因为学生事务与当时主管教务的南从周神父理念不合，最终酿成学潮。马相伯带领一众学生与中方教师出走，至宝山吴淞新创复旦大学，并亲任校长，便是今天上海复旦大学之始。

附課
農圃學　Agriculture and Horticulture.
地質學　Geology.
衛生學　Hygiene.
簿記學　Book Keeping.
圖繪　Drawing.
樂歌　Singing.
體操　Gymnastic.

一本學院所授功課限二年卒業者單就文學論也至於質學非二年內所能畢事有志精進者得於二年外『延長肄業時刻』本學院可『特別教授』一案

一本學院總教習爲馬湘伯先生精希臘拉丁英法意文字曾　奏派遊歷歐米各國一切功課均由馬君鑒定

一本學院時刻於光緒癸卯年西曆一千九百零三年正月開辦的確開學日期登報聲明

場所

一本學院設在上海徐家滙房宇廠爽『大適宜於衛生』花園操場演說廳均極寬敞

辦法

一入院肄業者分爲『普通特別』兩科

（甲）普通科銀百兩爲一率捐一率即可入院肄業有力者可任捐十率式百率以贊成此莫大教育事業

（乙）特別科無力而有學問者不能歲捐銀一率可以其著作介紹一通人代遞并言明其精於何種學科入院試讀一月其學行經本院幹事三人認可即得免送捐金住院肄業卒業後在本院所辦譯社內充譯員二年仍得稿值五成之權利

一捐銀分『二期繳清』正月繳銀五十兩六月繳銀五十兩凡百兩統交本學院簿記所收領給收單爲憑

一試讀一月後雖有捐金而其學問不及譯書程度或資性太鈍者隨時由教習謝退者計月收房膳銀十兩餘金發還

一走讀者歲捐銀半率

一拉丁敎習一人英法德意敎習各一人總幹事一人分幹事五人每學生十人置執役一名一除用欵外儲贏爲『開辦譯社學會及奬勵一切公共利益之用』

震旦学院章程(《翻译世界》第 2 期，1902 年 12 月 30 日)

震旦學院章程　第二版

崇旨

一本院「以廣延通儒培成譯才」為崇旨

功課

一拉丁為任讀何國文（指英法德意）之楷梯議定急就辦法限「二年畢業」
首年讀拉丁文次年任讀何國文以「能譯拉丁及任一國之種種文學書」為
度

一先依法國哲學大家笛卞兒 René Descartes 之教授法以「國語都講」隨
授隨譯譯成即可為他學校課本

一本學院既廣延通儒治泰西士大夫之學其肄業之書非名家著作 Classical
authos 不授

一按日上午二小時下午二小時為「授課時刻」三小時授正課一小時授附
課通計二年除星期外六百日共二千四百小時為「授課時刻」除授課時刻外每日
四小時為「獨修時刻」二年共四千八百小時為「肄業時刻」　首一千二百小時為「授拉
丁文時刻」次一千二百小時為「授任一國文時刻」

一課程遵「泰西國學功令」分文學 Literature 質學（日本名之曰科學）
Science 兩科

（甲）文學

正課
（一）今文 Living language 如英吉利德意志佛蘭西意大利文字
（二）古文 Daed language 如希臘拉丁 文字 力本學院先以拉丁為正課
能旁及兼習希臘

（三）哲學 Philosophy（論理學 Logic.
倫理學 Ethic.
性理學 Metaphysic and psychology.

附課
輿地 Geography.
歷史 History.

政治 Politics.
財政 Economic.
公法 International law.

社會 Sociology.

正課
物理學 Natural Philosophy.
化 學 Chimistry.
象數學 Mathematics.

算 學 Arithmatic
幾何 Geometry
代數 Algelra.
八線 Trigonometry.
圖授線 Description Geometry.

复旦大学馆藏原震旦大学旧藏《中国通讯》(Relations de Chine)

　　《中国通讯》（Relations de Chine）是 20 世纪上半叶新耶稣会士对外出版的法文期刊，该刊物自 1903 年起，以季刊形式，从徐家汇邮寄稿件并附照片，在巴黎进行编辑整合之后印刷出版，并在欧洲和中国同时发行。其中徐家汇方面始终直接参与其宣传与发行工作，直至 1940 年 "二战" 在欧洲战场爆发后休刊，历时 37 年，共出版 134 期，积累了大量包括震旦大学在内的关于上海乃至江南地区情况的原始史料，主要用于向欧洲人宣传徐家汇方面在江南地区的事业。笔者因整理近代机构藏书，发现中外多种文献中保留有震旦创校及办学情况的诸多描述，因学界久未关注，遂略加整理比对，中外对勘并辨析史源。本文关注的两种近代稀见出版物：法文文献《中国通讯》（Relations de Chine）和中文文献《震旦大学二十五年小史》，本身与震旦有着密切关系，其中《震旦大学二十五年小史》即为其宣传册，有志书的体例。而作为在华新耶稣会士对外出版的《中国通讯》主要用于向欧洲人宣传徐家汇方面在江南地区的事业，震旦不仅是其关注的对象，更是杂志供稿的重要来源单位。兹基于此二种新见文献中的记载，略论震旦数十年办学情况及校园生活。

梁启超与马相伯

关于震旦大学建校的推动者，之前学界一直笼统地认为是法国方面：江南地区的新耶稣会出于传教需要而建立震旦大学。朱维铮先生早年敏锐地观察到梁启超与马相伯与震旦间有过密切而微妙的关系。（朱维铮《近代中国历史见证：百岁政治家马相伯》）根据目前文献显示，震旦大学的诞生确实与维新派以及戊戌变法有着千丝万缕的联系。

1903 年 10 月刊的《中国通讯》中曾援引《中法新汇报》所编译、最早源于《申报》的文章[9]，提到当时有一个大学士向光绪皇帝启奏，提请翻译传教士们的西学书籍。在这篇文摘之后，则是一篇署名为孔明道（Joseph de Lapparent）的通讯，说当时中国各界对于

1903 年震旦学院成立时师生合影

"西学"（les sciences européennes）十分推崇，并向教会方面提出建立一所真正的大学，并提到当时已有一个中国"老神父"在教授他们算数及各种实用科学，天主教会应该尽快建立大学，以期与基督新教竞争。同时还提出了理由：当他们成为官员之后，会对于天主教传教士们更加友好——这也是《中国通讯》期刊中关于震旦大学最早的法文记录。

1918 年 7 月—10 月合刊的《中国通讯》中也记录了震旦成立的类似过程："1898 年 7 月，维新运动的主要推动者之一梁启超（Liang-Ki-tchao），通过北京的法国公使请求倪怀纶主教，批准杰出的教友文人马相伯（M. Joseph Ma-Siang-pé）管理一所计划在北京创办的'编译学堂'。……1898 年 9 月，（慈禧太后）命人将光绪皇帝抓了起来，并且将他囚禁在了皇宫中一处戒备森严的地方（瀛台）。梁启超和其他一些维新运动的领导人都失了宠，甚至担心起了自己的性命。10 月，法国公共教育委员会通过法国驻上海总领事馆通知江南的神父们，编译学堂的计划取消了。……1903 年初，隐居于土山湾的马相伯接待了三名南洋公学的教授来访……他们来请求这位教友文人为他们开办一所学校，答应他招募一些学生。马相伯没有忘记 1898 年的计划，非常欢迎这些年轻的来访者，并将学生们的提议告诉了传教区的长上们；如同 1898 年那样，他同意了神父们去协助这项事业。1903 年 3 月初，这所新学校开学了；学校取名'震旦'，这个名字显示出了极大的期望。"

此外，1918 年 7 月—10 月的《中国通讯》中还记录了同时期法国方面对于建立震旦大学的态度："许多有影响的中国人认为拯救他们人民的方法是完全采纳欧洲的教育方法，日本因此取得了成功。极其赞成这一想法的年轻皇帝光绪试图建立一个全新的中国，1898 年，他颁布了一些变法的御旨。特别是将古老的中国科举制度让位给了借鉴自欧美的教育章程。在巴黎，我们准备抓住这个机会在中国建立一些适合文人和富商的法语学校。1898 年 6 月，法国外交部长哈诺德（Gabriel Hanotaux）请倪怀纶主教（Mgr Garnier）研究这个问题并且提交一份计划。恰好在此时，这位老主教收到了北京的一份提议，让他能以最优厚的条件满足这位法国部长的要求。"

对此，根据《震旦大学二十五年小史》中的记录"千八百九十八年，梁任公先生请驻京法使转江南主教茄尼爱（即倪怀纶，Valentin GARNIER）令马相伯先生主持筹备设立于北京之译学馆，相伯先生即上书清廷，请将译学馆设于上海，并陈请徐家汇耶稣会诸司铎襄理校务，所请悉允。事垂成矣，而慈禧太后复临朝听政，拟设之译学馆，遂随戊戌政变而中止。至千九百零三年之岁首，相伯先生已退隐土山湾。南洋公学教授蔡孑民等三人率学生数人往访之，请创立一校而肄业焉。相伯先生允之，且为请于耶稣会。于是诸司铎偕来赞助，此新校遂之成立，命名曰震旦，时千九百零三年二月之杪"[10]。此外，《震旦大学二十五年小史》还记录了震旦大学成立之后维新派的态度：当时已迁居日本的梁启超把震旦大学的章程刊载于其自办的《新民丛报》中，并评价震旦大学为"中国研究泰西真学问之机关"[11]。

《中国通讯》与《震旦大学二十五年小史》中描述的震旦大学创校过程一致。而《中国通讯》因是面对没有相关背景的欧洲读者，还补充了百日维新、戊戌政变的相关背景内容，突出了法国方面的作用，同时对震旦大学成立的目的从教会的角度做了解读。

虽然1898年未能推进办学，但1900年马相伯个人捐出个人资产，呼吁教会在徐家汇创办新学，至1902年南洋公学学潮后，徐家汇办学的契机已经重新出现。1901年秋，蔡元培（1868—1940，浙江绍兴人）出任南洋公学总教习，从此时常与张元济、汪康年一同来马相伯隐居的土山湾孤儿院请教拉丁文（也就是前引中法文献中提到的"三人"），并逐渐带领公学学生一起来听课，就有后来著名的"二十四门徒"。这其中大约有项骧、黄炎培、邵力子、翁文灏、李叔同、胡敦复几位非常有名的人物。1902年南洋公学的"墨水瓶"事件引发大规模学潮，蔡元培因袒护学生辞职。出走的一部分学生汇聚于马相伯门下，请求从学，马相伯应允，并请于耶稣会，借徐家汇天文台辅楼为教室，新校成立，马相伯因印度古称中国为"震旦"，遂命名曰震旦公学。当时已迁居日本的梁启超，把震旦大学的章程刊载于其自办的《新民丛报》中，并评价震旦大学为"中国研究泰西真学问之机关"。

项骧（1880—1944），浙江瑞安人，马相伯早年弟子"二十四学生"之一。1899年，项骧赴上海梅溪书院学习，后考入南洋公学，入经济特科班，"墨水瓶"事件后项骧等特科班生一同退学，并与马相伯在上海徐家汇共同创办了震旦学院，项骧任震旦学院总干事，马相伯任监院，《震旦学院章程》也由项骧起草。1904年冬，项骧赴日本视学，次年赴美国留学，考入哥伦比亚大学政治经济科。1909年毕业，获硕士学位。回国后，在清廷留学生统考中脱颖而出，得"洋状元"美誉，

授翰林院编修。入民国后历任政府财政部次长、兼盐务署署
长等职。鉴于马相伯时年年事已高，作为其早期弟子中年纪
较大、也较成熟的一员，项骧很可能就是震旦学院创立时具
体事务的操办人，应该被视为震旦的创始人之一。[12]

　　但马相伯创办震旦不久，震旦校园再次发生学潮，并直接导致创
校校长马相伯出走。关于 1905 年时复旦从震旦中分离并重新建校的
风波，学界虽然有所关注，但常以民族主义矛盾笼统描述建校早期马
相伯与耶稣会的博弈，其中诸多细节与因由近期才被研究界逐步揭
示。震旦办学第二年（1904 年），南从周神父（P. Félix Perrin）被任
命为学校的教务长，这时学校已经有了 100 名学生，学校设置两年的
课程中，教授法文、英文及拉丁文和哲学等诸多学科。马相伯支持学
生们主修英语的要求，与耶稣会发生冲突，并导致最终的分裂。1905
年 3 月初，马相伯宣布退出学校，与一众学生出走，另立他校，也就
是未来的复旦。从震旦到复旦的主要原因是，马相伯与南从周之间关
于学校课程设置的不同看法。最终的导火索是"英法文"之争。

　　震旦大学建立的初衷其实本为"译学馆"，因此正如李天纲提出
震旦学院带有"译学馆""译社"性质，即马相伯和梁启超等人在
"戊戌变法"时期商议的"Akademie"，并非常规大学；因此震旦大
学创校时，其实注重的是拉丁文教学。[13]同时，《震旦学院章程》指出
"本院以广延通儒，培成译才为宗旨"，学业二年，"首年读拉丁文，
次年任读何国文，以能译拉丁文及任一国之种种文学书为度。"然

而，之后在实际教学中逐渐发现拉丁文并不适用于日常生活，于是逐渐调整，根据张若谷编著的《马相伯先生年谱》记载，早在震旦大学成立的第二年，课程设置就调整为"所定课目，大别为四：曰语文学，曰象数学，曰格致学，曰致知学。语文一科，以拉丁文溯其源，仍分习英、法、德诸现代语，以应世用"[14]。由此可见虽然拉丁文教学依然没有废除，但英语法语等"现代语"的比重明显增强。

马相伯出走后的震旦经历短暂的混乱，但很快在地方政要如上海道袁树勋及校董张謇等人的斡旋下，震旦得以重组，继续办学。并且，由于法租界当局加大了对震旦的投入，使之迅速发展成为上海重要的新式学堂。

彼时的马相伯亦未受到出走的影响，同样关注着震旦的发展。1908年马相伯捐资为震旦购买卢家湾土地，创建新校舍。震旦迁往卢家湾之后，预科和本科学制都得到保留。预科学制三年，课程仿效法国高中水平。法租界当局对于早期震旦学院（大学）投入也逐年加大。

风波之后的震旦与法国

在很多人眼里，只觉得风波之后复课的震旦大学是一所法国政府全权支持的法国大学，甚至类似于"法国文化中心"。然而有两种文献更详细地记录了早期震旦大学与法国政府以及法租界公董局的关系。

1918年7月—10月合刊的《中国通讯》对于震旦学位与法国学位的等同问题是这样描述的，其中提到在1908年震旦迁往卢家湾之后："预科和本科之间的区别得到了保留。前者学制三年，课程明显仿效法国高中水平（法文和英文，历史和地理，基础数学，物理和自然科学，哲学）。三年之后，通过各门考试的学生可以获得一张'有些类似法国高中毕业'文凭。"

民国元年（1912）6月，震旦学院在举行第一次本科毕业考试之际，恳请马相伯向教育部请愿立案，旋得批复。1914年，南道煌（G. Fournier）把震旦本科分成三科：法政文学科（3年），算术工学科（3年），博物医药科（4年），奠定了震旦大学医、法、理工三学院的基础。

《中国通讯》的记载中还补充了法国政府对于早期震旦大学投入的细节情况："1915年，……法租界公董局投票通过了一笔为期三年支付的60 000两银子的巨额补贴（约合300 000法郎），以便将佘山的天文台和徐家汇的博物院迁往震旦附近。自1913年起，外交部给予震旦一笔每年1 000法郎的津贴，作为法国政府关心这项事业的证明。1916年，震旦收到了一笔双倍的津贴，总额达到了15 000法郎。1917年，外交部给予了一笔25 000法郎的补贴，而公共教育部则另外提供了5 000法郎。医学院因此获得了采购昂贵设备的极大便利。……（1918年）法租界公董局表决通过给予震旦一笔60 000两银子的巨额补贴，这将使得这所年轻的大学可以在学校附近设立类似徐家汇的自然历史博物院和佘山的天文台；无需强调这双重的邻里关系对于未来医生和工程师的益处。"

《中国通讯》中还提到了法国方面对于震旦的学术支持："自从1916年起，每月由这座城市中最为杰出的法国专家为学生和受邀者，在学校礼堂举行科普讲座。工程师、医生、商人、法学家和外交官轮流来阐述他们所擅长的一个问题。上海的法国精英是这些始终有着友

震旦学院卢家湾校区

卢家湾校区最初的建筑（自左至右）：教授宿舍和图书馆、校长室和土木工程校舍、化学教室和大礼堂、学生宿舍。

好交谈气氛的讲座常客，这些讲座在学生会议厅中围绕着茶座举行；震旦因此成为我们不论信仰、政治观点和阶层的最卓越国民的一个聚集中心；在这里，学校的传教士和教授有机会结识在其他地方无法遇到的同胞们，而这些交往只会有助于维系上海的法国人，这是'神圣联盟'（l'Union sacrée）的益处。"

《震旦大学二十五年小史》中则着重记录了当时震旦文凭与法国文凭的等同性情况："凡入预科三年而毕业者，得秀士学位，与法国秀士相当。入专科三年或二年而毕业者，得硕士学位。入特科二年或四年而毕业者，得博士学位。所授硕士博士学位，法国政府虽不能承认与法国各大学所授者相当，然以此往法国留学，法政府亦予以相当之尊崇。"《震旦大学二十五年小史》中还记录了震旦获得民国政府注册的全过程，以及震旦大学文凭与中国政府开设的大学中所获文凭的等同性情况："至中国政府，当千九百十二年（民国元年）六月，行第一次本科毕业考试之际，即请相伯先生向教育部请愿立案。旋得教育部复电云。'查前清学部卷内。震旦学院以系中西合立，未经核准。今据来示，该院办理多年，程度尚优，暂予以立案。俟本部学制颁行后，仍候遵照办理。本届毕业考试，请先生代行监考，将各科成绩送部复勘。毕业文凭，毋庸由部盖章。嗣后各校，均系自行给凭，由校长负完全责任，该校自未便独异也。'此次考试后，得硕士文凭者十二人，相伯先生即将名单考绩送部复勘，其后果蒙注册。至千九百十三年（民国二年）政府设一中央学会，其会员有选举权及被选举权者，以有官立大学文凭为限。是年四月，教育部咨开各省三百五十选举名单中，果将院中第一次本科毕业生十二人列入。是民国政府已承认震旦与国立各大学有同等资格矣。"在此基础上，《震旦大学二十五年小史》中还附上一张"中法政府初次派遣代表监试本院医科毕业学生后"的中法代表合影来证明以上事项。

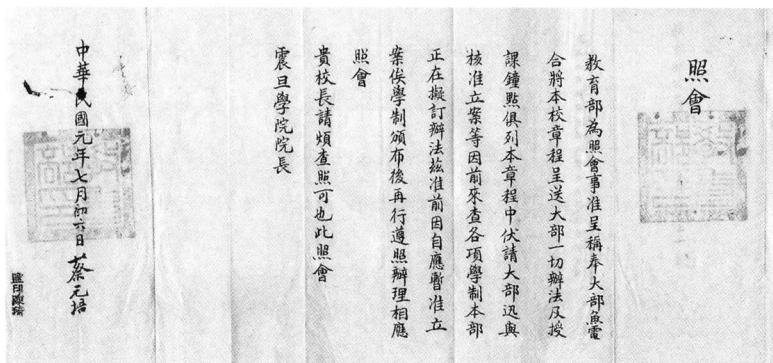

1912 年，教育部暂准震旦学院立案照会

《中国通讯》中着重详述法国政府及法租界公董局之后对于震旦大学在资金、师资方面的投入情况，并明确震旦预科文凭等同于法国高中文凭。对此，《震旦大学二十五年小史》从中国方面予以了证实，另一方面补充了震旦大学在中国政府处注册的情况以及中国政府对于震旦文凭和中国官立大学文凭的等同性。除了 1915 年公董局通过的一笔 60 000 两银子的巨额补贴。自 1913 年起，法国外交部给予震旦的津贴也逐年递增。这些都使得震旦学科教育发展迅速进入轨道。

国民政府时期的 1928 年，震旦升格大学。1937 年抗战爆发，震旦在租界坚持办学，直至抗战胜利。新中国成立后，各教会陆续退出学校，并停止拨款。1951 年 8 月，震旦女子文理学院并入震旦，次年院系大调整，震旦停办，其文理工商各院系划拨给华东各高校，医学院在震旦原址，与圣约翰医学院与同德医学院一起组成上海第二医学院。

震旦校园与毕业就业

震旦大学复校之后的校园文化，外界记录较少，多根据其耶稣会办学性质，以及后期的种种事件，或猜测其是标准的"法国学校"，或猜测其宗教气氛浓厚，似乎不食人间烟火。然而根据种种资料记载，虽然复校后的校园中不乏中西文化的冲突，但明显是各方达成了一种类似于"中西文化融合"的共识。

1925 年 4 月的《中国通讯》中举例说明了当震旦校园内可能发生中西文化冲突时，负责校务的中外耶稣会士们采取的策略："我们知道每年的 10 月 4 日，正值孔子诞辰日，在中国所有的公立学校中都会举行各类多少带有一点宗教性质的祭献和庆祝活动。震旦的大部分大学生，富于文学修养，都是热心的儒家弟子，如果要他们放弃为

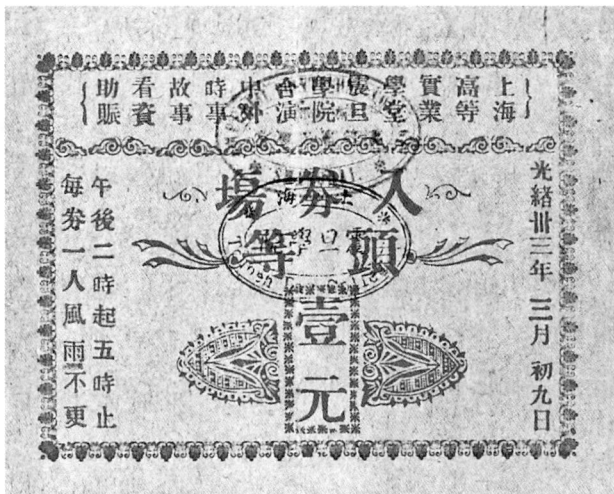

1907 年，上海高等实业学堂(今交大)、震旦学院合演中外时事故事看资助赈入场券

他们的先师在学校内举行各种纪念这位伟人的活动，那么他们就得在校外弥补。神父们同意将每年的 10 月 4 日作为假期；这样，年轻人便能在震旦之外高兴地参与各类庆祝活动。"

但是，震旦存在几十年中，总有"翻船"的时候，对于这些耶稣会士来说，复校之后的震旦校园内，最大的问题已不是我们通常以为的"民族主义"或者说"中西文化冲突"，相反则是校方如何让其他欧洲人理解他们对于中国传统文化的"迁就态度"，例如在 1906 年 4 月时，震旦与南洋公学的学生在丁香花园共同举行了一场在沪欧洲妇女举办的募捐活动，在活动中震旦协助表演两出非常著名的法国喜剧：《冒充的翻译》（l'Anglais tel qu'on le parle）和《双熊记》（l'Ours et le pacha）。演出获得了极大的成功，观看演出的许多欧洲人都表现出了惊讶，入场券的收入捐助给遭受饥荒的地区。这本是一件值得称颂的好事，然而当《中法新汇报》（l'Echo de Chine）编辑报道此事时，误认为演出地点——丁香花园中的一座华丽中式别墅是震旦大学的产业，还着重描绘了丁香花园以及活动现场舞台上的"李鸿章雕像和孔庙"。文章寄到罗马之后，教廷传信部对此大为震惊，对于一所天主教的教会学校，在校内放置"异教徒雕像"，并提供专门的"祭孔场所"感到不可思议。最终，在巴黎的耶稣会省会长神父选择了沉默，虽然给出解释并不困难，但会给管理者们带来一定的麻烦。

1907 年在震旦校园内发生了一件更糟糕的事情。10 月 4 日，学生们带头在他们的宿舍里张灯结彩。虽然这项活动完全没有迷信色彩，但是为了更为保险起见，神父们予以禁止。几名大学生还是挂起了一些带有颂扬孔子文字的灯笼。学校总教习李问渔神父要他们摘下灯笼。为了表达他们的不满，一部分学生退出了震旦；最为不幸的是，法国的省会长达尼尔神父（R. P. Daniel）当天到达徐家汇，而他所目睹的这场罢课并没有让他对这所年轻的学校留下一个好印象。由此可见，这些震旦大学的耶稣会士们，在这类问题中，其实地位始终非常尴尬。

而《震旦大学二十五年小史》的文字中虽然并未提及震旦大学的校园文化情况，但在所附照片中放上了三张合影，内容分别为"本院最初之足球队""本院千九百廿年之足球队"和"本院千九百十九年之网球会"。证明震旦大学校园内当时两个著名的学生社团：足球队和网球队。由此可见，当时的震旦学生并未排斥西方文化，这也是震旦大学教育的成果之一。《中国通讯》主要记录在校园中发生的与中西文化冲突的事件，而《震旦大学二十五年小史》中则着重强调了学生在震旦大学内的丰富生活。二者分别从中西文化冲突的宏观角度和学生个人成长的微观角度描述了震旦大学的校园文化情况，为我们还原了真实的震旦校园。

学生就业情况是衡量一所大学的重要指标。对于震旦大学学生的就业情况，外界之前只在涉及个人时才会论及，缺乏对于震旦大学毕业生的整体把握。而1918年7月—10月合刊的《中国通讯》以更加详细的形式补充了早期震旦大学毕业生的就业情况：

第一期的震旦（1903年—1905年，徐家汇）培养了现任内政部次长于右任，一位北京高等法院法官，四位议员（代替议会的咨询委员会成员），江苏工业协会会长，上海大同大学校长（胡敦复）。第二时期的震旦（1905年—1909年，徐家汇）培养了苏州上诉法院书记，北平中央观象台气象局主任（蒋丙然），江苏留学生同学会主席，上海法租界巡捕房译员，三位北京大学教授，其中的一位为当时外交部长陆征祥先生的特别秘书，一位蚕丝工厂经理，三位中学老师，一位记者，一位江苏省学校监学，一位律师。

自（1909年）迁往卢家湾起，震旦颁发了45张毕业文凭。我们了解其中的43位年轻毕业生的命运。九人在中学执教，或是在富裕人家担任家庭教师。六人在邮政部门、矿山，以及铁路和税务部门担任重要职务。四人就职于北京的各个政府部门，一人在外交部特派广东交涉员署；四位文人供职于法国或比利时领事馆；四人在私营工厂任职；四位"文学家"，其中一人利用闲

暇时间翻译法国小说；两人在巴黎和海牙的大使馆工作；一人是
上海附近的富有教友地主；一人担任上海道尹的秘书；最后一位
可能是震旦毕业生中最为杰出的人了，他皈依了天主教，目前在
耶稣会初学。去年有两位年轻的医学博士毕业，一人供职于沪杭
铁路公司，另一位医生的儿子，在他父亲管理的医院工作。震旦
的第一位土木工程师就职于上海的法商电厂。

　　在中文文献《震旦二十五年小史》中并没有关于毕业生的详细
去向记录，只是分别贴出"千九百十二年六月"的"第一届学士科
毕业留影""本院第一届医科毕业""千九百廿七年医科考试委员会
及毕业生摄影""医科薛博士及其学生在蚌埠红万字会救护伤病之摄
影""千九百廿六年校友会宴请院长及诸教授于新新酒楼之摄影"
"本院学生留学巴黎之友谊会"六张毕业生以及各地校友合影的方式
展示了震旦历届毕业生的风采，还在最后专门列出附录二记录震旦大
学同学会，并列出了详细的章程。

　　就早期震旦毕业生的就业情况来看，虽然大部分列出的毕业生还
是没有摆脱传统"学而优则仕"的道路选择在政府部门就业，但是
各类新式的大中小学校、新生的内外资企业等成为当时震旦毕业生就
业的新方向，与之前知识分子科举就业的唯一道路相比，其就业渠道
更加多元，甚至像文学家这类自由职业，也逐渐为当时社会所接受。
此外，在特殊的年代里，更现代化的"西医"逐渐吃香，成为热捧
的新职业。就以上列出的就业情况看，震旦培养的学生基本符合当时
社会的需要，也正是因为这个原因，震旦大学在社会上逐渐树立了自
己的地位，成为上海市民眼中的"好学校"。

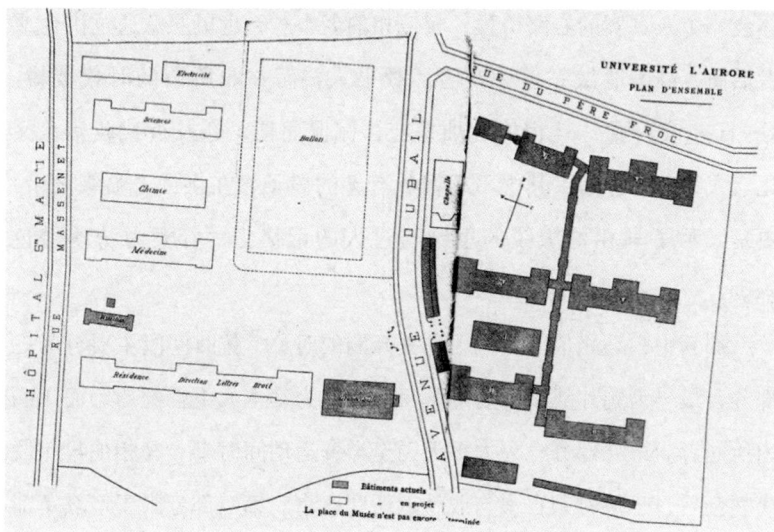

1928 年，震旦大学成立二十五年，校园规划图

第三节　先　生　之　风

相比较于以肃穆庄重形象出现的民国教育家，马相伯似乎并不愿以沉郁的老夫子形象示人，甚至时而会用幽默轻松的段子，展示他不凡的阅历与人格魅力。或许正是因为这样，进入 20 世纪后，马相伯多以社会活动家形象活跃在公众视野，并在此过程中展现了他性格中轻松睿智的光芒。但与大时代底色相呼应的，马相伯的晚年却极尽慷慨悲壮，颠沛流离，最终逝世于国难深重之时。那以后，他生前曾有过轻松的形象，不可避免地被冲淡。某种程度上，智慧与幽默是人的本性；在看惯那位于抗战之时奔走呼喊"还我河山"的马相伯后，回头再看那位和蔼可亲、时不时讲个段子的睿智老头，才能更全面地

体会一个人真实的心路历程，相信相伯老本意，也更愿意通过讲台或者话筒，静静地做一位旁观者、教书人，而并非所谓的时代英雄。《一日一谈》中，马相伯舌灿莲花，侃侃而谈，旁及近代政治、文化、人物等多方面，其中不乏精妙有趣的段子，在供读者喷饭之余，更是展示了马相伯敏锐的思维与过人的记忆力，着实为访谈增色不少。

那其中，马相伯的回忆，尤其开涮的对象，按时间段主要分为三部分，最早为鸦片战争前后的国事人物，为其本人不曾经历、而于圈内所闻者。第二部分，为太平天国至洋务运动间时事。马相伯早年脱离教会后，于彼时亲自参与或就近所闻之事。第三部分则于辛亥革命后南京临时政府及北洋政府时期，为马相伯晚年七十岁以后亲历的近事。鉴于《一日一谈》出版于国民政府时期，书中几乎无涉当时人事；下引书中《上下相蒙》中曾载，采访者问当时的国民政府中是否有"上下相蒙"之事，比起前清朝如何，马相伯曾作苦笑状。据此可以看出，整段访谈中未必没有调侃过时政，而整理者最后发表出版时或有所删减而已。不过就书中所涉"段子"内容，已经颇为引人入胜，足见马相伯之涉猎、阅历丰富。

1. 所闻事：

《一日一谈》第五篇《上下相蒙》，聊的是中国历史上"上下相蒙"而导致国家灭亡的案例。[15]马相伯说，晚清以来每次外交上割地赔款，未必是战败的结果，而是守土官吏战守两失据，捏造事实欺蒙政府所致。那些人才不管国家屈辱窘迫，只要自己能逃得干净，日后还有机会升官发财。因曾参与过晚清内外事务，马相伯早年就听闻并经历了相似的人和事。他记的第一事，是第一次鸦片战争的1840年7

月，英军攻占浙江定海（今属舟山），当地守将不战而逃之后，在奏章中自我辩解，我方防御其实炮台坚固，戒备森严，将士亦忠勇奋发，但英夷狡猾无比，趁着本地土人迎神赛会，扮成乡民进香模样混进定海卫所，虽经殊死搏斗，无奈已入门户，不得不退守云云。然而，中外人士长相可谓天差地别，外人还要熟知国人迎神赛会之俗更是天方夜谭，稍有常识的人都会知道这是胡扯，当时政府竟被其瞒过。

其次，舟山占领后，驻守上海的一位"镇台"，在给上司"制台"的一封公文里竟然夸耀：卑职对于放手上海事宜已有十分把握，我已经把手里的士兵从上海一直驻扎到了舟山，层层布防，步步为营，无惧夷人来攻。马相伯说这"镇台"手里最多一千多兵，哪里能够管上海到舟山的兵防，一听也是胡扯。镇台本是总兵官的代称，制台则是总督，上海一带沿海当时隶属两江总督。马相伯所说这位只有一千个兵的"镇台"，只是上海地方的右营游击将军或是参将级别。[16]而这位被蒙骗的"制台"应该就是时任两江总督、后来兵败殉国的裕谦（1793—1841）。

另一则发生在马相伯家乡镇江府。镇江城楼上原先安置了几尊自制火炮，当英国人的船停泊镇江江面的时候，城楼上的守兵早已逃光。有个"剃头司务"下午活儿干完上城楼闲逛，看到铁炮并不知道里面装满了火药，只是用旱烟管敲了两下后腔，就引着了火绳，于是就轰的一声，正中英国军舰，竟然把英国人吓得暂时撤退。

镇江守将听说英国人走了，竟然也堂而皇之上了报捷的公示，铺叙自己怎么对英军作战，怎么开炮打得英国人闻风丧胆，"丑表功"文章说得天花乱坠，最后竟然还得了奖赏，马相伯直叹道简直岂有此理。历史上道光二十二年那次镇江守城战相当惨烈，颇有拉锯，马相伯所说此一英军后撤插曲当有所据。这些轶事荒诞得不近情理，采访者问当时的国民政府比前清如何，马相伯也不免苦笑一番。

第三十五篇《经学与"月亮"》里调侃国人中经学的毒，有两个大毛病，一个是"冬烘头脑"，一个是"欺饰心理"，便举了个皇帝的例子。清宣宗道光皇帝为人简朴是出了名的，有一次他的套裤面前正当膝盖的地方破了，他不愿做新裤子，便把两支破套裤送给内务府制造局，叫他们把破的地方织补一下。织造们当然小心谨慎地把两处破的地方，仔仔细细地补了两个团儿，因形似月亮故以"补月亮"名之，事后奏报了一笔库平银五十两的报销。道光皇帝虽然勤俭，但毕竟生长深宫，对花钱的确没什么概念。有趣的事儿发生了，马相伯记载有一天道光皇帝与苏州潘中堂说话，不知怎么的发现中堂的裤腿上也打了两个月亮，忍不住问，老潘你打这两个月亮花了多少钱。潘中堂被皇帝这么一问有点准备不足，因为这其中关系不小，说大了怕露了破绽，说少了则令内务府人难堪。最后他鼓足勇气答道，臣这两个月亮，足足费了二十两银子。皇帝听了颇为惊讶，说道为什么这么便宜，我这两个要了我五十两！[17]这位冬烘中堂，应该就是晚清学者大臣潘祖荫的爷爷潘世恩（1769—1854，字槐堂，江苏吴县人）。

2. 早年所历

第二种段子则是他早年的亲身经历。书中第十条《获得神学博士学位以后》载，马相伯于徐家汇神学院毕业后，与耶稣会的矛盾不可调和，一个人擅自从南京回到上海，脱离教会。由长兄马建勋在淮军中的老友推荐，去山东做事。[18]那以后他见到了李鸿章，并留下非常好的印象，说李学问人品俱佳，讲西洋学问，一听就能豁然贯通。有一次李中堂问淮军旧僚，什么是"抛物线"，那位老兄脱口而出，撒尿就是抛物线，李鸿章不禁哑然失笑。马相伯说李文忠之问固可钦佩，这位下属善于譬喻更是妙不可言。

前引过《说谎》里还有一段，马相伯抨击僵化的理学让中国人中毒太深，导致的必然结果就是随时要去说谎，在朝廷则欺君罔上，对下则要欺罔小民，不仅在外，在家里也是不说谎不能过日子。[19]结果马相伯讲了个湘军将领的段子。曾国藩在江西内湖练的水师跟太平天国打了一次胜仗，据他说是水师统领彭玉麟的功劳，遂专折奏保，马相伯记得那篇奏章里写道，彭将军在两军决战正酣的时候，手持大刀，奋身跳上贼船，人挡杀人，佛挡杀佛，大意如此。马相伯当时读到这儿觉得实在莫名其妙，因为彭玉麟原来只是个穷秀才出身，没听说有什么武功力气，也不见得识水性，怎么能够在这么危难的关头跳上敌船如入无人之境？后来他问了淮军的退伍军人，才知道双方交战的状况。当时两军相接相距三里地即开始互相对骂，走近之后，若有胆怯的后退，那敌方便会趁机追过来杀掉几个落伍的逃兵，这样，便可以算"大获全胜"，然后交给幕府里的师爷铺叙战功。之所以一定要说彭玉麟身先士卒、斩将搴旗，是因为前清保奏军功的惯例，不斩获对方首领不能得褒奖。曾国藩当然是此间高手，做戏知道要做全套，才能天衣无缝。不过那在马相伯看来，他也就是个说谎的高手。

清廷内外不识国际情势，致使外事混乱不堪，大则应对无方动辄得咎，小则洋相迭出，贻笑外邦。马相伯在第四十八篇《清季外交界的趣闻》中，记载了几则清廷外交官吏的囧相。[20]第一则"薛福成的马桶"。这位薛大人无疑是晚清钦差大臣中非常开通的一位了，但他有些地方依然顽固得让人发笑。他出洋时候的行李单上，有件特别醒目的物品，是他的"金漆马桶"，有人告诉他国外车船寓栈都有抽水马桶，非常方便还卫生，但他不以为然，认为国产马桶何等讲究，自己已经用惯，怎么可以改外国货。于是那只马桶被搬上了轮船，置于钦差大人房内，每每中外乘客经过都不得不掩鼻亟趋。据说薛大人不仅宝贝他的金马桶，他的痰是不舍得吐出来的，哪怕到了喉咙也要咽下去。那倒不是他担心影响别人卫生，而且大人不肯损失自己的"原气"而已。

还有一则是关于中国出使钦差大臣公馆的"白旗"的段子更可笑。大约是马相伯出使美国筹办借款的时候，在美国的"大都市"（大概率是纽约）听到一则哄传的笑话，不过他听起来颇有些难堪。那时美国人总是看到中国出使美国的钦差大臣的公馆的房檐下，时常摇曳着许多白布长条，大家都觉得奇怪，以为是钦差们挂着什么旗帜，后来才知道那是大人们太太小姐们的"裹脚布"。

马相伯那代早期接触西洋的士人对西方科技文化诸方面，多是持坚定学习接纳态度的，唯有一点，却让他们深恶痛绝，那就是西方的"性观念"。马相伯在第七篇《关于本届全国运动会》中谈到"性"的问题时，似乎也没忍住多说了几句。[21]其中这里的"本届全国运动会"应该就是 1935 年 10 月 10 日至 20 日于上海市立体育场（今江湾体育场）举办的"中华民国第六届全国运动会"；马相伯接受采访的时间在 10 月 14 日，运动会尚在进行之中。那届运动会在中国体育史上也是空前绝后：参赛的东北三省选手在开幕式上身着黑色孝服，并举象征白山黑水的黑白旗入场，以提醒国人不要忘记被日本占领的东北三省。马相伯说这届运动会办得很好，证明给外国人看，他们所能的我们也一样都能。尤其我们平时最惹西洋人看不起的中国女子裹小脚且纤弱不堪，结果运动会上的中国女青年同样是好身手。话锋一转，访谈的话题变成了中西女子的品格与区别，马相伯突然开启了"吐槽"模式：女性的品格，当然是我们中国女子为最好；西洋女子（尤其列了德法为例）百人而九十九都淫乱不堪，无所谓"贞操"。之后马相伯列举了多例如政府大员公开宣淫，让他觉得可笑的还有法国公开举办过"评箫"，那是我们中国社会不曾有过的。而东洋竟也与西洋相似，法国驻日使馆的参赞就曾告诉他，彼间女子最好纳交。马相伯对其所持的否定态度，在当时知识精英中是颇为一致的，稍晚辈的留洋学子吴宓、陈寅恪等也留下过相似的记载。《吴宓日记》记载 1919 年他于哈佛校园初识陈寅恪时，二人多次就西洋性观念等相关话题深度交流过意见，在其日记中不仅留下多处关于西洋人感情、风俗及其"sexology"的片段，还有一节夜游的记闻，三月二十七日载："是夕见衣肆玻璃橱上裸体美人之招牌（小字：此等广告及招牌，遍地皆是），因共论**西洋风俗之坏**。"（醒目号为日记原有——引者注）然后记录陈寅恪曾在欧洲见过更多"骇人"的景象，其中有如巴黎"裸体美人戏园"，陈先生谓"如身在地狱、魔鬼呈型"。欧洲风俗之恶以法国意大利为甚云云。[22]这其中固然有曾睹其丑之实，恐怕也有当日国人对西洋开放的程度完全无法适应的因素。

3. 晚年所历

第十五条《和百十来个鸡毛帚周旋》记辛亥革命后成立的南京临时政府里，一群刚"荣升"革命党人和新军的下级将领出现在江苏都督府（今总统府）叫骂吵闹，互相在争功，甚至要老拳相加。[23]一个说，张勋是我赶走的，一个说紫金山的天宝城是我打下来的，另一个又说，不是我从孝陵街冲过来接应革命军，如何使张勋闻风丧胆，弃城而逃？当时的江苏都督程德全（1860—1930，字纯如，号雪楼，四川云阳人）本是从清朝脱壳的官，对这些革命军先矮了一截，更兼本是好好先生一个，偏偏这些人各个志骄意满，不放他走，偏要程拿主意，把程吓得不行，请来了马相伯救火。南京临时政府成立时，年过七十的马相伯人在南京，担任过南京府尹与代理江苏都督。彼时马相伯被程德全缠得不行，便出来冒险一试。这些军官都身穿礼服、头戴礼帽，帽子上都插着一个白鸡毛帚儿，马相伯在回忆里戏称他们"百十来个鸡毛帚儿"，对他们开门见山地说，诸位都是革命党人，都是为革命志愿牺牲的。一个老妈子看护小主人辛苦，所以要报酬，但皇太后皇后们抚养皇上太子，功劳比老妈子大多了，但她们就不曾要报酬。诸位都是民国的皇太后皇后们，不是民国雇来的老妈子，所以功劳虽大，却理所应当。一席话，把"鸡毛帚儿"们说得又快活又难过，之前的气焰也都浇灭了。马相伯也为自己唱的这出空城计感到得意。

第五十四则《谈屑》里面有一则"大局"也是个让人喷饭的段子。马相伯说自己一直听说我国历来的政府当局每每以"大局"与"顾全大局"昭告于人，听上去号召者各个公忠体国、民胞物与，一查实则与其所言大相径庭。[24]窃国大盗袁世凯便是这样一位常常对人说"大局"的人。马相伯记得，有一个人故作不知地问袁，"大橘（取其同音）"究竟有多大？袁世凯瞠目结舌不能作对，那位先生徐徐地用双手合拢作一碗口大小，自问自答道：我想，大橘大约有这么大！袁氏很诧异问他为什么，他说那些只顾大局的人眼里只有金钱，胸中只有饭碗，所以我觉得一般人之所谓"大局"，其范围决不能超过饭碗大小！袁世凯听了无能奈之若何。

4. 段子与"先生之风"

自从宋代大文豪范仲淹为严子陵作《严先生祠堂记》后，其中那句"先生之风，山高水长"成为赞美教育家与优秀教师时重要的修饰语。这其中"山高水长"的含义从字面的山水意境中，逐渐抽象出崇高、伟大、清简等意义的同时，也被赋予了严肃、庄重、不苟言笑的衍生义，这句古话与附加的意义一起，把中国传统对教育家的溢美之词，逐渐匡正到一个相对整齐划一的规制，凡是名师名家多是慈眉善目、庄严持重，一股正义凛然不可犯的气质，由此不论古代还是近代教育家，于当今多被塑造成类似的形象。相比而言，教育家的幽默气质，很大程度上被牺牲了；孔夫子尚且拿严肃的"德"开涮了一把，说过"未见好德如好色者"的话，但传世的孔子先师的形象中，是绝不会添上这么轻松一笔的。实际上，"先生之风"所蕴含的内容与维度无疑是多元的，相对传世文献单薄的古代教育名家形象，近代诸名家无论存世的记载还是评价，都要丰富许多，想要重新认识更多地依然取决于人们认识的角度。我国文人好于笔记小说中诙谐行文、臧否人物，甚至挖掘流言八卦，晚清民国以来尤甚，从马相伯晚年的访谈中读到的段子与幽默感，不仅是这种臧否传统的延续，亦能感受到马相伯身上散发出的独特魅力，更有其针砭时事时表现出的正直与勇气。同时也正是这些气质共同铸就马相伯独特的"先生之风"——那位自"二十四门徒"开始，创办多所现代高等学堂的、值得后人铭记的知名教育家与政治家。

晚年马相伯忽而成为新政派的代表人物，民国成立后，他得以七十多高龄出任南京府尹，正式踏入政界。1914 年，马相伯子马君远病故，学生们鉴于马公毁家兴学，家无余资，遂筹集万元为其寡媳、幼孙作教养费，马相伯却托人将该款移作启明女子中学（今上海第四中学）教育经费。1931 年"九一八"事变时，马相伯已届 92 高龄。他深感国难深重，为救亡呼号奔走，并亲自挥毫作榜书、对联义卖。1937 年"八一三"后上海沦陷，马相伯移居桂林，辗转滇、蜀，道经越南谅山。1939 年百岁诞辰之际，全国各地和有关团体都举行遥祝百龄典礼。国民政府对他颁发褒奖令，中共中央特致贺电，称他为"国家之光，人类之瑞"。是年 11 月 4 日，马相伯于谅山溘然长逝。噩耗传出，举国哀悼。

注　释

1　马相伯《一日一谈》，上海文艺出版社，1999 年。下引《一日一谈》，皆出此版本。

2　钱智修：《马相伯先生九十八岁年谱》，《中央日报》1938 年 5 月 16 日。

3　张雪峰《复旦大学之父——百岁老人马相伯的开挂人生》，参互联网视频 https：//m. 163. com/v/video/VQCF6GU7J. html

4　蔡元培早期教育经历与成就可参任宏《蔡元培早期教育实践研究 1901—1913》，复旦大学 2005 年硕士学位论文。

5　李天纲《马相伯与复旦哲学》，《文汇报》2016 年 10 月 28 日。

6　朱维铮《近代中国的历史见证：百岁政治家马相伯》，前引《一日一谈》序言。

7　在对读法文《中国通讯》与中文《震旦大学二十五年小史》后发现二者侧重角度微不同，但史料基本是同源的，中文记录编译自法文文献的可能性较大，可见《中国通讯》的史料价值。《震旦大学二十五年小史》封面标明时间为民国十七年（1928），作者佚名，未见出版信息，文字部分共 13 页，包含照片和图片共 24 张。该书内容主要从校方和学生两个角度描述了震旦大学建校二十五年以来的历史。从行文造句来看，作者应为震旦大学校方和校友会。根据其行文内容，该书的主要用途应为宣传册，向社会宣传震旦大学以及附属的机构，如震旦大学校友会，扬州、南京等地的震旦大学预科建立的历史和当时的情况。本节大部分内容，最初写作于 2022 年底、马相伯颁布《震旦学院章程》一百二十周年前夕，并得到学友张晓依、杨磊、陈嘉仁的帮助，共同创作《中西比较文献中的震旦大学——记于震旦创校一百二十年前夕》，发表于"澎湃新闻·私家历史"。这所逐渐被世人忘记的高等学府，仍有诸多值得纪念回顾的价值，尤其震旦校园留给后人庞大的文献与精神遗产，有待后辈学人进一步整理阐发。

8　近年李天纲、任轶等学者，通过中西文献，尤其是罗马耶稣会档案材料，逐步还原早期震旦办学之中受制于政府、教会及中法外交事务之间纷繁复杂的局面，为学界所重。不过震旦在华半个世纪（1903 年—1952 年）的整体办学情况，因材料有限，学界梳理得尚嫌不够。

9　《中国通讯》（Relations de Chine），1903 年 10 月期，p. 131，Echos et Nouvelles（简讯）

10　佚名《震旦大学二十五年小史》，震旦大学自印本，第 1—2 页，1928 年。北京杂书馆藏本。下引《震旦大学二十五年小史》皆出此本。

11　佚名《震旦大学二十五年小史》，第 2 页。

12　目前项骧研究最为详细的成果可见瑞安市政协文史委员会编《瑞安项氏与早期现代化》，中国文史出版社，2019 年。

13　李天纲《从震旦到复旦：清末外语教育与民族主义》，《历史教学问题》，2021 年第 4 期。

14　张若谷编著《马相伯先生年谱》，商务印书馆 1939 年 12 月。

15　见马相伯《一日一谈》，上海文艺出版社，1999 年，第 10—12 页。

16　《上海府县旧志丛书·上海县卷·同治上海县志》，上海古籍出版社，2016 年，第 1620 页。

17　《一日一谈》，第 74—75 页。

18　《一日一谈》，第 22—23 页。

19　《一日一谈》，第 85—87 页。

20　《一日一谈》，第 99—101 页。

21　《一日一谈》，第 15—16 页。

22　《吴宓日记》，第二册，生活·读书·新知三联书店，1998 年，第 25 页。并可参拙作《等是阎浮梦里身：吴宓在 1919》，收入《文汇报·文汇学人》，2019 年 12 月 13 日。

23　《一日一谈》，第 31—32 页。

24　《一日一谈》，第 110 页。

第二章
从震旦到复旦

　　1905 年春，马相伯携带震旦出走的师生，另创新校。最终在沪上各界的支持下，这所新学校在下半年农历中秋后一日开学。学校的名字从最初的"新震旦"到最终的"复旦"，从一开始为了"光复震旦"，到后来的"旦复旦兮"，复旦在这一年中经历新生与涅槃。复旦新创仅过了一个学期，马相伯便因故离开学校。全新的复旦差点经历一次停办重组，此时学生大哗，最终由各位名流校董苦心支持，严复亲自主持大局，复旦才在之后几年勉强立足。直到 1911 年辛亥革命爆发，民元时复旦吴淞校舍被光复军占据，最终被迫迁至无锡惠山李鹤章祠，再迁回上海徐家汇，于李公祠中继续办学，这一办又是十年。最终，1913 年掌校的功勋校长李登辉先生，于 1922 年把复旦迁到日后的永久校址江湾（今邯郸校区相辉堂周围），复旦才进入了全新的时代。

第一节　1905 年的风波

　　"从震旦到复旦"语出马相伯《一日一谈》之中，马公在这篇访谈中提及诸多出走震旦、新创复旦的细节。关于 1905 年时复旦从震旦中分离并重新建校的风波，学界虽然有所描述，但是常以民族主义矛盾笼统解释，较多从民族主义角度关注建校早期马相伯与耶稣会的博弈。无论是法文文献《中国通讯》（*Relations de Chine*），还是在中文文献《震旦大学二十五年小史》、马相伯《一日一谈》中，都没有避讳当时这场闹得沸沸扬扬的风波。这些描述虽很难说客观，但却从内部披露了一些关于这场风波的细节。首先，马相伯《一日一谈》二十四《从震旦到复旦》里的记载，是大家最熟悉的：

> 不过震旦开了一年多之后，因其中的教授及管理方法与我意见不合，遂脱离关系而另组织一校，以答与我志同道合的青年学子的诚意，这就是现在的"复旦"。复旦初办的时候，经济非常艰窘，校址又没有。

马相伯的这段提到了自己离开震旦是因为与之上课与管理理念不同，最终我们了解下来也确实如此。但很多年以来，我们赋予了马相伯出走震旦、新创复旦举动太多不存在的、民族主义语境的意义。[1]实际情况其实要单纯得多。从 1904 年底开始，震旦新来的教务长南从周与包括马相伯在内的中国师生，在教学理念，尤其是课程内容上发生冲突，无法调和，最终导致学生离校另创新校。其实马相伯在 20世纪与法国天主教会及震旦大学之间，关系始终保持密切，并没有因为出走震旦而影响两者的关系。

更多的有关震旦风波的记载，仍未被学界充分利用，其中就有法文的教会文献。1918 年 7 月—10 月合刊的《中国通讯》，从耶稣会士内部的角度用更详细的细节记录了震旦和复旦的风波。"第二年（1904），南从周神父（P. Félix Perrin）被任命为学校的教务长，有两名神父和四名辅理修士协助他的工作；这时学校已经有了100名学生。徐家汇天文台的旧房舍被让给了他们。这所年轻的学校希望在两年的课程中教授"法文、英文、德文、意大利文、俄文、击剑、舞蹈、钢琴，毋庸置疑还有拉丁文和哲学"；"拥有总教习头衔的马相伯和那些最胆大妄为的学生相处得不好，他们想要将自己的课程强加于人，并以英文来替代法文"。最终的一场冲突导致了决定性的分裂。"1905年3月初，马相伯决定并让人在中文报刊刊登启事，今后他将负责管理震旦的财政。这项决定引起了最具影响力的学生，尤其是那些自认为是学校创建者的不满。他们宣称天主教会无视过去的惯例企图独揽震旦，他们退出学校，并且怂恿他们的同学也这样做。许多人效仿了他们；3月7日，马相伯宣布在这样的情况下再也无法继续管理震旦了，他离开了学校；一大群人随之而去，这项事业只得终止了。第一时期的震旦存在了两年。"《震旦大学二十五年小史》则记录："至一千九百零四年岁首，学生增至十倍。相伯先生谓锐进之时机已至，即请耶稣会命。安徽传教司铎南从周遂被召至沪，而为震旦之教务长矣。南公尽改旧章，学生抗不从命。相伯先生恐已故阻南公之施设，辞职而去。"

中西文献中同时提到，从震旦到复旦的主要原因是马相伯与南从周之间关于学校课程设置的不同看法。最终的导火索是"英法文"之争，从这点来看似乎并未涉及任何民族主义的内容。在此需要提及的是，正如前一章所言，震旦大学建立的初衷其实本为"译学馆"，因此正如李天纲提出震旦学院带有"译学馆""译社"性质，即马相伯和梁启超等人在"戊戌变法"时期商议的"Akademie"，并非常规大学；因此震旦大学创校时，其实注重的是拉丁文教学。[2]《震旦学院章程》："本院以广延通儒，培成译才为宗旨"，学业二年，"首年读拉丁文，次年任读何国文，以能译拉丁文及任一国之种种文学书为度。"然而，之后在实际教学中逐渐发现拉丁文并不适用于日常生活，于是逐渐调整，根据张若谷的《马相伯先生年谱》记载，早在震旦大学成立的第二年，课程设置就调整为"所定课目，大别为四：曰语文学，曰象数学，曰格致学，曰致知学。语文一科，以拉丁文溯其源，仍分习英、法、德诸现代语，以应世用。"由此可见虽然拉丁文教学依然没有废除，但英语法语等"现代语"的比重明显增强。

　　而在英语和法语之间选哪个语言之间的问题上，根据马相伯的《一日一谈》中记载，1905 年初，南从周担任教务长之后，便推出新的课程改革方案"废英文，重法文，教育各权皆掌之西教习"。于是才在学校引起轩然大波。这与《中国通讯》中记载的"他们想要将自己的课程强加于人，并以英文来替代法文"相一致。由此可见，"从震旦到复旦"转变的根本原因其实是震旦大学内部的"英法语言之争"。

　　另外，在之后成立的《复旦公学章程》中，也明确拉丁文作为本科（"正斋"），文科（"第一部"）和理科（"第二部"）列在最后一门课程。拉丁文教学仍然保留，但已经与基督新教所办的学校类似，英语是第一外语，且作为课堂教学语言。作为此次风波的焦点，震旦大学的学制也因这场风波产生了一定的变化，《震旦大学二十年小史》记录了风波前后的震旦学制变化："李、南两司铎长校时（复课之后），改肄业期为四年。第一年为中文教授，第二年始以法文教授。此两年名曰附科。至第三年，始称本科。授法文、英文、文学、中外历史地理、哲学、经济学、法学、算学、物理学、博物学。至第四年，分为文理两科。"由此可见，风波之后分别重启的震旦和复旦之间，除英语和法语的区别之外，其他课程上，并无本质性的差异。由此我们可以发现"从震旦到复旦"的过程中，有英法文之争，也有课程设置的"话语权"之争，但之前我们一直认为的"民族主义"似乎并没有涉及。正如李天纲教授在《从震旦到复旦：清末外语教育与民族主义》所提示的那样：脱离震旦学院之后的复旦公学，更加持有一种"语言世界主义"，而不是"语言民族主义"的价值观，这一点是可以肯定的。[3]

马相伯最终因为"第一外语"与"第二外语"课程，与自己创办的第一所学校震旦学院分道扬镳，这对于他个人来说，是段不甚愉快的经历。震旦大学名义上仍是教会创办的学校，耶稣会提出让马相伯带薪休养，马相伯很不开心。1905 年春天矛盾到不可调和，大部分学生都跟着马相伯出走，最终在吴淞重新创办学校。这所学校最早名称是"新震旦"，后来于右任就说新办学校是"光复震旦"，就改名复旦。历史进入了"复旦"的时间。

第二节　马相伯的对面：南从周[4]

作为马相伯（1840—1939）的对立面，法籍传教士南从周（Félix Perrin）在"从震旦到复旦"的历史叙述中，长期以来多被描述成一个"西方民族主义者"，"长期仰仗西方教会"甚至"西方中心主义者"。然而当他的传记和讣告被发现，尤其是其中他生前的日志被公开后，才让我们全面认识这个"反派人物"，以及同会兄弟眼中对他的评价。本节尝试通过法文期刊《中国通讯》中的《南从周讣告》，略论法国人眼中的南从周，着重从他个人日志中摘录"从震旦到复旦"进程前后的史实，并通过其一生的描述，还原一个历史上真实的南从周。同时，也从南从周的角度分析"从震旦到复旦"的真正原因，并进一步认识到"从震旦到复旦"这段历史的偶然性和必然性。

南从周（Félix Perrin）

以往中外文献中的南从周

马相伯 1905 年春因与时任学监法籍传教士南从周不睦，率领一众师生出走；后世叙述此事端遂将南从周视为复旦创校最大机缘，同时也将南从周定格在"西方民族主义者"等负面形象之中。如中文文献方面，多据张若谷编著《马相伯先生年谱》中对南从周"尽改旧章"的描述，并加上作者自己的民族主义情绪。如 1981 年曹宠的《马相伯和复旦》开始[3]，在描述"从震旦到复旦"的变局时，南从周均作为一个与马相伯对立的负面形象出现[4]，在不同的文献中，南从周时而被描述为"命令马相伯去医院养病，由他来管理学院中的一切事务"；实际上是"赶走马相伯，夺取学院全权"。还说他"妄图把中国学生训练成法帝国主义的奴才"。时而被描述为"仰仗着教会势力的庇护，逼迫马相伯住院养病，擅自更改学院性质，篡夺了校政"。[5]

　　直到近年来，随着史料的进一步发掘，对于"从震旦到复旦"的研究逐渐从"激进的民族主义情绪"过渡到还原历史真相。李天纲的《从震旦到复旦：清末外语教学与民族主义》一文使南从周的形象才稍有改观。作者通过事实清理和人事查证，整理出从"震旦到复旦"过程中，南从周与马相伯矛盾的导火索："英法语之争"，并明确指出在该过程中"有英、法文之争，但因外语教学而导致的'民族主义'情况是没有的"。这也是目前能找到的文献中，率先公开提出将"从震旦到复旦"与民族主义剥离；任轶的《马相伯与耶稣会博弈下的震旦学院（1903—1905）》一文，通过全面整理、综合分析上海市档案馆、耶稣会巴黎省档案馆以及罗马耶稣会总部、梵蒂冈罗马教廷等处的相关档案，得出了最终马相伯与南从周的矛盾的核心其实是"对'西学'的认知差异导致了双方不同的精英培养策略"，文中对南从周的描述逐渐趋于中立，不再将其个人置于马相伯的对立面。周仁伟在《震旦杂志：中西文化与教育交流的见证》一文中，将矛盾简述为南从周"试图对学校进行变革，激起师生不满"[6]。2010 年与 2018 年，复旦大学的学生剧社两次排演话剧《天地玄黄马相伯》，剧中虽然将南从周定为反派，但剧情介绍已改为"对中国文化有不同的认识，但并没有恶意"[7]。

法国人眼中的南从周

　　而在法文文献里，提到了关于这场风波的另一些细节。在 1918 年 7—10 月的《中国通讯》中有一篇《中国的一所法式大学》（Une Université française en Chine）与 1925 年 4 月同刊中的一篇《中国的一所天主教大学》（Une Université Catholique en Chine）中均引用了南从周的回忆录，并提道：

第二年（1904年），南从周神父（P. Félix Perrin）被任命为学校的教务长，有两名神父和四名辅理修士协助他的工作；这时学校已经有了100名学生。徐家汇天文台的旧房舍被让给了他们。这所年轻的学校希望在两年的课程中教授"法文、英文、德文、意大利文、俄文、击剑、舞蹈、钢琴，毋庸置疑还有拉丁文和哲学"。神父们在各种混乱中竭力维持了一些秩序。拥有总教习头衔的马相伯和那些最胆大妄为的学生相处得不好，他们想要将自己的课程强加于人，并以英文来替代法文。

法国人眼中，南从周才是当时震旦校务的负责人。与很多中文文献作者眼中"仰仗教会势力庇护"的底气不同，其实"性格决定命运"这句话对于南从周来说才更加妥当。事实上，即使是来自同一个国家的同会兄弟，都不得不承认：由于自身性格的关系，南从周不是一个容易打交道的人。一方面他的工作能力非常强，天生具有领导才能，而且行事果断，擅长随机应变。而每个硬币都有两面，他的另一面则是喜欢指挥，热爱组织和规章制度；而且脾气非常急，最难以忍受的是别人对他的"不听话"，对于任何"诽谤"都会让他感到非常愤怒。甚至他曾自述自己加入耶稣会的原因，便是为了抗议和更好地回应社会上对于"耶稣会士"身份的诋毁。

即使南从周本人都在日志中写道："我希望审慎地安排所有的人和事，以达致某种规范，然而我发现很难实现，我很少会感到高兴，或者说得好听一点，我几乎从未感到满意。我是个很难相处的人，到哪里都会抱怨，很少赞美别人，始终闷闷不乐，无论是物质方面，还是精神层次，学生的作业、品行、性格，接受或是付出的教育，我们的学识，他们的成就，取得的成绩等等，我对于这一切总是感到不尽人意。"[8]

　　而与之对比的是另一边，当时担任会长的丁绍斌（Jean-Marie Louail）在写给徐家汇、佘山、上海县城总铎的信中多次提到他们眼中的马相伯，"虽然这位神父很有才华，但他非常难相处且善变"；"他很固执和多变"；"（马相伯）富有不可否认的非凡才华，但他很难相处，极度易怒，非常骄傲，十分健谈，极其理想主义"。——两相对比下，可以发现，南从周和马相伯的性格有几分相近：一方面两人都才华横溢，都具有一定的领导才能，另一方面两人非常坚持自我，充满理想主义，同时也都"难相处"：也正是两人如此相似的性格，使南从周与马相伯发生不可调和的矛盾几乎是必然的。

　　另一方面，南从周天生具有的领导才能，能够在危急关头力挽狂澜。曾与他长期同在安徽工作的法籍传教士桑必寿（Bizeul）在讣告中用几件事情来说明他的这个特点：

　　　　早在南从周来华之前在法国昂热（Angers）避静，一天晚上，避静的地方隔壁民居突然着火，眼看着即将烧到他们的住所。按照规定，避静期间不能说话，甚至大门也是上锁的。但面对紧急的火情，当时作为一个普通学生的他，主动担当起组织大家逃生并参与救火的责任："他并没有迟疑，立刻一声不响起床，和跟随他出来的同学们一起在围墙上架梯子沉着冷静逃生。还利用他对当地的熟悉，大家用手势指挥消防员们灭火"。正是他的随机应变，让他和他的同学们的人身和财产避免了一场可能的悲剧。

另一件事情是他刚来华的时候，当时他在徐家汇学习，此间他所居住的徐家汇住院（今徐家汇藏书楼主楼）发生了多起物品失窃案，南从周主动担当起了"警察"的角色，计划抓住小偷。他的许多同僚对他的这一行为并不看好，还嘲笑他大惊小怪。于是，为了激起他们对于偷窃行为的愤慨，南从周甚至扮成小偷去偷这些人的东西，让他们产生共鸣，站到他的一边。最终众人齐心协力，终于抓住了小偷。那个小偷曾在住院中工作，因欠债萌生了偷窃的想法。在南从周的带领下，众人失窃的物品被悉数追回。

除了这两件事情之外，在安徽工作期间，南从周出于一贯的防备心，在住院中放了一把来复枪，还放出话来："他可以杀死花园里的麻雀，甚至是来花园里散步的雉鸡，最重要的是，让每个人都知道，晚上来这里钻墙偷他的宝贝是不好的行为。"很多人因之会联想到，南从周最终与当地村民起冲突，引发"教案"，可能和这把枪有关。事实上，这把本用来"防火防盗"的来复枪，却成了为安徽当地村民们服务的工具：当地村民来找南从周，让他帮忙射杀闯入田地的野猪，南从周一听，带上来复枪就跟着村民们走了。在寻找野猪的途中看到一个被野猪抓伤后无法动弹的村民，南从周赶紧让人回住院取急救药品，最终这位受伤的村民因抢救及时得以幸存；之后，这把来复枪又差点被村民借去射杀误入池塘的鳄鱼。总之，当时周围的群众有什么问题都会求助于他，他也似乎成了堂口的"热心人"。

他甚至因为急于赶回自己工作的安徽堂口，不顾天气情况和同会兄弟的挽留，执意乘船横渡巢湖，差点溺水身亡，在水中漂了一夜之后侥幸获救，他还重金感谢了所有参与救援的人。值得一提的是，最终等到救援队的时候，他对着救援的人大叫"快点，先救妇女和儿童，我们可以等"。在他获救后来到同会兄弟的住处时，首先想到的是给贫穷的船东儿子饭吃。

从以上这几件事中我们可以知道，首先南从周绝不是一个"法国民族主义者"，相反他对异域文化其实一直持有包容的态度，安徽工作期间，在《汉学丛书》创始人夏鸣雷（Havret）的指导下逐渐喜欢上了中国文化：他不仅乐意去尝试各类中餐，中文水平也优于同时期很多法籍传教士，他能熟练阅读各类官方的公报，之后在震旦大学任职期间，他也能熟练用中文和上海县城的官员和震旦的中国学生对话。此外，在《讣告》中还记录了他的英文水平：在来华之前，他曾在爱尔兰利默里克[9]（Limerick）的传教学校里待了一年，并在那里刻苦学习英语，他的英语会话和读写都很好。也正是因为他出色的英语水平，在刚来上海时，他曾在虹口区的当时主要招收西人的圣芳济学院（St. Francis Xavier's College）担任过学监，因此事实上他比谁都清楚英语在上海的实用地位。

其次，他虽然重视组织和纪律，但绝不拘泥于此。甚至在安徽期间多次劝说不愿意接受新事物的中国同事。所以说把南从周归于教会中的保守派显然也是不合适的。但这样的行事风格，若事情进行顺利则相安无事，若在事情执行的过程中发生任何问题，这个"自作主张"的人也自然会成为"背锅侠"，所有的脏水都会泼到他个人身上。

如此则不难理解，当马相伯向耶稣会方面提出要派人管理震旦大学时，教会第一时间就选择了南从周：因为他负责的工作态度，出色的工作能力和领导才能，加上其之前在学校担任学监的经验，必定会让教会觉得他才是最适合震旦大学管理职位的人，而同时，这一看似妥当的人事安排也因为南从周的性格以及阅历原因，为后面的变局埋下了伏笔。

两人真正矛盾是什么？

对于南从周与马相伯之间的真正矛盾，一直有很多种说法，正如之前所说，很多材料总喜欢用民族主义的角度去理解南从周与马相伯之间的矛盾。前引李天纲《从震旦到复旦》中提出，复旦与震旦由于"改法语而分裂"。该事件确实是南从周与马相伯之间的矛盾，但南从周突然在课程改革中提出"废英重法"更像是一个导火索，其本人也绝非突发奇想。

根据《震旦大学二十五年小史》记载："千九百零四年岁首，相伯先生请耶稣会尽力襄助，安徽传教司铎南从周被召至沪，而为震旦之教务长。南公尽改旧章，学生抗不从命，相伯先生恐以己故阻南公之施政，辞职而去。学生大哗，相率离校，震旦遂暂行停办。而离校学生于吴淞复创一校，曰复旦。"而此处的"尽改旧章"四字之后被很多文章中引用，作为南从周的"罪证"。然而就上下文而言，此处的"旧章"是指南从周那次遭到抵制的"学制改革"。

与他人笔下的"仰仗帝国主义势力"的颐指气使的形象不同，根据《讣告》中的记录，南从周在安徽颖州收到调令的时候，他的内心是抗拒的，并在日志中写下自己更喜欢在颖州这样的话，当他服从安排来到震旦之后，他发现了更大的困难："虽然马（相伯）以他的名声赢得了这些高层人物的支持，并赢得了这些阶层和才能迥异的学生，但这也为继任者带来了巨大的困难。"

他面对的是一个需要调整学制的震旦学院，学制改革的目标显而易见：从"译学馆"（Akademie）向常规大学转型。

也正是基于这样的困难，南从周全身心投入到新生震旦大学的建设中。为了让震旦建设成一个"伟大的学校"，他制定了自己的计划。在教师缺乏，经费有限的情况下，南从周最开始在震旦教授语言和数学。

与之前对其论述不同的是，他曾亲口对别人说，他始终认为这些中国学生一点不比日本学生差，甚至在中国学生与日本人发生矛盾的时候，他还曾为自己的学生伸张正义。

以上足可以证明，南从周和马相伯在震旦办学没有根本矛盾，他们同样热爱这些中国学生，也同样都希望将新生的震旦大学发展成为世界一流的学校，仅因为两人国籍不同就将二人的矛盾简单归咎于民族主义是站不住脚的。

然而正是基于对完美工作的强烈渴望和责任感，最终导致了他与马相伯分道扬镳。

两人矛盾的根源是当时南从周对当时中国社会的误判，或者说正如前引《马相伯与耶稣会博弈下的震旦学院（1903—1905）》一文中所述，与两人对于"西学"的不同知有关：当时正是中国社会现代大学创立，新旧教育转折的关键时期，社会上对于"西学"的推崇都是公开的，而根据1903年《中国通讯》的记录，震旦的诞生本身也与这股"崇尚西学"的思潮有关。正是处于这样的社会背景下，让南从周误以为，将震旦建设成为一流大学的方式是顺应当时中国社会的潮流，在中国社会加强"西学"的研究。在阅读了洋务派人物张之洞的《劝学篇》之后，南从周错误地认为，中国社会需要的"西学"是指西方的所有学问，并希望通过来自西方的知识让中国

"从无知中走出来"。

　　同时出于他性格中的完美主义以及本身对于规章制度的热爱，在刚被任命为震旦教务长的背景下，他希望能尽快在学生中建立纪律，更好地管理学校。因此根据南从周的学制改革方案，改革后的震旦学制分为文学、致知（哲学）、象数（数学）、形性（理科）四科，这些课程即使在今天看来，明显偏向研究性。

　　但是他忽视了一点：那就是在上海经济快速发展的大背景下，这些来震旦的学生并不如他所以为，是为了全方面研究和学习"西学"而来，大部分人只是为了毕业后能找一份好的职业来赚钱。

　　因此，以"谦虚和乏味的研究"为目的的学习显然是无法符合当时上海学生们的需要以及上海社会对这些学生的希冀的。以英语和法语为例，这些以"赚钱"为目的的学生断不可能选择在科学和文化上见长的法语，而必定更多选择"贾人"常用的英语。而同时，缺乏和中国高层人物打交道经验的南从周不顾马相伯和部分学生的反对，一味坚持这一改革方向。于是出于研究的教学目的与出于就业的学生需求，导致二者渐行渐远。最终，这样的矛盾在"英语还是法语"的问题上爆发，导致了之后学生集体去找前校长马相伯，继而发生退校以及舆论曝光的事件。

　　此时，南从周的身上还有两个缺点逐渐凸显：一个来自他的性格：他一旦决定，则不容置疑，也就是上面所说的"非常固执"；而另一个则来自他之前的阅历，无论是在圣芳济还是在安徽期间，他明显缺乏与中国高层人物打交道的经验，这也导致了他对于震旦初创时期马相伯在在华耶稣会和当时中国高层人物之间所起的"桥梁"作用认识不足。

因此当来自他性格的缺点遭遇到来自其阅历的不足时，自然会将之前与安徽农民以及西人学生打交道的方式多少代入到震旦的教务管理中：在面对学生哗然的时候，他选择用强硬的"纪律来树立权威"，并进一步"维持秩序"。而事后，连他自己都意识到了自己的错误，并总结道：只有通过"有秩序地教学"来"悄悄地获得权威"，而如果"没有权威，任何纪律都是不可能的"。

关于这次论战的结果，诸多史料已记载详细，此处不做赘述。在经过震旦的这场风波之后，南从周才开始逐渐认识到与中国高层人物打交道的诀窍，并在实践中逐渐积累了自己与中国文人打交道的经验和能力。这也可以解释在他离开震旦之后，在安徽组织当地官民中西各方力量参与赈灾的史实。

这一次"震旦到复旦"的惨痛经历，看似并没有在他身上留下任何阴影，作为一个乐观的人，他依然保持活力。但南从周从此意识到，在震旦初创的时代，确实需要各种资源来克服困难，其中包括需要联合上海社会的各界尤其是高层人物，才能吸引更多优秀的青年来震旦读书；尤其是让他意识到了教学工作的重要性。这也让他在震旦复校后开始通过努力地投入教学工作，在教师缺乏，经费有限的大背景下，他成了学校里的"全科

南从周（前排右一）和华洋义赈会地方援助委员会，他身后的是罗炳生牧师

老师"，从不缺课，教授所有的初级课程，被称为"语言机器"和
"科学之钥"。他的讣告里记载：

> 从早到晚，他一直处于压力之下，给他那台可怜的机器施加
> 了最大的速度。他不上课时，学生们在他的房间里围着他；课间
> 休息时，他分发书籍、纸张等。当他不上体育课时，他会在午休
> 时上一节素描课。他经常会一天上六小时的课。到了晚上，他会
> 批改作业，有多少次他无法在午夜 12 点前睡觉！事实上，坚持
> 这种极大的工作量是一种奇迹。

通过每天 16—18 小时的教学工作，他逐渐在学生中建立了权威。
在教学工作之外，他把教务长、全科教授、总学监、管家、总务等学
校所有不同工作的责任结合在一起，之后，他还因为最初分配给学校
的校舍已经不合适，力主震旦搬迁事宜。最终于 1908 年震旦大学从
简陋的徐家汇老天文台旧址校舍迁至卢家湾新校舍。

同时，此时的他已经逐渐改变自己，让自己更迎合中国的高层人
物：他好客的举止，加上他对中国人心态的了解，对风俗习惯的尊
重，都使他赢得了所有人的好感，同时也使得震旦复校之后迅速成为
上海著名的私立大学。可以说震旦能取得这样的地位，与南从周是分
不开的：为了吸引更多的学生来震旦，他真的是倾尽全力。

事实上，分裂之后的《复旦章程》显示，日后复旦大部分课程用
西文教授："除备斋本国历史、舆地、数学诸科须用汉文外，余皆用西
文教授。"相比 1902 年《震旦章程》中却都使用国语："泰西授受各种
科学均用国语、国文，本院所重在此，盖求为本国之用故也。"我们长

期以来用带有民族主义情绪的缘由来解释"从震旦到复旦"的原因，
是明显不符合历史事实的。"从震旦到复旦"的原因只是那次不符合学
生需要的，失败的学制改革，而最终的爆发点是在"英语和法语"的
抉择上。

早在当时，很多人就把矛头指向南从周，认定他应该为这场
"分校风波"负责。然而正如讣告中所说："当人们建校的时候，当
人们在临时准备的时候，当各种力量驱使你的时候，所产生的这些几
乎是致命的不完美。"可见，"从震旦到复旦"的风波发生在震旦的
初创时期，作为中国的第一所天主教大学，而且还与中法两国政府相
关，一方面各方都对这所大学报以期许，另一方面每个人又都没有现
成的案例可循，因此，将"从震旦到复旦"的风波全部归咎于临时
从安徽被调来的南从周，或者把这个矛盾上升到中外两个民族之间，
显然都是不合适的。好在这场风波之后不到半年，震旦就得以复校。

从南从周的角度，虽然和马相伯生来国籍不同，但他与马相伯同
样关心震旦，同样将震旦的学生视同自己的子女，也同样希望震旦更
好地发展，如果说两人一定有什么矛盾，那顶多便是南从周和马相伯
之间对于"西学"认知的差异，加上两人性格中的不完美决定他们
即使知道自己判断错了，在当时也不愿意向对方妥协，最终矛盾在
"英法抉择"中爆发。但随着时间的流逝，当事人其实都做了一定程
度的妥协。之后 1912 年，在震旦申请教育部注册的过程中，马相伯
也并未计前嫌，再次出面向教育部请愿立案。

离开震旦之后的南从周

1908 年，一纸调令把南从周又调回安徽的时候，南从周哭了，他

觉得震旦就像自己一个亲手养大的孩子，虽然他来到震旦的时候，心中满是不情愿；但是当他必须离开震旦的时候，他心中则满是失望和痛苦。然而，他是没有选择的，"在这个场合，他必须表现出他如同一个多么顺从的孩子。他使劲地控制着自己的感受；然而他还是为此哭泣"。

离开震旦后，他再次回到皖北地区，他会骑马16英里，去镇上的学堂给孩子们上英语课。也许这样的课程能让他想起在震旦上课的时光。

南从周生性节约。他会把最好的咖啡用来招待客人，然而在客人走后，他不允许仆人把咖啡渣倒掉，而是自己继续用这些咖啡渣喝至少一星期，直到实在淡而无味才勉强扔掉。

除上课外，他还积极投身到安徽淮北地区的赈灾中。当时皖北地区频频出现饥荒，南从周与当地的新教牧师们，以及本地官员、乡绅共同组织起饥荒委员会，并亲身投入到赈饥中，在皖北各处忙着分发救济品，赢得了所有人的钦佩。

1911年5月，南从周在赈灾过程中传染上了斑疹伤寒，最终在怀远附近去世。他的性格一直很要强：在去世前几天，他还在蒙城救济饥民。

第三节　复旦时间

复旦创校最为人熟悉的材料，来自于前引马相伯的《从震旦到复旦》：

> 复旦初办的时候，经济非常艰窘，校址又没有。我们在吴淞看好了一座房子，是吴淞镇台的旧衙门，地方很宏敞，既远

城市，可以避尘器；又近海边，可以使学生多接近海天空阔之气。大家决定了，我便打了一个电报给两江总督周玉山（即周馥，引者注），请他把这个旧衙署拨给我们，并请他帮助些许经费。他回电很鼓励我们，吴淞旧镇署照拨，并汇了两万银子给我们做经费。周玉山之所以如此慷慨，还是李文忠的一点关系，因为周氏本是淮军出身，我们弟兄也与淮军有关系，所以他对我们的要求很爽快地答应了。但是，假使当时两江总督是李中堂，那他对于我们的学校更要大大地帮助，文忠之豁达大度，信人不疑，当时阁臣疆吏中实无第二人（原注：曾、左都未免书生之见，与三家村的态度，胡文忠局度恢宏，然而天不永年，中道捐弃，可惜！），他于愚弟兄所创办的学校，定然另具一副眼光相看。

据马相伯回忆，初创的复旦能立足，一开始主要还是依靠淮军系人帮忙。马相伯办震旦时所有家产都捐给了教会，此时再办复旦则经费、用地、教师一时都搞不定。当时两江总督是李鸿章的得力干将周馥，出自至德周氏。周馥听说马相伯又办了学校，表示要支持，拨了马相伯看中的"吴淞镇台的旧衙门"，大约就在今天吴淞中学及周边范围内。同时，"汇了两万银子"，做办学经费。这些隔了几十年的回忆与传世文献中记载略有差别。但马相伯依然清楚地提到是因为周氏兄弟与自己当年同在淮军集团中做事，所以周氏很爽快地答应了他的要求。不过马相伯还略有不满地表示，彼时李鸿章若还在世，坐镇两江总督，那他的支持力度可能会更大，并对李氏行事为人大加赞赏，认为曾国藩、左宗棠亦不能与之比肩。所以在马相伯心中，复旦公学最初的理想是走淮军系强人扶持的官办路线，一如早期的南洋公学。

建德周氏家族

建德周氏，又称纸坑山周氏、至德周氏，晚清著名世家望族。周氏远祖是唐代的中丞周访，由徽州迁至建德。晚清时周馥发迹后，百年间整个周氏家族迅速发展成为文商并举的大家族。周馥（1837—1921），生于安徽建德（今池州东至县），字玉山，谱名宗培，协助李鸿章董理洋务达 30 余年，参与筹建北洋海军，协助设立天津机器局、天津电报局、天津武备学堂等事宜。自 1881 年始，先后任津海关道、直隶按察使、四川布政使、山东巡抚、两江总督、两广总督等职。在两江总督任上协助创办复旦公学、安徽公学，殊有功于教育，是淮系集团中颇有建树和影响的重要人物。从已有学者的考证，周馥确实是复旦创校时期最重要的人物，之前校史研究未予以足够重视。

H. E. CHOU FU,
EX VICEROY OF LIANGKIANG, MIN-CHE LIANG-
KWANG PROVINCES, ETC. AWAITING APPOINTMENT

周馥
（孟繁之提供）

　　周氏后人周学熙、周叔弢、周一良等，更在实业、藏书、学术等领域成就斐然。馥第四子学熙（1866—1947），字缉之，号止庵，中国近代著名实业家。他曾创办启新洋灰公司、滦州煤矿等，于华北近代工业的发展助益良多，与当时南方著名的实业家张謇齐名，并称"南张北周"。他还曾任官立山东大学堂（今山东大学前身之一）总办（校长）、北洋工艺学堂督办（校长），于近代教育事业亦出力甚多。学熙三子叔迦（1899—1970），现代佛学大家，历任北京大学、清华大学教授，中国佛学院院长等职。叔迦的长子绍良（1917—2005）则是知名红学家、敦煌学家、文物收藏和鉴定家。周馥长子学海第三子叔弢（1891—1984）则是著名实业家、收藏家，曾任天津市副市长、全国政协副主席。其生前将藏书捐给北京图书馆与南开大学图书馆。叔弢长子一良（1913—2001）则为著名魏晋南北朝史专家，北大教授。

　　马相伯这段创校回忆无疑是生动而关键的，但从 1905 年初出走震旦到 9 月中旬正式开学，初生的复旦经历了更多曲折的过程。《复旦大学志》（第一卷）等早期校史资料中几乎没有关注，今天学界对此梳理最为系统的是张仲民教授关于早期复旦人物陈寅恪、严复与熊季廉的研究。[10]仲民教授在分别考察这三位早期复旦史上的知名过客时，详细梳理了复旦早期创校时遇到的诸多现实困难与路人的襄助；兹不避繁，略引述于下。1905 年震旦学院至晚于 3 月 10 日之前即已宣布解散，蒋维乔、张元济等商务印书馆名流最先开始反应，请从学马相伯的蔡元培去探听究竟。此后报纸上相关震旦的消息开始频出，主要的声音都是希望地方各界能支持筹办新学，成立一"新震旦"。马相伯亦颇受鼓舞，致电尚在法国的严复回归，协助自己合办新学院。严复在一年前暂居沪上时就有创办新学的理想，他的理想计划得到张元济、夏曾佑、蒋维乔等商务系出版同仁的欣赏与肯定。显然马相伯也对严复颇为熟悉，所以才会在此时召其回国襄助。当然，更重要的是两江总督周馥也亲自过问，周馥曾责成上海道台袁树勋查访震旦退学事，并言为马相伯亲自告知此事，并希望其伸出援手。袁树勋迅速查明后报告周氏，这些材料都被报纸披露出来，形成全社会对马相伯及失学学生的同情。时上海地方的绅商张謇、王清穆（1860—1941）、曾铸等曾过问此事，并积极参与筹建"新震旦"学院的计划。

　　1905 年 3 月 25 日，众人在福州路一品香聚会，公推马相伯为"新震旦"校长，并讨论了筹措经费的办法。就在这次碰面时，定下借吴淞的军镇行辕及公所暂作校舍，并电周馥望其批准。周馥很快帮忙联系，军方答应出借提镇行辕，但只肯借半年，且六营公所不在出借之列，参《申报》1905 年 4 月 15 日《震旦迁校来往电报》载："上海道致松江提督杨（镜严）军门电云：震旦生拟借行辕及六营公所设学。前承转商三镇，谅已商妥。现急待开校，乞即电示军门。复电云：提镇行辕暂借，久不过半年。六营公所，诸君会议，因办公无地，难以遵命。金（今？）已函复张、王、曾诸君原谅矣。"[11] 所以，最终在两江总督与苏松太道（俗称上海道）的合力，及张謇、王清穆、曾铸的共同努力下，新生的复旦终于得到了吴淞行辕一地开始办学。而此时已经允诺担任复旦校董的张謇更是为前震旦散学学生筹办万元资金，上海道袁树勋及本地绅商亦纷纷慷慨解囊，打算在吴淞四十亩公地上新建校舍。周馥还派来留法归来的陈季同协助筹划建校事宜。新校主事者中，也有一度希望给新学校起名"乐群公学"之议。之后曾铸等主事者呈请周馥为新学校拨款每年一万两办学经费，周馥迅速责成江苏藩司、上海道及学务处等筹措经费，最终勉强凑齐。

张謇（1853—1926），字季直，江苏南通人，光绪二十年（1894 年）状元，中国近代实业家、政治家、教育家、社会活动家。早年奉张之洞之命创办大生纱厂。后在家乡创办通州师范学校、南通博物苑。民国南京临时政府时任实业总长，改任北洋政府农商总长兼全国水利总裁。20 世纪初，张謇在南通、吴淞、上海多地发起、支持数所新式学校，就吴淞一地经他主持或参与创办的就有吴淞商船专科学校（今上海海事大学）、吴淞水产专科学校（今上海海洋大学）、中国公学、复旦公学，并参与同济医工学堂（今同济大学）的复校，是晚清以来推广新式教育重要的赞助人。

张謇像

　　得到地方大力支持的"新震旦"学校正有条不紊地筹备着，而之前天文台里的老震旦此时也开始与张謇、曾铸等本地士绅接触。马相伯脱离震旦后，一度宣布震旦学院停办；而教区则希望震旦也能够重新复学。最终在教区副主教丁绍斌神父（P. Joan Maria Louail，1855—1907）出面与张謇等士绅商谈再三，最终张謇等人同意帮助震旦复学，震旦也仍由天主教会管理。当时海上商绅们是非常开通的，觉得没有必要为难震旦，两所学校同时存在对上海是好事，"多一学堂，未始无益"。复旦与震旦，正式分开，复旦的时代正式开启。

　　依靠周馥、袁树勋及张謇、曾铸等政商合力，马相伯和他的弟子们很快从出走震旦的阴霾中走出，复旦公学正式成立。马相伯在《复旦公学募捐公启》中列上了包括严复、张謇、曾铸、王清穆、陈季同等28位名流担任复旦募捐发起人，希望他们能为复旦提高声望，募集办校资金。这些名流也没有辜负复旦期望。名列首位的严复便积极参与到复旦建设当中。

　　严复（1854—1921）字又陵，后改名复，字几道，福建侯官县人，近代极具影响力的启蒙思想家、翻译家、教育家，先后毕业于福建船政学堂和英国皇家海军学院。严复在李鸿章创办的北洋水师学堂任教期间，培养了中国近代第一批海军人才，曾担任京师大学堂译局总办、安庆高等师范学堂校长，北洋政府改组后的北京大学第一任校长；并最终出任复旦公学第二任校长。他最为人熟知的是翻译赫胥黎的《天演论》，传布"物竞天择，适者生存"的观点，系统地将西方的社会学、政治学、政治经济学、哲学介绍到中国，在社会上引起轰动。1905年5月严复从欧洲回国，答应马相伯出任校董后，参与起草第一份《复旦公学章程》，还拉来他的得意门生熊季廉（1879—1906）任校董，熊曾在南昌办过学堂。8月24日，严复与马相伯共同主持了新复旦的招生考试，地点在张园以北、"爱文牛路"（Avenue Road，后作爱文义路，今北京西路）以南街区内的"复旦公学事务所"。甚至考试有些辛苦："上午八点钟至十二点钟考汉文，已习西文者，下午二点钟至五点钟加考一次。"[12]复旦第一次入学考试时间颇长，汉文要考四小时，西文三小时；如此严苛的考试在复旦百年历史上似乎也不曾见到。五天后考试揭榜，新复旦共录取包括金问洙（即金通尹）、问泗、问源兄弟在内的新生五十名。学校原定于八月初二即1905年8月31日开学，但因准备工作没有完成，先延期至八月初六（9月4日），又因为房屋不够，偏偏遇到一场台风把住宿区的房子刮掉一堵墙，再推迟至中秋后一日9月14。开学典礼上，马相伯和严复都做了演讲，第三位演讲者是英文教员、日后复旦的功勋校长李登辉。校董之一的海军领袖萨镇冰请来军乐队演奏，淞沪铁路是日经过吴淞镇站后均为复旦停车五分钟。开学典礼两点开始，校长、教员对学生嘱以殷切期望后，在四点由另一位校董、也是学校主事者袁希涛摇铃散会。全场来宾、师生、教职员共三百余人，开学典礼圆满成功。

1905年底，校长马相伯受周馥委托赴日本。马氏赴日的任务是安抚在日中国留学生照常上课，切勿附和罢课回国的言论，但效果不佳。是年冬，日本颁布《关于清国留学生入学之公私立学校之规程》（简称《取缔规约》），其中有一条是针对日本不合格的公私立学校随意接受中国留学生，同时取缔品行不良的中国学生，以提升日本留学的质量，但这两条刺激了留日中国学生的神经，引发大规模抗议罢课，最终演变成大规模留学生退学归国的风潮。次年初，第一批退学的留日学生回国，麇集沪上，在郑孝胥等人的斡旋下成立了近代著名的中国公学，乃是后话。[13]马相伯大约也在 1906 年时回国，不过他后来很久都没再过问复旦校务。

在马相伯离开的 1905 年底，初生的复旦很快便遇到了困难。庶务长（即早期教务长）兼校董袁希涛，鉴于复旦初创经费困难，用地紧张，便登报宣布，复旦需要重新建设一个新的校园；在建成之前，1906 年新学期的复旦公学将不开学。这条广告登在沪上各大报纸上，瞬间引起轩然大波。当时校内的学生领袖叶仲裕（1881—1909，名景莱，以字行，浙江杭州人）公开反对。叶为追随马相伯从震旦出走新创复旦的学生元老，他的反对引发了大量不满情绪。彼时双方在报上登文理论，学生表示不敢置信学校突然要关停却没人提前通知，袁希涛表示那是董事会的决定。学生们马上询问另一位创校校董曾铸，曾表示不关他的事，都是袁氏一人的主意。张仲民教授认为这是曾、袁之间有矛盾，因马相伯离开被激化。因为停办舆情扩大，复旦校董会马上收回成命，表明学校正在积极筹建新校舍，学校将正常开学。不过等过了年，复旦还是延迟开学了，这时曾、袁二人的矛盾正式激化。马相伯离开后代理校务的熊季廉彼时亦重病，不久去世，更是让初生复旦雪上加霜。第二学期勉强开学后，曾、袁间矛盾无可调和，曾指控袁挪用公款，袁被迫回应，狼狈不堪，最终虽查无实据，但只能淡出复旦管理层以至离开。他离开后掌管一校财政的庶务长之职由他的反对者叶仲裕担任。[14]

1906 年正月代理复旦校务的熊季廉病倒，农历三月底病卒，得年仅 28 岁。是年暑假，熊的两位老师：严复与陈三立共同出面，主持校务，为复旦奔走募缘；复旦在他们的努力下又得到了包括周馥所

筹措资金在内的多笔款项。而严复的社会威望让复旦在 1907 年 1 月
得到继任两江总督端方的青睐，授意继任上海道瑞澄给复旦拨过两千
多两银子。也在这时间前后，严复被端方正式任命为复旦的监督
（校长）。但严复的社会兼职过多，以及其任人唯亲、言行不一的行
为，最终与学校本土派破裂。严复执掌复旦的同时，还担任安徽高等
学堂的监督，长时间住在安庆；复旦事务多交给其妹夫何心川，因叶
仲裕等本土派的不满，何氏在校内几乎无法履职。严复最终寻求江督
端方的帮助，与叶氏展开了一年多的争斗。先是端方派夏敬观来复旦
调查，可也不了了之。严复后来两次借向端方请辞相逼，但最终没有
得到其有效支持以开除自己的眼中钉叶仲裕，开始在舆论战中落到了
下风。[15]大概 1908 年 5 月严复请辞复旦学监，并推荐江苏候补道员、
新建人夏敬观（1875—1953）继任，夏氏几乎没做几个月复旦监督，
便去了中国公学任校监以接替郑孝胥；这显然是应端方的要求。此后
商务印书馆出身的福建长乐人高凤谦（1870—1936），也略代理过一
阵复旦监督。时间短暂，也都不过是过渡性人物。1910 年复旦重新
迎回马相伯，此时马相伯已经七十周岁了。此后 1911 年光复军进占
吴淞复旦与中国公学校园，学校再度停办。

　　补充说下叶仲裕之后的人生轨迹。1985 年《复旦大学志》收胡
国枢 1982 年所写《复旦最早的学生会主席叶景莱》，其中写道叶氏回
到浙江后成立《全浙公报》，并担任杭州最早的新式学堂安定中学的
学监，未提时间。从《申报》等报刊记载来看，叶氏离开复旦的时
间应该与严复相近，也是 1908 年夏天，《申报》登《浙省官绅对于
国会之热心》载："浙绅会议请愿国会，经沪学会代表叶景莱、吴敖
二君来浙，发起联络。"[16]叶氏回杭州老家后一直致力于浙江保路运

动，担任请愿代表，四方奔走。后因过于激昂愤慨，投江自尽，年仅29岁。叶景莱自沉后，复旦曾在1920年代为其建过纪念碑，并将宿舍楼取名景莱堂（今复旦300号，重建后为蔡冠深人文馆），还以其名设立奖学金。[17]

第四节　关于吴淞的记忆

早年复旦办学记载不多，甚至对于最初的办学点吴淞，大部分人都会感到有些陌生。1905年的马相伯为什么会选择把学校从徐家汇办到吴淞，以及吴淞一带有多少复旦留下的印记，仍值得探寻一番。

校园

吴淞一地得名于吴淞江，位于吴淞江明清时期入海口以西。明代吴淞江下游主航道为黄浦江所夺，但吴淞的地名仍被保留下来。这里宋以前没于海中，元明之后逐渐成陆。行政区划，在嘉定县设立前，隶属于昆山。清雍正二年（1724）析出东境建新县，沿用明永乐年为导航而修筑于浦东高桥海滨的一座土山"宝山"之名，定县名为宝山。一开始新宝山与嘉定同城而治，次年分治，置县治于吴淞所，即今日吴淞街道沿江区域。自明初在此地设吴淞江守御千户所，驻守吴淞江入海口开始，吴淞便一直是统一王朝江海防线的重要戍所。此地的集镇最早由蕰藻浜注入吴淞江口渔村发展而来，清中叶跨蕰藻浜口建胡巷桥，逐渐被称为"胡巷桥镇"。光绪二年（1876）工部局授意怡和洋行等外商洋行擅自修筑上海至吴淞的吴淞铁路后，此地块

1915 年吴淞地图中的复旦公学

正式定名吴淞。吴淞、淞沪铁路与近代中国及复旦、上医诸关系，将于下章节详述。吴淞曾被辟为对外商贸的商埠，发展工商业，这里棉纺工业也一度兴盛。因为铁路交通便利，近代诸多新式学堂都在此处办学。从文献上看，复旦公学是吴淞地区办起的第一所新式学堂，在此之后有渔业学校（今上海海洋大学前身）、商船学校（今上海海事大学前身）、中国公学、同济大学等。鉴于日后的复旦，几乎也是迁址江湾办学的第一所学校（详下章），可以看出复旦办学择地的眼光，是沪北地区坚定的拥趸。

复旦创校的位置，在报纸报道中有不同的缩写，其在地方志中的标准地名是"吴淞提镇行辕"。此处位于吴淞镇中心偏北侧，历代宝山地方志中对此处记载得颇为详细，《民国宝山县续志》（1921）卷七载：

> 复旦公学，今称大学。光绪三十一年，马良、严几道等请准江督假吴淞提镇行辕为校舍，月助官费银二千元，余悉取诸学费。遵部定章程，中学部五年毕业，高等三年毕业。辛亥事起，官费停止，嗣经南京临时政府拨助经费万元，延李登辉为校长，来学者日众。癸丑（1913）之役，校董被赞助嫌疑，多亡命海外，校事几不能支，因另组董事会设法维持，又以提署须让归水警厅应用，遂迁上海徐家汇李公祠。现经董事会议决，于江湾购地建校，正在筹备云。[18]

此段记复旦创校吴淞、迁校徐家汇李公祠的记述颇详，这座"吴淞提镇行辕"最早出现在《光绪宝山县志》（1882）卷六：

　　提镇行辕，胡巷镇北首。同治九年，更定营制，以吴淞为外海六营进口停泊轮船之所，提、镇巡视海口亦驻扎于此。光绪三年（1877），提督李朝斌拨款建。[19]

　　这里的"提"和"镇"分别指节制吴淞的最高军事长官：江南提督和吴淞营副总兵（康熙后改参将）。江南提督因驻地在松江，也称松江提督；总兵（参将）衙署在吴淞，亦久有设置。直到1877年，因为吴淞进出口船只激增，时任江南提督的湘军将领李朝斌再拨款增修此处行辕。巡视海情时，提督等军官会移驻此地。不过到了1905年左右，此处作用大大下降，所以前述时任提督杨镜严才同意首长江督周馥的要求，出借行辕给复旦办学。

　　辛亥革命时，包括复旦校园在内吴淞多处学校用地被光复军占领，在此设"军政分府"。这个"光复军"也算是复旦校史中"最熟悉的陌生人"。可参前引《民国宝山县续志》（卷九）"提镇行辕"条，用途遭到改变：

　　　　辛亥光复后，军政分府设于此。民国元年四月改设江防水师司令部，今为江苏水上警察第一厅。东首旧有旷地二十余亩，中筑演武厅，每届春秋二季，六营水师恒于此会操。光绪十三年（1887）提督滕嗣林奉令建。今演武厅已废，民国五年（1916），呈准军署改为本县公共体育场。[20]

　　最早的光复军是光复会成员徐锡麟、秋瑾在绍兴大通学堂秘密发起的军事组织，后因浙皖起义失败而被镇压。1911年辛亥革命起，绍兴光复会员尹锐志等在上海策反吴淞驻防部队，从武汉抵沪的光复会成员李燮和（1873—1927，湖南安化县人）与同志招募死士，组成新光复军，招募清军吴淞守将杨承溥、黄汉湘等部，攻克南市制造局，上海光复。《民国宝山县续志》卷九"宣统辛亥革政之役"载：

> 宣统三年辛亥八月十九日，武汉猝然举义，一时大局震动，敌兵四面萃集，鄂军方岌岌，党人潜谋联络上海军警，以相策应。洎九月十三日，上海商团巡警得防军之翊助，于是夕围攻制造局克之。翌晨本邑继起，由吴淞巡警与监捕营兵士组成一队，计五十人，径入县署拘知县胡调元，搜获大宗窖银，解送吴淞机关部。入城之队长为警局巡官仲杰，在淞主其事者为区官杨承溥、巡记黄汉湘暨盐捕营统领朱庭燎。而奔走淞沪，互通声气者，则为湘人李燮和，因奉为水陆总司令，汉湘、承溥等皆下之。先是，苏省创办巡警，警官皆须由学堂毕业。时党人方谋革命，屡起屡踬，至此各区长警既如响斯应，而防营要塞，亦皆释甲执冰而嬉，驻淞济军标统黎天才，亦同时反正。邑城由民军队长仲杰驻守者三日，十七日绅士钱淦始受阖邑各界之公推出任县民政长，而吴淞军政分府旋即成立，组织北伐军。[21]

是年11月3日（农历九月十三），光复会李燮和部得到上海商团李平书武装力量的帮助，从制造局救出同盟会领袖陈其美。但胜利后，光复、同盟两会出现裂痕，淞沪联军本来推举李燮和为起义军临时总司令，不料陈其美与上海本土派李平书合力，最终得到沪军都督的位子，李燮和大怒，淞沪分裂，出走吴淞，自封军政分府总司令，即前引县续志中的"（农历九月十七日）吴淞军政分府旋即成立"。
分府就设立在吴淞复旦公学，时间为1911年11月7日。而吴淞中国
公学内设立光复军总司令部，李被推为总司令，旋即北伐南京。

李燮和下场与另一位复旦老校长严复一样，最后都做了鼓吹袁世
凯复辟的喉舌，位列筹安会六君子之中，下场也不算体面。

所以，1911年下半学期中段复旦被迫离开吴淞。民国元年，此
地改为江防司令部，后又改为"江苏水上警察厅"第一厅。而行辕
东首本来有空地，即清中叶建六营水师的演武厅，是一片大场地，入
民国后被废，宝山地方政府将其改为宝山县公共体育场。民国以后，
这座体育设施部分被划作他用，可参《民国宝山县再续志》（1931）
卷六"吴淞商埠"条载：

> 吴淞重兴埠，政始于九年（1920）十一月，特派督办张謇
> 莅淞任事。距前次开埠（1899）时隔二十余年，情势悬殊，一
> 切办法，非因实创。爰先设筹办处于上海九江路，一面择定吴淞
> 旧提镇行辕，为办公处所，定名为吴淞商埠局……十一年
> （1922）六月，设市政筹办处于公共体育场，袁希涛为主任，讨
> 论市政设施事宜，建议于商埠局采择施行，经费月支一千元，由
> 局拨给。及十三年（1924）甲子兵乱，经费告竭，乃与商埠局
> 先后停办。[22]

吴淞旧提镇行辕与体育场间相连，吴淞二次开埠的主导人是复旦
的老朋友张謇与袁希涛。民国新办的两处机构"吴淞商埠局"与
"市政筹办处"，就设在了当年老复旦的旧址内。但很快在江浙齐卢

战争爆发后，"经费告竭"的吴淞开埠再次停滞，两机构同时停办。在吴淞商埠局停办后，此地竟迁入了一所学校：国立政治大学。《民国宝山县再续志》（1931）卷七载：

> 国立政治大学，十二年设立，奉拨督办吴淞商埠局为校舍，原名自治学院。十四年，部令改定名称。十五年，改建校舍，内分本科、预科两部，本科分政治、经济、社会、外交四系。年支经费五万元。十六年停办。[23]

国立政治大学在国民政府时期，被改组并入国立第四中山大学，成为该校政治学院的主体，迁回南京原国立东南大学校园（今南京东南大学）。空出来的吴淞校园，则在同年迎来了改组后的第四中山大学医学院。而正是这座医学院，最终成为举世瞩目的国立上海医学院，与复旦创校的地方同在旧提镇行辕与六营演武场的范围之内。历史在 1927 年，开启了复旦与上医两校独特的因缘。

那这幢吴淞提镇行辕在当年究竟是什么格局，复旦老教授喻蘅先生（1922—2012）有一篇《复旦公学吴淞时期校舍复原图记》做了详细的考证，并画出了复原图。其中最重要的依据是 1937 年"八一三"事变之前，金通尹等前往同济附中旧址寻找、拍摄的成果。为什么当年的同济附中会建在复旦旧址？国立上医在 1932 年"一·二八"事变后，离开了吴淞校址，暂借红十字会总院（今复旦大学附属华山医院）与圣约翰大学（今华东政法大学）校园内办学。吴淞校址因破坏不大，遂借给同在吴淞的同济大学办学。在"一·二八"事变中被损毁严重的同济大学便把中学部放到了老上医校址，所以

1937年时尚能寻访到部分复旦遗迹。喻蘅先生通过前人的回忆、照片，并结合《松江府志·图经》所附《提督署图》推测吴淞提镇行辕情况，大致重绘《复旦公学吴淞时期校舍复原图》，指出吴淞行辕的格局如照壁、旗杆、仪门、甬道平台、大堂、两庑及后堂、内廨等，与松江提督署平面图对照大致相符，而旧行署房屋的总布局是东西两边对称式的。大堂东西两山墙之下，有短墙与内廨相隔，而房屋造型并非大屋顶。同时，旧官署祠宇建筑的硬山结构，屋顶正脊和垂脊都很高大，且有兽头鸱吻及砖刻或灰塑装饰，江南官署祠堂的大脊设计尤为丰富多彩，而之后所拍照片上正脊很简陋，甚至无垂脊，很可能是劫后重建时节省经费而大加简化了。[24] 上医档案馆裴鹏则根据喻蘅绘图与传世吴淞卫生模范区照片中的花园形状相似，判断早年吴淞校园屋舍与二十多年后所摄卫生模范区建筑，当为同时之物。这些

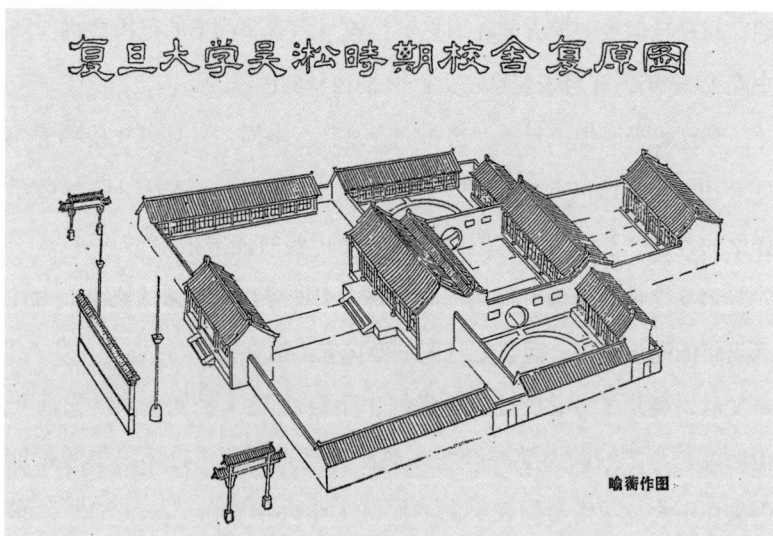

喻蘅所绘《复旦公学吴淞时期校舍复原图》

极具启发性的想象复原与图文考证，我们大致可以推测当年的复旦同仁与学子们大致的生活空间。

演讲

关于复旦吴淞时期的生活记载虽然存世不多，但也有诸多名流留下来过片光零羽。马相伯在《一日一谈》里提到两次吴淞时期的生活。在《中国人的演说》中提道：

> 当我创办复旦公学时，我曾立下规则：凡星期日上午，学生均不准外出，由我拣定许多演说题目，轮流命诸生练习演说，我并把演说必需的方法，如分段，如开始怎样能抓住听众，结论怎样能使人对于他的演说获得具体的了解，一班学生都很感兴趣。大概中国对于演说，知所注重，恐怕就是这时候起的。不过演说只是人类在社会中发表自己的意思的一种工具，演说最好的人不见得就是好人，而真正有非常之才与德的人，其演说必有可观。所谓"有德者必有言；有言者必有德。"[25]

马相伯极其重视演说，他在土山湾教授"二十四门徒"，就教学生们西塞罗的演讲术（《蔡子民先生与二十四个学生学拉丁文》，马相伯西塞罗翻译为"纪宰六"）。到了震旦时期，马相伯会在周日召集学生开演讲会（《关于震旦与复旦种种》），显然马相伯对演讲有独到的兴致，这个传统被带到复旦。可以想象，当时复旦的年轻人们，不少都能言善辩，文字激扬；这也最终成为复旦百廿年来的传统，因为演讲和辩论出彩而风靡当代。

辩论传统在日后的复旦校园中占据重要地位，经久不衰，图为 1993 年，新加坡国际华语大专辩论赛复旦四位辩手与指导教师俞吾金(中) 合影

《关于震旦与复旦种种》有一段：

> 我在复旦（以前也是这样）对于学生非常爱护，非常喜欢和他们谈话，他们在课余也喜欢来同我问难，有了困难，也常来找我给他们解决。有一次他们因饭食问题，几乎要起哄。我开诚布公地训诫他们道：你们到此地不是来做大少爷，而是来求学的；而且学生不应以家庭为家庭，而应以社会为家庭，等等。青年们到底是些无邪气的孩子，被我一番词严义正的话教训过了，他们也就再没有什么说的了。[26]

虽然因为马相伯经常与同学聊天谈心，师生关系颇为融洽，但同学们因为食堂饭菜问题还是险些起哄。这应该不是一次小的冲突，不然马相伯不会三十多年后又想起来；他亲自出面用演讲的方法安抚他们，讲了求学、为人的种种道理。从中可见吴淞复旦伙食可能确实条件有限，但马相伯的演讲功力应该是相当深厚的。

门生

吴淞复旦时期培养出诸多日后的著名学人，这是作为早期新式学堂最骄傲的成果。中国现代学科史上的文理两位大师陈寅恪、竺可桢，便是吴淞时的同窗。由于早期复旦档案文献存世不多，大部分复旦早期师生教学的细节都没有保留下来。张仲民教授考证陈寅恪曾在吴淞复旦求学五载，是 1905 年秋季插班进入复旦的。之前陈寅恪刚经历短暂的日本留学时光，因脚气病回国养病后在国内继续求学。他入学复旦，同样与其父陈三立当时支持复旦办学分不开。陈三立在复旦创校风雨飘摇之际，出面募集善款，艰难维持校务；同时也把自己的爱子送到这所新办的学校就读，以显示用心办学的决心。[27]陈寅恪中年以后提及复旦次数并不算很多，而且几乎没有什么细节。其中最接近的一次是提到他就读时的校长严复，还不是严执教复旦时的经历。陈寅恪先生 1927 年为王国维所作《王观堂先生挽词》中回忆晚清时京中文化胜流时，最先标出主持清政府学部的张之洞，谓其事必躬亲，延揽人才：

> 总持学部揽名流，朴学高文一例收。
> 图籍艺风充馆长，名词瘿垄领编修。[28]

1905 年清廷废科举，12 月 6 日新设学部，先由荣庆任尚书，张

之洞继任。陈诗中"朴学"与"图籍艺风充馆长"即谓张之洞请缪
荃孙（1844—1919）任京师图书馆监督事，而"高文"与"名词瘝
埜领编修"，即为严复赴京出任学部审定名词馆总纂；彼时他刚刚离
开复旦公学的校监位子。陈诗此处提到严复显然是认可其名词馆的工
作，以凸显张之洞的眼光。1908 年前后的陈寅恪，尚是严复在复旦
的门生，严复在复旦的日子显然也不甚顺心，最终出走京师；但在陈
寅恪二十余年后的文字里起码为校长保留了名流高文的好形象。

　　另一位民国学林领袖胡适之（1891—1962）先生，也与早期复旦
间接有关。胡适早年就读于梅溪学堂，1905 年转入澄衷学堂，同学当
中就有竺可桢。二人都在一年后的学潮中离开了澄衷；竺可桢选择了
复旦与陈寅恪做了同学，胡适之则去了横浜桥北的中国公学。不过胡适
与吴淞复旦的因缘尚不止于此，其在澄衷读书时，有位好朋友郑璋字仲
诚，早年为其梅溪时同学，当时在复旦公学上学；胡适在早年的日记里，
记载了一次从澄衷赴吴淞复旦的旅行。胡适《自治日记》1906 年丙午闰
四月初八（1906 年 5 月 30 日星期三，是年第二个浴佛节）载：

> 偕余君成仁、卢君侠，乘淞沪火车至吴淞，晤郑君璋，谈甚
> 久。郑君劝吾下半年权再居澄衷，俟他日。不见得好学校，当与
> 吾同学慎，甚恳挚也。君复导予游海滨，至复旦新校址观览。移
> 时地址甚大，骤观之，南洋公学不是过也。复旦校规太宽，上课
> 时间亦少，非"苦学生"也。四时，趁第十次火车返沪。
>
> 　　予乘火车此为第一次，车中忽得诗四句录之："呜呜汽笛
> 鸣，辘辘汽车行。凭窗试外瞩，一瞬象一新。"虽不成为诗，以
> 写意耳。然则今日又予学作诗之第一次也，一笑。

　　日记后，附上其当日出门行程图，为虹口北外滩至淞沪铁路上海站（即俗称的上海北站）的路线。[29]

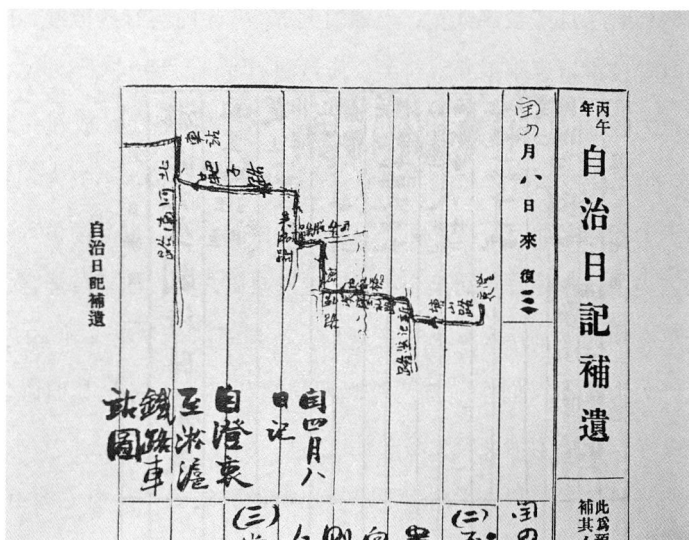

《胡适日记》中复旦此行的路线

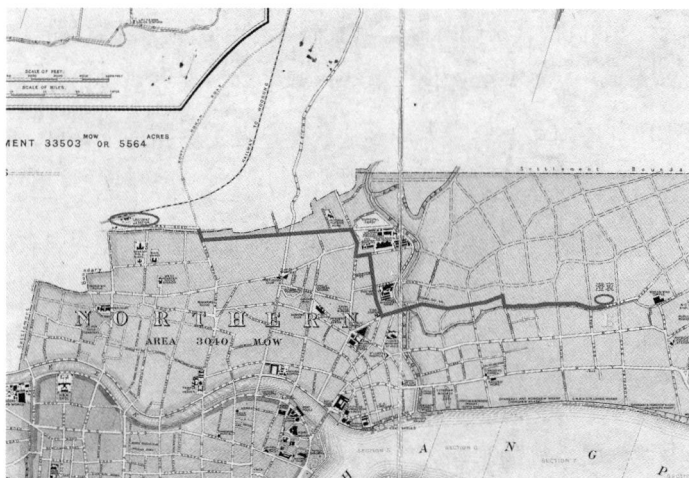

胡适出行图实测图，底图为《1904 年工部局测绘上海地图》

在胡适笔下，当时的吴淞复旦占地颇大，"骤观之，南洋公学不是过也"，南洋公学即今交通大学华山路校区，也比不上这里的面积。但当时复旦"校规太宽，上课时间亦少"，确实有些散漫，应该与当时学校重组后刚刚开学有关，所以复旦学生"非苦学生也"，读书还是太轻松了。年轻的胡先生将复旦与南洋（交大）放在一起做对比，似乎也预言了二校在未来百余年间的爱恨纠葛，不失为学界前辈的未卜先知。而自打清末起，复旦那宽松的学风，也渐渐植入学校的基因当中，流传百年而至今不变；沧海桑田之间，如是莫能言之妙者。更有趣的是，这次乘火车访复旦，竟是胡适生平第一次坐火车，车上诗兴大发即兴创作一首"呜呜汽笛鸣"五绝，又是其旧诗创作的处女作，颇可为治文学史者关注。

当日日记后，胡先生附上了那次出游的路线图，其中"塘山路"为今天唐山路，"新记浜路"为今天的新建路，"汉璧礼路"为汉阳路，汉璧礼路过虹口港的桥为"里虹桥"，今天依然有耆老叫唤汉阳路桥为"里虹桥"。密勒路为今天峨眉路，其北行后至鸭绿路（今海宁路）左拐，至吴淞路右拐，再至"靶子路"即今武进路左拐，至北河南路（今河南北路）右拐到底，便是淞沪铁路的上海站，这里是租界与华界的分界线。

胡适先生这条路线图，串联的是苏州河北岸的公共租界最核心的区域，也是今天华洋杂居的老上海中最被忽略的一角。那里有关圣公会"文监师"文惠廉（William Jones Boone）及托马斯·汉璧礼爵士（Sir Thomas Hanbury）的事迹及以他们命名的路名，有与上医创始人家族及其姻亲家族的长期生活圈，但随着城市更新与共同记忆的磨灭，这些印记渐渐湮灭在历史的大潮中。同时那里也是笔者生长和求学的地方。因为胡适游览复旦一缘，遂附录于此。

澄衷学堂

澄衷学堂创办于 1899 年，由旅沪甬商、镇海人叶澄衷发起创办。叶氏逝世后，学校由善堂"怀德堂"的董事们筹办成立，于 1901 年初夏开学，请张謇题写"澄衷蒙学堂"匾额。首任校长为武进人刘树屏（1857—1917），第二任校长蔡元培。知名校友有胡适、竺可桢、陆俨少、李达三；杨荫杭、钱君匋、丰子恺等曾在此执教，是沪上基础教育中的历史名校。笔者曾在此地求学七载。

注　释

1　如复旦大学校史编写组编《复旦大学志（第一卷，1905—1949）》载："如果说，一九〇二年南洋公学学生集体退学，是为了反对专制奴化，要求自由平等，表现了民主主义的觉悟，那么，一九〇五年震旦学院学生集体退学，则为了抵制外国教士侵夺捍卫国家教育主权，充满了爱国主义精神。这在中国近代教育史上，实属创举。"复旦大学出版社，1985 年，第 31 页。

2 4　李天纲：《从震旦到复旦：清末外语教育与民族主义》，《历史教学问题》，2021 年第 4 期，第 58—65 页。

3 7　曹宠：《马相伯和复旦》，《复旦学报（社会科学版）》，1981 年第 2 期，第 96 页。

5　本节主要内容出自张晓依、杨磊、王启元、陈嘉仁著《东西之间："从震旦到复旦" 前后的南从周》发表自澎湃新闻 2023 年 7 月 11 日。

6　周仁伟《震旦杂志：中西文化与教育交流的见证》，《历史文献》第二十一辑，2019 年。

8　《中国通讯》1912 年 4 月刊《讣告：耶稣会士南从周神父》

9　赵少荃：《复旦大学创立经过》，《上海高教研究》，1984 年第 2 期，第 30 页；张振华：《从"震旦" 到"复旦"》，《咬文嚼字》，2002 年第 1 期，第 17 页。

10　复旦研究生：梦回 1905 | 就是明天，研究生大戏《天地玄黄马相伯》即将重磅上演！搜狐网，2018 年 9 月 19 日

11　利默里克(Limerick)，爱尔兰第三大城市，西海岸最大城市，隶属于芒斯特省。

12　《十五、复旦公学广告二》，复旦大学校志编写组编《复旦大学志》（第一卷，1905—1985），复旦大学出版社，1985 年，第 51 页。下引《复旦大学志》皆出此版。

13　收入张仲民《叶落知秋：清末民初的史事和人物》，上海人民出版社，2020 年，第 44—140 页。

14　《震旦迁校来往电报》，《申报》1905 年 4 月 15 日。

15　严海建《变动社会中的投入与疏离：中国公学的历史（1906—1936）》，南京大学出版社，2021 年，第 20 页。

16　《叶落知秋：清末民初的史事和人物》，第 71 页。

17　《叶落知秋：清末民初的史事和人物》，第 97 页。

18　《浙省官绅对于国会之热心》，《申报》1908 年 7 月 15 日。

19　《母校近讯：纪念叶仲裕先生》，《复旦同学会会刊》，1949 年第 14 卷第 1 期，第 1 页。

20　《上海府县旧志丛书·宝山县卷》，上海古籍出版社，2012 年，第 956 页。

21　《上海府县旧志丛书·宝山县卷》，第 445 页。

22　《上海府县旧志丛书·宝山县卷》，第 980 页。

23　《上海府县旧志丛书·宝山县卷》，第 986 页。

24　《上海府县旧志丛书·宝山县卷》，第 1201—1202 页。

25　《上海府县旧志丛书·宝山县卷》，第 1226 页。

26　《复旦大学志》，第 81—82 页。

27　《一日一谈》，第 111 页。

28　《一日一谈》，第 56 页。

29　《叶落知秋：清末民初的史事和人物》，第 49 页。

30　陈寅恪《陈寅恪集·诗集》，生活·读书·新知三联书店，2001 年，第 14 页。

31　引自《澄衷史料汇编·胡适澄衷日记》，澄衷中学自印本，第 137、201 页。

第三章
李公祠中

1911年10月10日武昌起义打响第一枪，长江沿岸及南方大部城市开始响应，辛亥革命爆发。吴淞地区因处长江口这一战略要地，迅速被革命党人重点关注。上海光复后，光复、同盟二会内讧，光复会李燮和被迫出走吴淞，旋即于11月7日占吴淞复旦公学校园，复旦旋即停办。此中记载阙如，但因彼时已入冬接近期末，学校提前停课放假。同年冬天，复旦一度迁至无锡李公祠，但很快因为地近烟花，又被校长马相伯带回了上海。因为马相伯的存在，辛亥之后的复旦两次迁校，背后仍有淮军故旧照拂的印记。

第一节 到 来 前 后

复旦公学校园被占后，曾一度停办，寻觅校址，最终校长马相伯等决定把学校迁至无锡，他在《一日一谈·关于震旦与复旦种种》中提道：

> 复旦开学未几，便遇着辛亥革命，上海经过了一次"光

复"，复旦学校被军队占据，大家就带着全校学生跑到无锡，暂借"李汉章"的祠堂做校址。我好多年不上家乡的茶馆了，在无锡时，又常和二三友人在茶馆吃了几次茶。说来也很奇怪！无锡那时的茶馆，楼上楼下都是满座，但楼上从楼板缝里看楼下看得逼清，楼上人一行动楼下的茶桌上便灰尘遍处，然而大家都安之若素，一点也不觉得难过。我那时看了这种情形，便万分不耐，于是感慨万端。幸而我们在无锡住了一个月光景，革命后，我们又把学校搬回上海。回到上海没有校址，于是我就写了一封呈文给江苏都督庄蕴宽，请他把李文忠公祠拨给复旦做校址。庄很好，马上批准了。李文忠公的儿子伯行先生对我大发其少爷脾气，说我不该强占文忠公的祠堂，我答道：并不是我强占它，而是庄氏批准的。同时我允他：凡于纪念李文忠的碑记，塑像，牌位，皆丝毫不动，一律保存。大家也很能尊重我的意思，一直保存到今。复旦在中国的教育上，总算尽了相当的作用，用李文忠祠堂来做它的校址，不但不辱没李文忠，实在是看得起他老先生。[1]

这段广为复旦校史研究者引用。吴淞校舍被占后，马相伯携师生赴无锡继续办学，但仅月余就回到了上海。此事因无系年，向无多论；今查《新闻报》，1911 年 12 月《复旦公学迁至无锡原因》载：

吴淞光复时，复旦公学全体首表欢迎，即将校舍操场借与吴淞军政分府驻扎。校中师生分投各处效力者，颇不乏人。现因停课日久，有荒诸生学业，拟即日迁至无锡惠山李公祠开学。校中各职员，均愿尽义务，力在任其难，并拟添聘专科教师，设法扩充，以不负当年缔造之艰难云。[2]

则提镇行辕被占月余，复旦即于 12 月初拟迁惠山，彼时农历尚在十月十六，离除夕新年还有两月余，但如果马相伯晚年回忆不误的话，他在无锡也就待了"一个月光景"，那么农历新年前，复旦便结束了第一次无锡办学的经历。马相伯的说法是那一带太热闹，虽然他重温了茶楼吃茶的经历，但感觉此地如此热闹不像办学之地，只能再把学校再迁回来。可以想见，在无锡时候的复旦办学应该更为松散，虽然志在力任其难，但囿于时局与客观条件，只能被迫动荡许久。

李鸿章的家族与复旦的因缘

马相伯回忆复旦迁无锡后，曾在"李汉章"的祠堂办学一月，这里大概率是记录者的失误。不仅无锡无此"李汉章祠"，淮军系也没有"李汉章"这号人物。如果是听音失误的话，很可能是整理者听成了李鸿章的大哥李瀚章，但瀚章没有军功，大部分出仕经历都从乃弟鸿章办理后勤等事务，无锡亦无其主祀的祠堂。实际上无锡惠山上是李鸿章弟鹤章的祠堂。李鹤章（1825—1880），字季荃，一字仙侪，号浮槎山人，随淮军克复安庆，又征江南、上海，战功卓著。太平天国平定后，清廷授其甘肃甘凉兵备道，军功随带加二级，以疾未行，《清史稿》有传。其死后合肥与无锡都设有李鹤章专祠，惠山的李公祠与淮湘昭忠祠都是乃兄鸿章亲自创设的，因江南战役中鹤章首破无锡，并开仓赈济，得到朝廷嘉奖。李公祠建筑在 1950 年代一度被拆，用于兴办初中学校，倒也与早年复旦办学一脉相承。今天无锡李公祠又修旧如旧，恢复晚清时候祠堂面貌。

马相伯回忆自己从庄蕴宽那里借来了徐家汇李公祠办学，"李文忠公的儿子伯行先生对我大发其少爷脾气"。这位"伯行先生"便是李经方（1855—1934），字伯行，号端甫。本为李鸿章的六弟李昭庆之子，后过继给李鸿章为长子。历任出使日本大臣、出使英国大臣、邮传部左侍郎等职。辛亥革命爆发后，李经方结束了仕徒，在上海当寓公。北伐胜利后，他去了大连，最终保住晚节，未与日人与伪满接触。其过完八十寿辰后旋即去世。李经方为代表的在

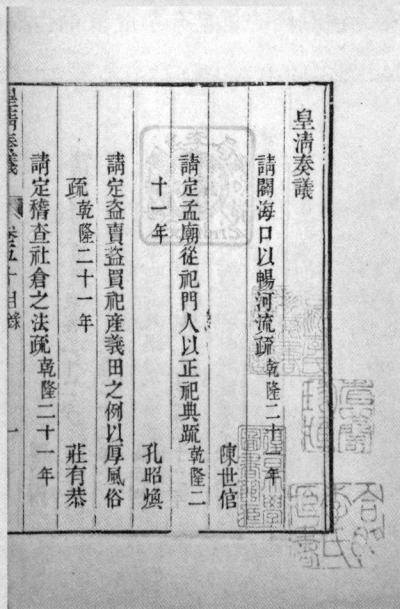

复旦大学古籍部藏李氏望云楼旧藏《皇清奏议》卷端，钤"合肥李氏藏书"、"合肥李氏珍藏书画记"、原震旦"法公董局李氏图书室"等印。

沪李鸿章后人，确实在 1912 年对复旦借用徐家汇李公祠表达过不满。迁入后的 1914 年，李登辉校长与李公祠代理人盛宣怀（1844—1916）、王存善（1849—1916）订立租约，承租徐家汇李公祠除正殿、铜像外的房间，租期自民国三年至民国四年，如愿续租，可延期至民国五年正月为止，最多两年，不能再议续租。租价每年 800 两，按年交付。李公祠系清末盛宣怀等用招商局、电报局之款建造，并非李氏私产。马相伯的回忆中搬出了苏都庄蕴宽，实际上李校长与复旦承受的关于李公祠的法律诉讼，最终在十余年后才落锤，判定复旦无咎，最终李公祠一地成为复旦附中（中学）的永久校址。[3]

李氏后人还有诸多与复旦的交集。李鸿章幼子经迈（1877—1939）入民国后亦于上海做寓公，藏书甚富，室名望云草堂。李经迈在上海沦陷时去世，其子李国超将大部分藏书捐给上海法租界公董局，由震旦大学图书馆代为管理，并成立"李氏文库"。1950 年代初，因全国高校院系调整，"李氏文库"得以整体入藏复旦大学图书馆，其中不乏钤有李鸿章印的珍本，这也算是李氏两代人与复旦留存至今的互动了。[4]

1912 年 1 月 1 日，孙文在南京就任临时大总统，民国南京临时政府成立。当时已形同散沙的复旦有了希望。时年七十二岁的马相伯担任民国南京府尹，拉上孙中山加入复旦校董，而时任临时政府交通部次长的于右任，则寻求教育部长蔡元培的帮助，要求批准复旦复校立

案，并给予校舍与场地的支持。这以后也就有了马相伯回忆的，时任江
苏都督庄蕴宽拨付了徐家汇李公祠，1912 年 8 月报上终于出现复旦重新
开学的广告，《申报》1912 年 8 月 13 日起便刊登《复旦公学通告》：

> 本校经苏都督拨定徐家汇李公祠为校舍，本学期即移入该祠
> 开办。添设学额百名，有志来学者，务于开学前十日来栈投考，
> 新旧各生均于开学前三日一律到校。大学预科授英文、法德文、
> 史学、数学、理、化、政治等科。补习科授国文、英文、数学、
> 地理、历史等科。学费每学期二十四元，膳宿自理，或与本校承
> 认之商设寄宿舍接洽，膳宿费每学期三十六元。开学九月四日，
> 章程向本公学或民立报馆取阅。校长马相伯启。[5]

在遇到革命、迁校、复校等重重障碍后，复旦终于在困顿近一年
后，开始步入了正轨，在徐家汇李公祠开始了一段全新而稳定的十年
时期。

徐家汇地区在晚清民国时期属于上海西郊，直到 1920 年代，法
租界的越界筑路才抵达这一带。这里有一条出自吴淞江周家桥附近的
支流李漎泾，从西北方向，穿过江南岸的法华镇，南向与两条北向而
来的河流：肇嘉浜与蒲汇塘交汇，此后共同东向，穿过上海县城后注
入黄浦江。李漎泾、肇嘉浜、蒲汇塘三泾交汇处便为徐家汇，其得名
于崇祯朝内阁次辅徐光启身后的葬地，上海开埠后法国传教士来此兴
建教堂、开办学堂。马相伯求学、任教之处，便在徐家汇以西的肇嘉
浜、蒲汇塘畔。徐家汇北的李漎泾则在 19 世纪晚期渐次填平，以
"一战"英军将领海格（Douglas Haig）命名为海格路。因其地近西

郊，不少国人投资建设的机构都会选择这里。如中国最早的红十字会总院，就在新筑的海格路上。而晚清北洋淮军系在南方创办的第一所学堂——南洋公学也在这条路上，最早的督办也是淮军系最大的管家盛宣怀。南洋公学初办时门口李漎泾还未被填，其正门口曾架木桥，这一架构被今天上海交大门口的纪念性桥埠设置保留了下来。

光绪二十七年（1901），李鸿章与庆亲王奕劻代表清政府同列强签订《辛丑条约》，不久后即于九月二十七日（11月7日）病逝于北京，享年七十九岁。死后赠太傅，晋一等肃毅侯，谥号"文忠"。四年后，在盛宣怀的操办下，徐家汇李公祠基本落成。李公祠内的标志性纪念物就是李鸿章铜像，这身铜像由德国著名军工企业克虏伯公司制作。1896年李鸿章出访欧洲期间，克虏伯公司决定为李鸿章铸铜质立像，计划作为1903年李鸿章80华诞的寿礼，但铜像尚未完工，李鸿章就逝世了，公司也在筹划，这铜像于何时以什么方式运到中国为宜。徐家汇李公祠1906年落成，克虏伯公司与大清驻奥地利大臣李子经迈协商，将铜像立在上海李公祠，由德商信义洋行负责运到上海并安装，于光绪三十二年正月二十八日（1906年2月21日）行揭幕礼。铜像为立像，纯铜铸造，像高九尺六寸，李鸿章头戴顶戴，身披黄马褂，左手持佩剑，连大理石底座总高29尺有余。基座上有铭文，镌"大清国太子太傅文华殿大学士一等肃毅伯李公七十四岁造像"，即李氏1896年访克虏伯公司年份。其下又载："星宿有时陨，既下则光彩全无。英豪治世之功勋，历久而犹能昌炽。毕生谟烈，虽万代后，其事迹行踪，尚丕焕不坠。"整座宏伟的铜像在抗战时失踪，诸多回忆直指抗战晚期日军将其破坏后冶炼武器去了。

李公祠作为上海市区周边的重要场地，在辛亥革命时期也遭到占领与破坏，一如复旦的吴淞校园。第一次破坏来自学生军。1911 年 11 月 10 日《申报》有《革命声中之南洋大学》载：

> 南洋公学（原注：现改中国南洋大学）职员学生于昨晨开剪发大会，自唐监督蔚芝以下，同时剪发，无一留者。并在会场议定，独立一团有民政长、有司令部、有敢死队，以李公祠为办事处。祠内李文忠铜像，周身裹以白布云。[6]

"唐监督蔚芝"为时任南洋校长唐文治先生。南洋大学学生组织"剪发大会"，并成立"独立一团"加入革命，并在隔壁不远的李公祠内设置办事处，组织自己的机关与敢死队。除剪发外，其余"革命"举动很快遭到非议；三天后《申报》登出署名"钝根"的《海上闲谈》言：

> 十九日南洋大学堂学生军二百人，荷枪鸣号而往，占据李公祠。可谓小题大做。是举也，谓之为克复李公祠欤？抑谓之为李公祠失守欤？记者不能下笔，乃抚掌大笑。李公祠看守者仓皇出迎，亟供茶点。学生队竟不费一弹，唾手而得李公祠。于是大加设施，改为学团驻扎所。民国军克复各处以来，其奏功之神速，孰有过于此者哉？日来李鸿章之铜像，头蒙白布，如包西瓜；手执大学堂旗识，昼夜不倦。呜呼李公，生为清廷忠臣，死为汉族执旗，功罪亦足以相抵矣。[7]

此文通篇揶揄南洋学生军占据李公祠行为"小题大做"，荒谬不羁。其中尤其给李鸿章像上"蒙白布"，又"手执大学堂旗识"，实在滑稽无比，亦可见当时混乱状态。不过彼时李公祠的遭遇并没有结束，混乱的学生军也没驻扎多久，正规军开始进驻这里，李公祠的一应设施都不同程度遭到破坏。《申报》12月4日《兵士迁居》条载：

> 沪军先锋步队所招之威武二营，奉委刘君少坤为管带，借斜桥湖南会馆暂驻。兹因二营兵士计有一千人之谱。该会馆地址窄狭，不敷驻扎；于十二日迁至徐家汇李鸿章祠内暂驻。一俟训练纯熟，即须拔队北伐。又闻沪军训练处亦于是日迁至该祠暂驻。[8]

报道中"十二日"为是年农历十月十二，即12月2日，则12月初，沪军的新募部队"威武"二营，已从原制造局附近的"斜桥湖南会馆"迁至徐家汇李公祠。这支部队的任务正是响应革命北伐的有生力量，则李公祠此时正式被沪军军队占领，祠内设施不可避免

李公祠

　　李公祠校园影像来自后来的复旦校刊，其中看到的大概是李公祠祠堂外的小园子，其中临水的屋子是做教室，校园里曾供李公祠李鸿章排位的正殿享堂，今天是复旦中学的校史馆。

地遭到破坏，12 月 11 日《申报》登出《惩戒兵士》条载：

> 沪军都督执法科长蔡君昨出牌示云：案奉都督发下，据威武营训练科长张国威呈控该营之第一营兵士，于本月十五日下午八时，为望发饷项滋扰，并有后队排长王永康辱骂长官，集众闹毁李公祠内什物等情。据此本科当即派员赶赴该营查明。[9]

则早期沪军军纪一般，而驻地李公祠也随之遭殃。这里的沪军威武营一直待到了次年 2 月初，《申报》1912 年 2 月 6 日第 7 版登《威武营军士赴宁》的消息载："驻扎李公祠之威武营现奉陆军部电令，于二月四日，由制造局码头，雇坐江孚江裕二商轮出发赴宁，候命北伐。"[10] 彼时李公祠才稍稍宁静下来，静待从无锡铩羽归来的复旦师生。

这一年已经虚龄七十三岁的马相伯，依然意气风发，接受了南京临时政府的任命，担任南京府尹，前论《一日一谈》中的《和百十来个鸡毛帚周旋》的故事，就发生在那个时候，他显然已经无暇顾及复旦具体的办学任务，维持复旦的接力棒交到了下一位掌舵人的手中，他就是复旦史上另一位功勋校长李登辉。

第二节　李登辉校长

李登辉（1872—1947）字腾飞，福建同安人，出生于荷属爪哇岛（今属印尼），印尼第七代华裔，是晚清民国时期建设复旦功勋最为卓著的校长，今天复旦办学的永久校址本部邯郸校区（即民国江湾校区）即为其募款创建。同时李校长在复旦的校园建设、学科创置

李登辉像

与人才培养等诸多方面，都做出过杰出的贡献，可谓对复旦鞠躬尽瘁死而后已，今日的复旦学子无论如何纪念李校长都不为过。关于李校长的生平可参看钱益民2005年复旦百年校庆时所著《李登辉传》，其对彰显李校长办学之功与伟大人格，有筚路蓝缕之功。近年来所出诸多校史及近代史研究成果，亦对其多有补充，让今天的复旦学子有机会了解那个时代坚持与发展高等教育是多么不易，需要多少顽强的毅力与无私的付出，同时还要主持者拥有高超的智慧与绝对的威望。很幸运，民国以来的复旦正好遇到了李校长，让复旦在动荡的时代中一路昂首走来。

早年经历

关于李校长的早期经历，传世文献并不太多，知道他出生在荷属东印度爪哇岛巴达维亚郊外的红巴村，原籍福建同安（明清属泉州府），早年生活范围即现印尼首都雅加达附近。李氏家境应该还挺殷实，李登辉晚年回忆时说自己早年挥霍成性，"因为父亲是很充裕的商人，对于我用钱，从不加限制"。[11]

后来在1888年，李登辉来到新加坡的英华自主中学（Angelo-Chinese School）求学。[12]这所学校是美国卫理公会在新加坡创办的西式学堂，李登辉也是在此加入了教会。这段新加坡的经历，让这位祖籍闽南的年轻人在日后拥有了相当的人脉资源。自明清以来，新加坡的华人社群由于离故国遥远，加上清政府一定程度的歧视，无法通过出仕获得地位、声望，南洋华人社会流动则别有途径。除了像李氏赴欧美留学外，更多的是推崇经商获得财富，富有者上升为社会领袖，而生意败落者也迅速下降到社会底层。新、马成功的生意人，也愿意以财富捐赠来博取更多社会声望。同时，新加坡的华人以福建漳泉人，广东潮汕、广府人，及客家人等为主，每个族群抱团取暖，因此南洋地区的华人宗亲、地域观念极重，特别讲究乡帮之谊。同安人李登辉，正属于新加坡华人核心社群之中，这也为其能在南洋为复旦募款的根本条件。

也是在同乡的帮助下，两年后，李登辉得以去美国留学。1892年李登辉远渡重洋，入学俄亥俄卫斯理大学（Ohio Wesleyan University）。这是一所私立文科大学，由卫理公会参与创办，作为远来留学的东亚留学生，这一站显然非常适合。李登辉在那里度过了多年半工半读的时光，并于1897年转入耶鲁大学本部的耶鲁学院继续攻读学位。耶鲁学院非常注重宗教神学的教学，培养学生团队协作与牺牲奉献的精神，李登辉晚年曾回忆过自己在耶鲁学习的课程，包括希腊文、拉丁文，以及古希腊哲学著作、《圣经》、文艺复兴时期著作等。耶鲁的经历对李登辉日后教育经历产生深远影响，李氏执掌复旦数十年，管理学校的方法多有仿效耶鲁的地方，如教授治校，每年都有毕业年刊，小到教授们与学生们共进午餐等。[13]

1899年，28岁的李登辉从耶鲁毕业，他接下来的一站是马来西亚的槟榔屿，在当地的"英华书院"任教。在槟榔屿李登辉结识了华侨精英、日后的厦门大学校长林文庆（1869—1957）。不过总体在

那里的体验并不是很好，一年后李登辉便回到家乡巴达维亚。在那里
他自己创立过一所叫"耶鲁学院"的学校，也不算成功，最后被本
地的新兴组织"中华会馆"接管。最终李登辉离开了故乡巴城，回
到了阔别几代人的祖国，那时是 1904 年的冬天，李登辉来到上海。
他在这里找到了基督教青年会组织，并很快成为其中重要的一员，并
很快在其基础上创办了"寰球中国学生会"，李任会长，旨在联合留
学全球的中国学生。他的董事会中皆为留学回来的基督教家族名驹或
姻亲，如颜惠庆、王正廷、伍廷芳、曹雪赓、宋嘉树等。1905 年 7 月
1 日寰球中国学生会成立，成立大会在"北京路 15 号"青年会旧址
（约今北京东路近四川中路）。两位复旦最早的校长都与其成立有关
联，原计划是马相伯主持成立大会，最后由于天气的原因改由严复主
持。从寰球中国学生会的成立来看，三位功勋的身影成为早期复旦的
一个缩影。[14]1906 年，清廷每年要考归国留学生，根据成绩给予官职
及出身，最优甚至赐进士出身，也被当时人称为"洋进士"。时任复
旦教员的李登辉也参加了考试，得到"举人"身份，老朋友颜惠庆
当年考上了"进士"身份。

　　李登辉因为寰球学生会的组织及留学归国学者，晚清时他多次担
任公派欧美留学生考试的考官"襄校师"，如 1907 年夏在南京江宁提
学使衙举行官费留美考试，录取了寰球学生会的董事宋嘉树的二女宋
庆龄，一年后其妹美龄随姐姐一同出国，李登辉又代表学生会为其送
行；宋氏姐妹也一生师事李氏。[15]

来复旦后

　　在 1905 年春马相伯出走震旦、新创复旦时，李登辉便加盟了复

旦。马相伯《一日一谈》里回忆：

> 我办复旦的时候，颜惠庆先生把李登辉先生荐给我。他本是华侨，在美国读书的。我始而请他教英文，后来我辞了校长的职务，李先生便继任校长，一直到今，还是他在那儿维持。（采访时间1935年10月31日）[16]

马相伯记忆里是颜惠庆向其推荐李登辉来任教，马氏爱徒于右任（1879—1964，陕西三原人）则提到另一位曾铸，于氏约在1951回忆早年创校时情景时提道：

> 筹备母校时期，艰苦非可言喻既乏经费，甚至饮食居处亦无定所。筹备处在大马路张园附近，借得房屋一所，屋系友人新建者，设备甚好，有浴室。时沪市发生抵制外货运动，南市商会会长曾少卿为之首。曾以天热，夜归南市不便，予劝其住筹备所中。曾又介绍一青年学者来住，即李登辉先生也。时李先生自耶鲁毕业，经马尼拉归国，生长异域，于中国语文不悉，半年相处，李国语进步极速，母校成立，乃恭推李先生为文科英文系主任，后兼任教务长。复旦得人，由是成功。[17]

当时设在张园北面的复旦筹备处中，于右任接待了正在号召抵制美货的曾铸，曾氏也是早期复旦创校的重要支持者。曾氏向于右任推荐了李登辉。其实也很好理解，颜惠庆、曾铸与李登辉虽出生地相隔天南海北，但他们同是闽南籍，互相推荐则成为理所应当。草创之际，李登辉也参与了诸多校务，物色教员，虽然大部分工作都因为材料有限而不能尽其详。升任教务长后，李登辉也成为授课时间最长的复旦教员，当然他的薪资也是最高。虽然不知道李登辉早期来沪的住所位置，但可以确认他不住在吴淞，而是每天往返上海与吴淞之间。他不仅给学生当先生，他自己还要自己当学生，抓紧一切机会学习中文。因为他生长海外，中国的阅读和写作能力相当有限。据早年复旦学生回忆，李校长会在与学生一起进餐时练习国语。早期学子吴念劬回忆道："李校长刚来校充当教授时，国语一句不会说，后立志学习，并决定吃饭时不准讲英语，谁说一句罚洋一角，每天的罚款当然是李先生为最多，有时因罚款太多而吵嘴，学生闻了哄堂大笑。"[18]

初来复旦任教的李登辉已年逾三十，还孑然一身，在当时已属于"大龄男青年"。关于他婚事的记载，最详细的回忆来自清华大学史上的功勋校长周诒春（1883—1958），他在抗战时曾回忆：

余（周诒春自称）与李校长相识，即在该会（即寰球中国学生会）。是时李校长意欲妻一中国女子，但乏人作介。一日，在会中见某小姐，李校长颇有意，惟苦不知姓名与住处，偶与会中干事曹雪赓君谈及，则曹君固知某小姐之姓名与居处，为素相识者。李校长乃于某日派人雇一高大马车，衣大礼服，偕同曹君夫人往访，向主人述明来意。不意某小姐志在独身，不愿出嫁。李校长不免惆怅而返，于是亦誓不娶。嗣曹夫人鉴于李校长情深意真，再往说合，某小姐终不允。惟某小姐有一妹，即因曹夫人之撮合，与李校长盟订白头，婚后生一子。[19]

　　周诒春回忆无误，他与李登辉及提到的曹雪赓皆曾任寰球中国学生会的董事，而他提到为李登辉作伐的曹氏夫妇，为基督教监理会华人牧师领袖嘉兴曹氏家族的第二代。嘉兴曹子实为十九世纪早期江南基督新教的领袖，英文名马歇尔（Charley Marshall）。早年因流浪沪上，被监理会蓝柏（James William Lambuth，1830—1892）夫妇收养，并送至美国读书，一度参加过南北战争。回国后他在苏州创立了存养书院，又在天赐庄办博习医院，后在存养书院基础上创办博习书院，最终成为日后东吴大学的重要组成部分。曹子实娶美国圣公会颜永京妹妹，生四子二女，其中长子即为曹雪赓，而幼子更是日后知名清华校长、清华研究院"四大导师"时期主政的曹云祥。曹雪赓早年毕业于圣约翰书院（时尚未改大学），任青年会中学（后改普光中学）首任校长，执教中西书院（后并入东吴大学，原址作为东吴大学法学院，简称"东吴法大"），又任青年会总干事，为当时上海基督教界重要领袖。其妻子为苏州殷贞柏，其父为监理会元老、曹子实老搭档殷勤山。[20]周诒春回忆，曹夫人殷贞柏陪着李校长见第一位相亲对象，但那位小姐表示希望独身，但还是推荐了她的妹妹，再由殷贞柏撮合最终与李登辉喜结连理，那就是日后的李夫人汤佩琳（Helen Tong，1887—1930）。汤夫人少李校长15岁，1907年二人喜结连理。汤氏同样来自新教牧师的家庭，汤佩琳的父亲与兄弟都是南门外清心堂基督教长老会的华人领袖。二位婚后，举案齐眉，相敬如宾，李登辉校长也因为这位本土的太太，融入了上海的生活。李登辉最终会定居上海，并为复旦倾其一生，就是因为这段美满而短暂的婚姻。汤夫人不仅协助李校长整理文稿，教子课读，甚至出任复旦行政职务（最后并不成功），而且帮助这位归国华侨适应国内的饮食、习俗等诸多生活习惯。据李的秘书季英伯回忆，李登辉三十余岁初回国，对国内一切都是陌生的，要不是与爱妻结婚受其熏陶，李校长可能就不会长久定居国内。[21]

关于汤佩琳的家族姻亲网络及其与李登辉个人及复旦的关系，之前学界关注尚不多，其中仍略有可论之处。李登辉的丈人、上海南门外清心堂首位华人牧师汤执中（1847—1903），为长老会在沪的重要牧师，一家都为清心堂及所设男女学校服务。汤牧师与妻子黄珊卿育有六子女，除嫁给李登辉的二女汤佩琳外，长女宝琳嫁给郭秉文兄秉钧，三女蔼琳嫁给王正廷五弟正序。李登辉两位连襟都是近代重要教会家族的成员，郭秉钧江苏浦江人，其父为上海新教长老会牧师，郭氏早年由邮政系统进入商务印书馆，并一直从事出版业。郭秉钧不仅有位曾任国立东南大学校长的弟弟郭秉文（1880—1969），还有担任之江大学校长的女婿李培恩（1899—1958，杭州人，娶秉钧长女郭美丽）。另一位连襟王正序（1893—1984）浙江宁波人，民国银行家，民国外交家王正廷（1882—1961）三弟。郭、王两家本身也有姻亲，王正廷字恭瑛，娶郭秉文侄女锡恩。而王氏两房下都娶上海博医会会长胡惠德之女，而胡氏是颜福庆的同行好友，参加了上医落成典礼，乃是后话。这一姻亲圈也有助于李登辉迅速融入东南的教育界。[22]

李登辉与汤氏的婚姻不仅为其加入了更多教育界的资源，同时也为李登辉与上海沪北固有的商务印书馆系统产生了联系。前章已经提到，早期复旦草创时也有明显的"商务系"文人圈的支持，如蒋维乔、张元济等商务印书馆元老及其密友蔡元培，为马相伯1905年创校筹备及推荐人才都立下汗马功劳，严复就是这群"商务系"文人极力推荐而来的。而在严复、夏敬观相继出走复旦后，"商务系"的高凤谦也曾代理过校监。这些早期与复旦有缘的出版界闻人大多属于商务印书馆的文人派，而李登辉的姻娅圈则为"商务系"更为核心的"教会派"，即创馆的长老会教友鲍咸昌、夏瑞芳家族。商务元老鲍咸昌的妹夫郭秉文，为"教会派"中的文化中坚，由此郭氏的家属亲眷也逐渐成为后期商务重要的管理者与作者，李登辉便是郭氏的姻亲，"教会派"的外围，他诸多作品如《李氏英语修词作文合编》《双解英汉实用字典》《李氏英语文范》《文化英文读本》都是在商务出版的。

复旦吴淞校区被占，学校在辛亥冬流落无锡不得、被迫停办半年余的时间里，李登辉也不得不寻觅新的工作。民元时，他曾一度担任新成立的上海中华书局的英文编辑，也兼过英文报纸主笔与其他学校的课时，与暂时停办的复旦一样风雨飘摇。大约在 1912 年马相伯登报复旦在李公祠复校后，李登辉尚未回到教师岗位；即将迎接他的将是全新的挑战。

做校长后

1912 年 1 月 1 日成立的民国南京临时政府里，马相伯一度担任首都南京的府尹（市长），则在无锡李公祠停办之后的短暂时间里，时任校长亦未能伴随复旦左右。3 月 10 日袁世凯在北京接任临时大总统，任命唐绍仪为内阁总理；月余的 4 月 21 日，唐绍仪内阁成立，稍前时孙中山即正式解职，南京临时政府取消。大约彼时之前，复旦已通过在宁校友于右任及诸多名流运作复校成功。福无双至，彼时的马相伯似乎也被北京袁世凯政府相中，希望其北上发展。虽然记载不

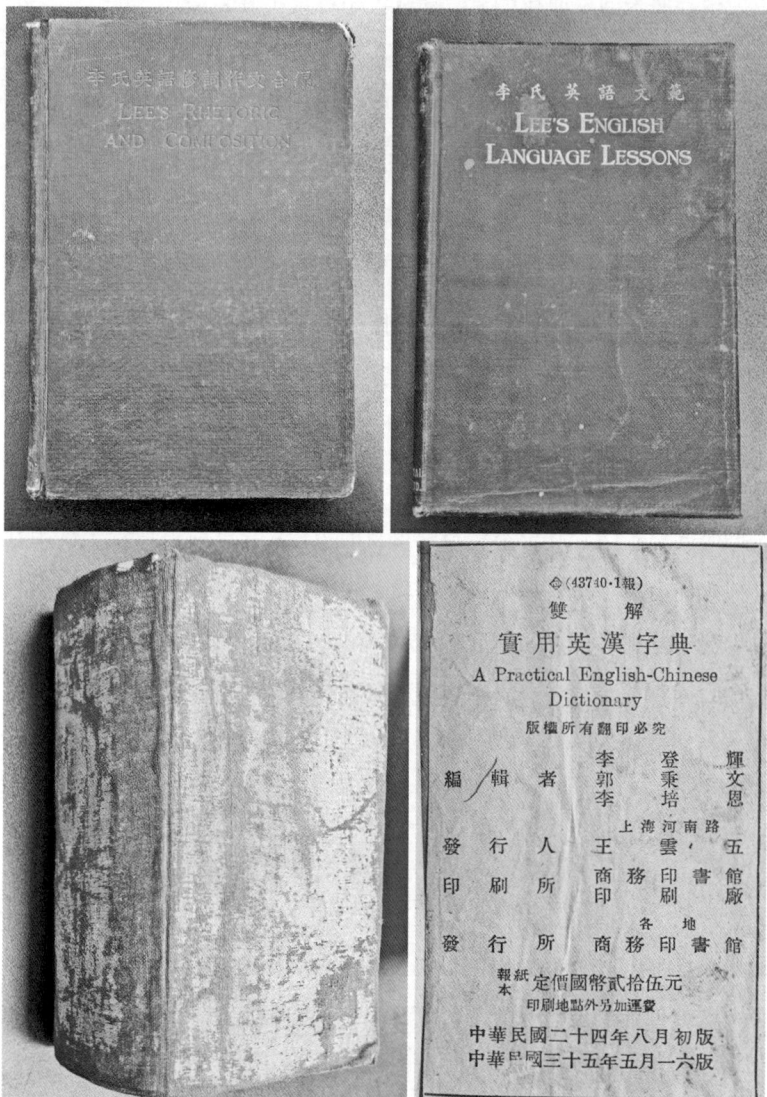

笔者所藏李氏书影，其中《双解实用英汉字典》三位编者，
李登辉、郭秉文与李培恩，即互为亲戚

多，但民元时马相伯已经开始构想仿照法兰西科学院制度创办中国的国家科学院"函夏考文苑"，而1913年初，七十四岁高龄的马相伯甚至一度赴京担任了北京大学的校长。民元时在沙滩马神庙一带办学的京师大学堂，改名北京大学，并请来复旦的老朋友严复担任改名后的第一任校长。但因为经费与办学条件限制，严复执掌半年余便挂冠而去，校长位空缺数月。接替严复的正是老大哥马相伯，时间约在1913年初。不过北大校长马相伯很快因为借款办学与学潮，月余便去职，领个袁世凯政府的虚衔，加入总统高级顾问行列，又一次与严复共事。复旦校务，亦基本不过问了。

也就在1913年初，复旦成了校董事会，接管复旦校务。复旦创校时的28位校董在日后的岁月中，参与复旦办学有限，复旦校董会一直形同虚设。但民元后一代复旦人意识到学校办学长期不够正规，师生流动过大，不利于学校日后的发展，所以1913年1月的这次校董会意义颇为重大，当场推选北洋第一期高才生、耶鲁大学法学博士王宠惠担任复旦校董事会主席，并商定聘请李登辉主持校务，担任校长，复旦正式进入李登辉时代。

1913年3月1日，复旦开学，首先遇到的问题就是经费，尤其这学期末的6月，发生"二次革命"，因早先宋教仁在上海火车站被刺，南方诸省革命党人人士力主反袁，最终江西与南京两地相应，但很快失败。因为其在辛亥之后不久，原南京临时政府人员影响尚在，而复旦从人员到复校皆与之密不可分，至"二次革命"时颇受冲击，同盟会背景的校董星散流亡，《民国宝山县续志》载："癸丑之役（即"二次革命"），校董被赞助嫌疑，多亡命海外，校事几不能支，因另组董事会设法维持。"[23]县志没说明，"嫌疑"者就有孙中山、于右任。

　　彼时刚刚步入正轨的复旦又遭校董分崩离析的困境，筹款又成难事。李校长开始通过提高学费与扩大招生规模，逐渐挺过难关。但很快，复旦校园又闹出纠纷，自 1914 年起，复旦所在的徐家汇李公祠房产，因为李氏后人的介入，陷入了漫长的官司，虽然十年之后这块地皮及房屋最终成为复旦永久的办学用地，但在 1914 年时确实让这位刚过不惑之年的新校长非常头疼。

奠基石拓片图位于复旦本部燕园内
由喻融等拓印，王亮题款。

　　一切似乎到了 1915 年出现了转机。自宋教仁案及"二次革命"后淡出的王宠惠，接受了李登辉的邀请，出任复旦副校长，并讲授法学课程，两位耶鲁毕业生联手开创复旦的全新局面。二人参照母校学制与课程，综合制定复旦课程体系，并将其与美国大学学制相匹配，学生毕业后留美可以很快适应。这一年正是复旦创校十周年，李登辉发动师生制定校训并设计了圆形校徽，此一图案一直沿用至今。

　　也是这一年，新的校董事会组建，包括王宠惠在内，新增了诸多海内名流，如民元元老唐绍仪、伍廷芳、王正廷，也有出版、商界的陆费逵与聂云台、其炜兄弟等，这届董事会中许多人长期帮助复旦成长，经历升格大学及迁校江湾，最终走上正轨。这年复旦也走出了民元以来的第一节预科毕业生，人数很少，也就 7 人，其中有日后著名的法学家张志让在内的三人，继续赴美留学。之后复旦赴美留学生普遍成绩优异，得到认可；尤其升格大学后，诸多美国知名大学也准许复旦大学毕业生获得学位后，可以直接升入本校继续深造，无需再行考试。两年后的 1917 年，李登辉校长在校内办起商科，与原有文、理二学院并进，延聘哥伦比亚大学经济学博士李权时主持复旦商科，并将复旦正式升格为大学本科。不过有趣的是复旦想在北洋政府教育部立案，但直至北洋倒台都没有完成，学校完全靠学费与募捐支持原有规模，但也做到了尽可能避免政治的干扰。

第三节　五四运动中的复旦

李公祠复旦时期，最重要的经历便是复旦师生们主导了 1919 年"五四运动"在上海的进程，成为南方新文化运动的领袖学堂。大家知道五四运动最早发生在北京，最终影响到全国，但其最终成为一个组织有序，影响绵长的时代运动，并成为整个中国近代化过程最重要的一环，是在上海完成的，而在上海推动这一偶发的运动臻于经典的群体，主要来自李公祠的复旦同仁。给予 1919 年的复旦同仁如此高评价的研究，来自近年台湾学者的一本专著——《动员的力量》。[24] 在讨论李公祠时期的复旦与"五四运动"之前，有必要介绍一下《动员的力量》及其作者。

台湾东海大学共同学科暨通识教育中心陈以爱教授，是华语近代思想史界的重要学者，尤其在研究 20 世纪初至五四运动等领域有相当多的新见。其代表作有《中国现代学术研究机构的兴起——以北京大学研究所国学门为中心的讨论》《动员的力量：上海学潮的起源》（东南集团与五四研究系列）。她从早年关注五四运动与北大的考察，近年转而把关注点聚焦上海和南方，关注上海地方精英及高校青年对于五四及之后的运动与思潮的考察，可谓别开生面，新见良多。尤其是她的"东南集团与五四研究系列"三部曲中的第一部《动员的力量：上海学潮的起源》，不仅为学界揭示了全新的五四运动史的视角与立场，同时为复旦校史与五四运动关系史注入了全新的活力。《动员的力量》是近年早期复旦校史研究重要的成果，是继复旦百年校庆系列丛书（如钱益民《李登辉传》等）以来复旦校史研究最大的突破。[25]《李登辉传》中已经关注到复旦在五四运动中的诸多表现，尤其李登辉校长对于学生运动的支持，以及挖掘出何葆仁、程天放及转学来的章益、江一平等复旦学生。而《动员的力量》书中最大的贡献，无疑就是确证上海五四运动时期最重要的推动群体，就来自复旦师生，而复旦的背后，则有洋务运动、东南互保以来形成的"东南集团"，加上英美新教的华人家族，及东南亚新马地区的海外华侨精英群体，这些群体相互交织影响，不仅成就了早期复旦精彩纷繁的成长史，也是整个近代上海城市精英的全景体现，可以这么说，复旦的名字在 1919 年夏天后，开始走入近代史的前台，成为之后上海乃至全国最受人关注的高等学府之一，甚至是代表性的政治势力之一，一直延续至今。

　　五四运动如何从北京燃烧到南方，复旦又是如何卷入其中，《动员的力量》一书同样给出了细致的考察，让人在微观史的层面看到运动中复旦同仁具体的身影。

五四时期复旦校门游行队伍

　　1915 年中日"二十一条"交涉之际，上海便爆发抵制日货的运动，诸位同年加入复旦的校董唐绍仪、伍廷芳、王正廷等全部参与。当年开始，江苏教育会的领导者发起"五九国耻纪念"，也在 1919 年的当天被点燃。以反日为初衷的运动，开始向着更广阔的维度发展。1919 年 5 月 4 日当天北京专门学校以上学生爆发爱国运动，聚集天安门，赴使馆请愿未果后火烧赵家楼，五四运动爆发。次日晚，事详沪上，时为复旦教员的邵力子知悉后致电李公祠复旦某君，彼时复旦在西郊，信息不通。次日 5 月 6 日一早邵力子再赴复旦通报五四消息，全校震动。晚上派出两位代表参加"国民大会筹备会"，拟定明日，

校钟图

徐家汇李公祠时期的复旦校门口有一个校钟。五四后的 5 月 6 日，邵力子把北京发生"五四事件"的消息带到复旦大学，学生敲响这口校钟，在上海掀起了声援北京学生的运动。

即 7 日至南市公共体育场集会举办国民大会，同时有部分学生至外滩德国总会大楼外抗议，并于其外演说。但这次集会并不能让以复旦学生为代表的沪上年轻人满意，尤其对江苏教育会朱叔源、黄炎培的主张颇有微词，接下来更激烈的学生运动在此酝酿开来。

陈以爱关注到 1919 年时复旦的校董事会名单，其中可谓当日政商学各界名流荟萃。其中校董中名誉董事第一位便是李公祠以来复旦校董的领袖、前北洋政府第一任总理唐绍仪，与其政治集团相近的是在北京政府里官居要职的王正廷、王宠惠、余日章等，尤其因为巴黎和会外交风云中他们全部参与北洋政府的外交事务，而被学生们誉为"民族英雄"[26]。唐绍仪本人在商界同样影响巨大，除了南洋闽粤商界的支持，东南商团同样给予其足够的面子，商界企业家、曾国藩外孙聂云台同样与唐氏过从甚密。而聂氏的姻亲家族更是复旦五四运动的得力干将，聂的妹夫便是学生领袖瞿宣颖，而其表外甥、曾氏另一位曾孙外俞大纶，同样是复旦五四运动中的活跃学生。而得到唐绍仪、王宠惠为代表的校董事会的支持，李登辉在北洋政府教育系统面前也显得颇为得心应手，大总统徐世昌等便公开为复旦筹款扩充校园。而李登辉本人与王正廷、曹雪赓等基督教青年会等团体的联系，也因其姻亲、同学、同教会等联系而愈加密切。这些交错复杂又根深蒂固的社会网络，为复旦同仁迎接五四运动，并最终取得沪上学生运动的领袖地位，奠定了坚实的基础。

5月8日的"国民大会"不尽人意，但成为未来上海学生联合会（简称"上海学联"）的重要一天。当日上午复旦诸位学生并沪上其他学校的代表召开会议，选举瞿宣颖为大会主席，带领学生

唐绍仪沪北旧居

唐绍仪1912年搬来这里，次年在此迎娶第三任太太，并长期居住。不过，那座沪北唐宅因文献不足征，几乎完全消失在人们的视野之中，在研究界长期无人问津。近年唐绍仪研究资料的面世，尤其《上海图书馆藏唐绍仪中文档案》的刊布，使得唐绍仪沪北寓所终于揭开了神秘的面纱。唐档中有一封1916年7月14日报人徐祝平寄来长信署"上海老靶子路西头路北"，可确定其位置，这幢历经百余年的建筑甚至依然存在天壤间。包括五四运动时期及下文所及李登辉请辞，复旦方面联系唐绍仪时，其皆在此住所。从这里可以轻易登上淞沪、沪宁、沪杭铁路，到达江湾、徐家汇等地。这所唐旧居其实属于其最后一任夫人顺德吴氏的产业，丈夫吴涤宣于1929年同意将所有房产过户给唐绍仪的夫人吴维翘。具体考证可参拙作《唐绍仪的沪北旧居及其姻娅圈：以新见〈上海图书馆藏唐绍仪中文档案〉为基础》，《中国地方志》2022年第1期。

团体要求北京政府释放被抓学生，并与同时开会的"救国团"分道扬镳。下午继续在复旦召开全市学生代表大会，已无社会团体与政府机关参与，开始筹办学生联合会事宜，并公推何葆仁为临时主席，联合会的地址在青年会或寰球中国学生会址中二选一。晚上校内开报告会，继续研究成立更为强有力的学生组织，由瞿宣颖主持，商讨设立学生联合会，不仅不限于上海，还要铺向全国，甚至要成为常设机构。

5月8日晚，11位学生代表连夜至沪北火车站附近，造访了复旦校董领袖唐绍仪的宅子，商讨建议。唐支持学生活动，但也劝告学生不宜在租界进行过激的行为。

罗家伦

罗家伦（1897—1969），字志希，祖籍浙江绍兴，生于江西进贤，五四运动的学生领袖，同时也是中国近代著名的教育家、思想家和社会活动家。1914年至1917年就读于李公祠复旦中学部，毕业后考入北大继续学业，并参与到五四运动中。历任清华大学、中央大学校长。

至5月11日学联成立前的几天里，又陆续在复旦及周边开过若干次会议，推出学联章程等项，章程起草三人分别是复旦的瞿宣颖、南洋的恽震与圣约翰的岑德彰，三人俱为名门子弟，前清政坛清流的后人。而此期间五四中心的北大已有学生代表秘密来到上海，其中复旦附中校友罗家伦便曾回到李公祠母校。

5月11日是之前预定的上海学联成立的日子，地点最终被定在寰球中国学生会的会址，公共租界静安寺路五十一号（约今南

京西路黄河路附近），目标是成立全国性的学生联合会。全会长达七
个小时，通过了章程，选举了会员。这里地处租界，学生与他们背后
的老师、校长如李登辉等都明白工部局对青年学潮似乎颇为容忍，从
寰球中国学生会的办公室中，走出了上海学联及全国学联筹备处，这
一处地理空间却被人忘记了。英美租界里以寰球中国学生会为中心的
师生、社团，在日本势力看来无异于亲美势力的大本营，而与以反日
为起始的五四运动风潮同声气类，不同政治立场的上海青年学子在此
时从不同方向聚拢在上海五四运
动的现场。最终由复旦等校的学
生运动，影响到全东南的社会
运动。

通过李登辉校长与复旦学生
领袖主导的上海五四运动洗礼，
复旦在上海的高校中地位陡增，
除了瞿宣颖、何葆仁辈书生意气、
挥斥方遒之外，校长李登辉的兼
容并包与伟大的人格更是吸引着
沪上名校的年轻人。因为过多卷
入了五四运动，圣约翰附中开除
了二十余位年轻人，李登辉特许
他们转入复旦继续攻读，并不惜
与圣约翰校长、他的老朋友卜舫
济生出龃龉。这些年轻人中，就
有李登辉最好的学生与传人章益，

章益

章益（1901—1986），字友三，安徽滁州
人。早年就读于上海圣约翰附中，五四运动
后来到复旦中学部，1922 年毕业于复旦大学
部，曾在中学部任教，后赴美西雅图华盛顿
大学与芝加哥大学学习。归国后历任复旦大
学文科教授兼预科主任、教育系主任，其间
还兼任国立劳动大学社会科学院教授、主任。
1943 年起，于北碚任复旦大学校长。1940 年
代末章益顶住压力，拒绝复旦南迁，迎候解
放，是复旦史上的功勋校长之一。

还有日后的大律师江一平、翻译家伍蠡甫与放射学家荣独山等。此外，原中国公学学生孙寒冰、华童公学的奚玉书、澄衷中学的端木恺等上海学联的骨干领袖，也在风潮后来到复旦，复旦一跃成为沪上最吸引人的高等学府之一。而转入的章益、孙寒冰，及本校的吴南轩等五四运动领袖，也在十余年后李校长老去、抗战军兴的时期，撑起了复旦大学的校务事宜，度过最艰难的时期。[27]

注　释

1　《一日一谈》第55—56页。《关于震旦与复旦种种》中载无锡李公祠名，《益世报》、民国复兴书局本及当代整理本皆作"李汉章"，为当时整理者王瑞霖之误，其实应为李鹤章。

2　《复旦公学迁至无锡原因》，《新闻报》，1911年12月6日第6版。

3　钱益民《李登辉传》，复旦大学出版社，2005年，第78页。

4　可参向文钦《合肥李氏望云草堂藏书研究》，复旦大学2012年硕士学位论文。

5　《复旦公学通告》，《申报》1912年8月13日第1版。

6　《革命声中之南洋大学》，《申报》1911年11月10日第19版。

7　钝根《海上闲谈》，《申报》1911年11月13日第21版。

8　《兵士迁居》，《申报》1911年12月4日，第19版。

9　《惩戒兵士》，《申报》1911年12月11日第19版。

10　《威武营军士赴宁》，《申报》1912年2月6日第7版。

11　李登辉《我的夫人》，收入《布道杂志》1932年第5卷第1期，第56—62页。

12　至今这所中学还是新加坡本地历史悠久的名校，2021年排名第七。可参纪赟《域外文献中的复旦大学》，澎湃新闻，2022年5月27日。

13　《李登辉传》，第22页。

14　《李登辉传》，第26页。

15　《李登辉传》，第40页。

16　《一日一谈》，第51—52。

17　赵聚钰:《于右任谈复旦创办》,载彭裕文、许有成主编:《台湾复旦校友忆母校》,复旦大学出版社,2003年,第4页。转引自《李登辉传》,第54页。

18　《李登辉传》,第65页。又读史老张《相辉》中有《在复旦校园,寻找李老校长》记载李校长不分"牛"与"牛痘"的记载,上海辞书出版社,2020年。

19　周诒春回忆,参《李登辉传》,第67—68页。

20　《曹子实与子实堂》,《姑苏晚报》2014年1月5日B06版。

21　《李登辉传》,第70页。

22　可参罗元旭《东成西就:七个华人基督教家族与中西交流百年》第五章《以商养学:鲍哲才牧师及其后人》,生活·读书·新知三联书店,2014年。

23　《上海府县旧志丛书·宝山县卷》,第956页。

24 25 26　陈以爱《动员的力量:上海学潮的起源》,台北民国历史文化学社有限公司,2021年。并可参陈以爱《东南网络中的复旦大学》、钱益民《复旦校史的复调呈现》,俱见澎湃新闻,2022年5月27日。

27　复旦五四时期学生领袖研究除了陈以爱《动员的力量》一书外,尚有复旦大学博士学位论文田吉《瞿宣颖年谱》(2012)及陈熙《五四精神再认识:以华侨何葆仁的生平志业为中心》(复旦大学箸政项目,2020)、俞驰韬《章益的教育理论贡献与实践贡献研究》(复旦大学箸政项目,2018)。

第四章
虬江之湾

　　李登辉校长很早就意识到李公祠办学受制于空间，重新谋取更大的校址是复旦未来发展最重要的前提。在五四运动之前，李登辉就开始着手新校址的选择。在南洋募款归来后，李校长把目光投向上海城市北面的边缘：江湾镇。那片土地在北洋政府时期还属江苏省宝山县，地广人稀，河流纵横；虽然大部分没有被开发，但交通却不可谓不便利，淞沪铁路设江湾站能到。李登辉认为这里是适合办学校址，陆续在此买下 70 亩地。除了交通、地价等外部因素外，我们至今也没找到更多李登辉与复旦选择江湾地块的理由，最终在 1918 年，复旦便定下了，这里，如愿建起了复旦的永久校址：今天的复旦大学邯郸路本部校区。在当年新建校区时，这里被称为江湾复旦。

　　自从 1922 年复旦大学大学部整体从李公祠迁到江湾（中学部仍留在李公祠），至抗战全面爆发前，江湾地区成为上海最重要的大学和新式学堂聚集区。虽然地属宝山县管辖，但由于接近上海，江湾南部土地在晚清以来陆续因越界筑路等原因，渐次完成了城市化。明清以来宝山与上海两县的分界以虬江故道附近为界，界路有虬江路、老靶子路（今武进路），以及沙泾港流域，这一线往北就是江湾范围，

《江湾里志》图

历史上北四川路上的新公园（今鲁迅公园）、六三园（今龙之梦）、千爱里（甜爱路）等处，严格意义上是属于江湾镇的越界筑路。这一带因之迁入很多新式学校，步复旦后尘的有国立劳动大学、国立上海商学院、持志大学、立达学园、爱国女校等，沿南北向的淞沪铁路与东西向的翔殷路（今邯郸路）相交的十字空间内，形成一个密集的高等学府集中区，这些无疑与江湾一地独特的地缘优势有关。

江湾一地，不仅与复旦发展息息相关，与日后的上医关系也密不可分。上医的创始人、功勋校长颜福庆正是出生在江湾，而与颜院长相关的澄衷医院（今肺科医院）及伯大尼孤儿院（今废，其址为今广纪路出版蓝桥产业园），都在江湾境内。与北面的吴淞一样，江湾同样是复旦上医共同的神圣空间，值得每一位复旦・上医人铭记。本章将从江湾的前世今生开始，讲述那段关于江湾的记忆。

第一节　关于江湾的记忆

水道

江湾之名得自吴淞江在此处附近的转弯，宋元之前的吴淞江大约在今江湾一带入海，之后海岸线东扩，江湾土地大片成陆，吴淞江主航道由南北走向，自此改为东向。吴淞江是历史上的上海地区最重要的河流，其主航道为松江府与苏州府的界线。历史上的吴淞江曾极为宽阔，是古太湖向东泄洪的重要水道。据清代水利名家金友理《太湖备考》中载，古太湖向东出水有三条重要的泄洪水道，再加上长江的配合，裹挟的泥沙冲击出了今天的包括上海在内的大部长三角区域。这三条太湖泄洪水道，从北至南分别是娄江、吴淞江和东江。东、娄二江在宋元以后逐渐淤塞；今日苏州、太仓境内新辟娄江，则非古道。

三江之中，地处中段且最重要的就是吴淞江，今天流域依然贯穿苏松二府故地。因为淤塞，它在市中心段的河道早就被填成马路，它古出海口大部也已被吞没，替代它注入长江的，是之前一条支流所浚的"黄浦江"，入长江的河口还保留着"吴淞口"的旧称。

元明之后，吴淞江下游主航道已被切割，大致可以被视作"新江"与"旧江"两部分水系。"旧江"即为吴淞江故道附近，承担着两府界线的功能。明代中叶起苏松水利部门选择了疏浚"新江"，并特别开挖了一条靠近上海县城的吴淞江支流宋家港，注入新浚的黄浦江，也成就了日后著名的"苏州河"。[1]而另一边的旧江故道，很快在清代中后期淤塞，尤其伴随着沪北华界城市化的进程，市区段的旧江河床陆续填河筑路。因为吴语"旧"与"虬"同音，明清以来吴淞江故道也在志书中被雅化为"虬江"。《说文》中"虬"意为"龙子有角者"，此处有取其虬龙弯曲的意向。

今天追溯苏州河到"叉袋角"（今莫干山路 M50 附近）尖，这里是历史上的新、旧吴淞江的一个交汇点，今天这一带苏州河流域基本都是新江河道，而其北侧本有宽阔的旧江通达此处；其下游的旧江故道今天还能追寻其痕迹，便是"叉袋角"以东的沪宁铁路边的太阳山路、虬江路。太阳山路名得自"太阳庙"，为旧江入江湾界处的分水庙"太阳庙"，庙侧这段华界内的旧（虬）江故道东行至嘉兴路桥附近汇入沙泾、芦泾[2]航道，迟至民国时彻底填去筑路，即太阳山、虬江二路。虬江路虽然被填，但路尽头的沙泾、芦泾二河潺潺如夕，沙泾流域基本是旧江下游的故道范围，其北向不出十里，便是著名的江湾镇。此处历史上水网虬结龙蟠，宋元以来也被叫做"小曲江"；还有个有趣的古称"商量湾"，大约跟这里商业发达、擅长还价有关。

将领

这座典型的江南市镇，最早在传世文献中亮相，是南宋抗金时发生的黄天荡战役（宋建炎四年，1129），宋军主将韩世忠（1090—1151）曾驻军于此，并从此进军镇江，最终取得了一场南宋战史上著名的大胜仗。驻扎在江南的韩将军兵分三路，前军置华亭通惠镇、也就是今天赫赫有名的青浦青龙镇，后军停吴淞江入海口；而中军大营，就在江湾镇。金军完颜宗弼取建康（今南京）后，沿着运河南下劫掠临安，吓得宋高宗仓皇出逃明州（今宁波）。而韩世忠的水军自江湾，悄悄入吴淞江，西进大运河，在镇江附近设伏，断金军北归之路，取得彪炳南宋的黄天荡大捷。苏松本地方志中都非常热衷于书写这里的韩将军遗迹，多少体现出明清以来对宋军少有的军事胜利的想象与迷恋。

韩世忠陨后，宋孝宗赵昚（1127—1194）追封韩世忠为蕲王，曾经作为韩军中军大帐的江湾之地，从此产生出不少有关韩世忠的"想象"遗迹。比如，全镇重要的信仰空间、位于镇东的景德观边，建有韩蕲王庙；还有韩将军插军旗的"旗桩石"，列阵过的"阵势桥"，传递军鼓的"镇海楼"，曾驻节过的"参将署"，曾训练射箭的"箭墩"。小吉浦边的"草鞋墩"，相传也是韩蕲王的士兵扔鞋而成。本地人还常常挖到一种"古瓶"，瓶形细长，陶质甚粗，也被视为蕲王的士兵盛酒的酒具，据说拿来种花竟然还颇能开花结果。这其中，韩蕲王给本地留下最著名的文化遗产，依然与水有关。相传韩公中军驻扎于此，江湾镇最中心的市河河道，便被约定俗成为一个响亮的名字"走马塘"：两边军马奔腾的河塘。这条东西方向的河港，源自嘉定的吴淞江故道封家浜，也是条太湖泄洪的支流，从嘉定南翔经宝山大场入江湾；它只有流经江湾主镇区域，才用这个纪念韩公的名字。这条河传说是五代吴越国钱镠所凿，所以曾被称为钱家浜；走马塘上游大场段河道，曾被称为"钱溪"，而东出江湾界来到殷行镇，亦曾被称作"钱家浜"，都与吴越钱氏的传说有关。江湾浓重的蕲王崇拜，使得这条小河保留下这个不失刚猛的威名。

正因为这里水道交通的便捷，尤其海之间通畅无阻，江湾在近世史上也屡遭劫难。明嘉靖年间武装走私的秦璠、王艮曾侵江湾，不久之后的倭寇入侵，使得江湾全镇尽毁。明清之际，鲁王政权的名将定西侯张名振（？—1654），曾于顺治十一年（1654）二月初八进攻江湾，民国重修《江湾里志》里是这么说的"海盗张名振劫钱家浜营"（民国时仍称抗清将领为"海盗"则让人殊为不解）。[3]是年，张名振向郑成功借来水军百艘战舰，希图直取南京。张名振虽曾抵达江湾并与清军交锋，但他没走五百年前韩世忠的那条内陆航道，而是再出长江，直抵镇江城外，于著名的金山登陆。但因各种掣肘，攻击南京的任务还是没有完成，便无奈撤兵了。张名振一行来到镇江后，登临金山寺，遥拜明孝陵，留下了一首著名的《登金山遥祭孝陵》诗。回到浙东的他很快就去世了。

信仰

十余里长的走马塘边，分布着江湾本地重要的信仰空间。本地民风与江南各市镇相仿，据说在孔圣人与文昌诞辰的日子，本地知识分子都会躬谒行礼，以示庄重，大有古风。不过江湾本地最为人尊奉的神明是东岳大帝，每年农历三月二十八日东岳圣诞日，"几于万人空巷，举国若狂"[4]，甚至经过官方禁令也不能改变，足见其信仰基础。而东岳帝君的行宫，就坐落在走马塘北岸。

因为五行中"帝出乎震"的说法，东岳行宫坐落在江湾镇东，西侧紧挨的便是韩蕲王庙；准确地说，此地本是一座千年的大道观，主祀东岳大帝，道观东侧建筑为大帝出巡的行宫。观名叫作景德观，宋靖康二年所建；但观中还有座更古老的古龙神庙，时间可能再要早上百余年，推测很可能早在宋真宗景德年间就有。古时江湾滨海，民间多祭祀龙王祈求平安；道光年间做重修观记时，还能看到宋代诏封龙神庙的断碑与文字。东岳信仰自宋代以后便颇为流行，大约就是南宋以后，这座龙神庙开始向东岳庙转型。而近世以来的东岳信仰，既是一个朝廷化的信仰，又可视为一种都市化的信仰，江湾镇外的这座东岳庙绝非一般的乡间小庙，而是地区性的中心庙，可见近世江南地区城市化运动，也已深入乡镇。[5]

明清以后，江湾景德观中主祀东岳泰山神，陪祀有唐代名将张巡、许远，宋少帝赵昺，靖康时死难的李若水，抗金将领刘锜等唐宋名人神主。但是，据说其中最灵验的，是一位叫"刘学士"的神明。刘鞈生平似不见宋金正史，但笔记杂著中有不少他的事迹，尤其以曾出使金国，不屈而死最著名，之后宋高宗赐资政殿学士，刘公也成为全国性的公祭对象。据记载，韩世忠就是在驻守江湾之时，在龙神庙中挂上刘鞈绘像，本地士民焚香顶礼，遂成为庙中神祇。一直到明万历年间，王世贞上书封刘鞈为东岳左丞相、晋阶忠显王，本地人遂称刘学士为"郡王"。所以，江湾之地，每年的东岳圣诞，都是这位"刘郡王"代巡的。这座保佑一方的东岳行宫明清以来历次递修，一直是江湾人民重要的公共空间，至少在民国年间还保有香火与香汛[6]，应该于"一·二八"或"八一三"两次战役中被毁，此后便不能寻其踪迹了。据说这位刘公的像，被沿着走马塘搬到了下游的法善庵中，继续与另一位清代刘姓神祇供到了一起。法善庵也在复旦大学南区外不远的东走马塘（即虬江支流）北岸。比起依据五行原理置于镇外东首的景德观，江湾保宁寺的位置要中心得多，年代也要略早。据镇志保宁寺建于后晋天福三年（938），建寺的智光大师，来自东京大相国寺；明永乐年间出过几位预修《永乐大典》的僧人，之后的声名似乎有些不振。寺址在镇中心走马塘北，今天寺院建筑虽不存，但塘北主干道依然叫作保宁路，应该就是寺址东首。景德、保宁二庙在近代都融入了庙产兴学的浪潮，成就了江湾地区最早的新式小学堂建设。

与保宁等寺在近代落寞的境地形成鲜明对比的，是另一座日后发迹的古刹。江湾镇上有史可考最早的寺院，是一座叫"崑福寺"的院落，据说始建在梁天监年间，但寺址屡改，久已湮灭。光绪年间，普陀山有位慧根法师，从中土礼佛至印度，经缅甸得居士护法，开山取玉，雕成五尊玉佛，欲请回普陀山。路经上海，因各种机缘留坐佛、卧佛各一尊，在江湾之地造庙供奉。最先结庵在张华浜，后盛宣怀（1844—1916）及夫人庄德华等共襄盛举，取沙泾东江湾铁路车站旁、崑福寺旧址，建新寺供奉玉佛，取名"玉佛寺"。寺院于辛亥革命后搬入租界苏州河南新址，两尊玉佛完好保留于彼，那就是今天的上海玉佛禅寺。

维新

上海开埠为整个江南区域带来的改变是显而易见。十九世纪中叶之后，上海及周边的市镇开始引领时代之先声，江湾也不甘落后。从地缘上看，江湾处于华界与租界相邻地带，是租界通向吴淞码头的重要中转，拥有传统的水陆与公路交通优势。但近代以后，传统交通方式已经不能满足快速通勤的要求，西洋的新玩意儿：火车，开始走进国人的视野；第一站，选择的就是江湾。

不过第一次亲密接触并不曼妙。据说在清穆宗大婚时，英商想随一份大礼：给同治皇帝赠送一条铁路——遭到了"很无礼貌地拒绝"[7]；时任两江总督的李鸿章，也在洋行联名上书建路的建议面前犹豫未决。西方资本家们遂在未经中国同意的情况下，辗转由远东最大的英资财团怡和洋行（Jardine Matheson）全权办理，假借修建"一条寻常马路"的名义，造成中国大地上最早的现代铁路"吴淞铁路"；起点选在苏州河边的天后宫北（今河南北路、塘沽路口），终点就是崇福寺遗址边的江湾站。光绪元年（1875），怡和洋行征地筑路时来到江湾镇东，测出铁路要经一户苏姓人家的宅地，问他买地。苏家的孤孀张氏不肯，"文明"的英国人居然也拿她没什么办法，只能令上海会审公廨羁押再审，宝山知县冯寿镜亲赴公廨据理力争，事才得解。据说这事一出，连洋人都觉张氏威武不能屈，西方报纸都竞相记载此事，张氏美名传播欧洲。

光绪二年（1876）7 月 3 日，吴淞铁路正式通车营业，立刻引起本地轰动。不过反对的声音随之接踵而来。仅一年后，因江湾镇北面试车时轧死一名行人抑或士兵，引起反对者大愤，清政府遂赎买回铁路，全部拆毁。拆毁的铁轨倒是没扔，全运往了台湾基隆港造码头铁道，运煤拉货去了。

通车不满一年的铁路运营情况良好，收入颇丰，也为之后建设铁路埋下伏笔。第二次倡议修淞沪铁路，是二十年后的 1895 年，两江总督兼南洋通商大臣张之洞，援北洋修筑军用铁路之例，先后两次向清政府总理衙门建议修筑"吴淞—上海—江宁"之间的铁路，认为修筑此路"有益商务、筹款、海防三端"。并建议此路分为五段筹办；筹一段之款，即办一段之路。得到批准，铁路得以再建，并以盛宣怀坐镇上海，亲自督造。新线路大体循原吴淞铁路走向，在吴淞铁路被扒去后二十余年的 1898 年 8 月 5 日，全新的淞沪铁路全线竣工，自上海站（俗称老北站），经江湾、张华浜、蕴藻浜、至吴淞炮台湾；六年后，这条铁路归并沪宁铁路管理，改称"淞沪支线"。上海改为特别市后，乘客日渐增多，又陆续增加至 9 个车站。淞沪铁路的头三站：沪宁车站（老北站）、天通庵、江湾镇，全属民国江湾镇治下范围。

太平天国时期，有一支颜氏家族从厦门来沪追随美国圣公会牧师，兄弟中有一支迁来江湾开教，第二代就出生在江湾，其中最有名的就是中国近代最重要的医学教育家：颜福庆（1882—1970）。而颜福庆的大伯，也是这支来沪颜氏的领袖颜永京（1839—1898），是美国圣公会在沪三大华人家族之一，他的子女中既有曾任北洋政府代总理、外交总长的颜惠庆（1877—1950），也有中国的铁路名家颜德庆（1878—1942），他们还有个表弟，是清华史上功勋校长之一曹云祥（1881—1937）。三大华人家族中另一支是吴虹玉（1834—

1919)，与颜永京家三代姻亲，是福庆的亲舅舅，他曾参加过美国南
北战争，并在江湾建了圣公会保罗堂，还在虹口港岸边建了一所同仁
医院，后来成为圣约翰大学医学院的实习医院，颜福庆就在舅舅创办
的医院里实习过。

　　另一位来到江湾大展宏图的人物，是 1880 年代的上海首富叶澄
衷 (1840—1899) 的四子叶贻铨。因为清末时上海跑马厅（今人民
公园位置）不让华人成为永久会员，叶四公子愤而筹划自办华界跑
马厅，来到了租界以北的江湾。他沿着走马塘向东，经保宁寺出江湾
镇，沿河穿淞沪铁路，经景德观，再过小吉浦以东，最终圈下袁长河
两岸占地约 1 215 亩的土地。据说叶公子看地时，同时请了上海知县
坐着蓝呢大轿，到现场监督圈地，自己当场向农民付款，立刻打上木
桩，堪称高效。"万国体育会"跑马厅建成后，叶公子又在体育会大
门修了一条直通铁路江湾站的马路，命名为"体育会路"。1929 年，

奉安碑与劳动大学（右）

为纪念民国十四年逝世的孙中山先生，特别市政府把"体育会路"改名为"纪念路"，并在路尽头树起了一座"孙总理奉安纪念碑"。奉安纪念碑与跑马厅多数建筑都毁于之后日寇的炮火中，仅剩纪念路记录着往日的沧桑。

初建的江湾跑马厅一如叶公子的期望，非常火爆；但进入民国后，租界的跑马开放了华人会员资格，江湾厅就不如之前那么火热了，不过情况似乎还不是最糟。直到"一·二八"以后，跑马厅部分被毁，生意才渐渐支撑不住。叶贻铨与颜福庆因圣约翰校友身份而相熟，30 年代的颜大夫正积极筹建上海医学院和实习医院，叶家慷慨地捐出了跑马厅袁长河以北的一处娱乐场"夜花园"，交给颜福庆办实习医院；医院也以叶贻铨之父的名字，被命名为澄衷疗养院，叶氏这一善举，同犹太商人嘉道理（Elly Kadoorie，同样是捐予上医）一同获当时的教育部褒扬。1934 年 5 月 31 日，流亡于沪的爱国宗教领袖九世班禅额尔德尼曲吉尼玛，受颜福庆之邀前来参观落成不久的疗养院与叶家花园。地主颜福庆在花园宴请了班禅与同行的大居士赵恒惕、屈映光、冯仰山等人。

学府

江南对文教之化的看重，历来是有目共睹的，而江湾之地似乎更有其突出的成就。江苏省早在晚清就成立多个本地教育团体，在废除科举之后合并出一个对日后影响深远的新式教育联合体：江苏教育总会，在这一风潮下，当时犹属江苏省的江湾，新式学堂如雨后春笋一般涌现。而淞沪铁路的加入，更是加速了新式高等院校在此地的集中。从民国建立直至抗战前，在江湾到吴淞这一线上，形成了一片近代上海初高等学校林立的"大学城"；除了复旦 1905 年创校吴淞及 1922 年迁来江湾，其余如吴淞的中国公学、同济大学，乃至日后的上医，以及江湾的劳动大学、立达学园等著名学府，得以办校于此，就是因为淞沪铁路贯通，交通便利以后的缘故。

复旦大学选址江湾，不仅考虑了两公里外的江湾火车站，同时也兼顾了当时江湾周边的形胜，这其中，江湾水道又是最关键的。可以想象，1918 年李登辉校长来江湾勘查办校地块，坐着淞沪铁路来到江湾站，下车沿走马塘东行，至景德观而南转"体育会路"，彼时还没有改名"纪念路"，这条路能直达跑马厅正门。再沿跑马厅外缘东南行，就看到了临近翔殷路（今邯郸路）边的虬江水道在这里的分水，一支向北弯曲后东向为虬江主航道，今天为复旦本部校区的北缘，《江湾里志》里这段河道有个名字叫"宋家港"。另一支向东南方向行走后，再拐一个弧线向东北方向，在殷行镇重新与虬江汇合，共同在日后的沪江大学北侧，注入黄浦江，这支先东南后东北走向的河流，就是出江湾镇后的虬江支流，今名东走马塘。两河围城的流域，即为旧江下游流域，李登辉仔细勘察了旧江下游这块大沙洪的分水半岛型土地，认为是建校办学的优良之所，把复旦的新校园奠基于此。

他请来了自己在耶鲁的同届毕业的同学茂飞（亨利·基拉姆·墨菲，Henry Killam Murphy，1877—1954），为这所新学校设计校园，墨菲选择美国名校弗吉尼亚大学校园为蓝本，吸取了之前在长沙雅礼、北京清华的设计经验，为复旦勾勒了一幅傍河而立的蓝图。校园西北面建筑如奕柱堂、简公堂、男生宿舍楼临虬江故道，南侧校门亦在水道转弯处，建筑群的中间是中央大草坪。1931 年，为纪念李登辉校长已故的夫人汤佩琳女士而命名的学校卫生院"佩琳院"，也坐落于水道西南岸；燕园中的池塘，亦为来自走马塘的活水。今天复旦大学相辉堂草坪周围，即是当年墨菲的布局，被江湾的源泉虬江水道所包绕，受江湾水土英灵的庇护。茂飞时代设计建造的建筑在两次淞沪抗战时都被战火毁坏，自 20 世纪五六十年代起复旦校园格局，是老校长陈望道先生（1891—1977）主持校务时重新布局的。但自 2018 年起，茂飞设计、日后陆续建设的环相辉堂"复旦源"建筑群陆续修缮一新，可能未来的某天复旦身后的虬江故道也会露出水面，重回早年江湾水乡的风貌。

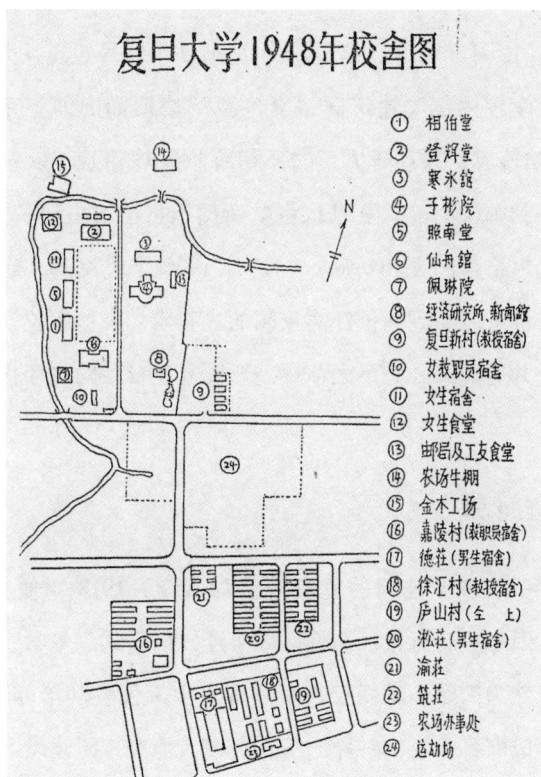

《复旦大学志》中收入 1948 年校园图，西侧明显可见吴淞江故道流经校园

世界上众多知名高等学府，大都傍着水，剑桥大学、哈佛大学都有流水穿过校园，李登辉、颜福庆二位校长的母校耶鲁大学，也是在河边不远。流动的水，能够平静人的心境，眼光放得更远，这是流水之于江南学府的最好的馈赠；位于江湾之滨的复旦，亲承江湾之水滋养历经百年，是时候让源头之流奔流于地面。

第二节　设计复旦[8]

2021 年 12 月 30 日投用运营的上海地铁十八号线复旦大学站，伴随着复旦大学校内茂飞建筑群"复旦源"修旧如旧即将完成，这片自 1922 年初落成、并日渐更新的环相辉堂草坪建筑，以一种全新的方式重新回到师生面前。复旦也将重新拥抱自己的古典校园的空间，与东侧现代风格校园交相辉映。在这片 1920 年代奠基、建设的老校园之中，仿佛可以看到两位江湾校园的先行者：李登辉校长与茂飞这对老同学，并肩而来，驻足大草坪，要看复旦日后的高楼拔起，后生可期。

同学设计师

1917 年，尚在李公祠的复旦升格为大学，1918 年便相地江湾，以图办学，因之成为近代江湾地区最早迁入的新式高等学堂。初来乍到，一切皆殊为简陋；时任校长李登辉先生不仅教学培养看齐美国，想把复旦办成耶鲁、哈佛一样的美式名校，他在校园建设上也颇有自己的想法。早期中国新式学校，不存在特别的自主的校园风格，十九世纪晚期的京师、北洋、山西诸大学堂最先都是衙门里办学；更早初创的教会大学也常常寄居在原有的建筑物中，如草创于吴淞江梵王渡畔滩涂的圣约翰，天文台裙楼里诞生的震旦，苏州的宫巷里走出的博习书院（即日后的东吴大学），复旦也经历过衙门与祠堂办学的经历。即便到 1920 年代初叶，精心设计的高校校园仍屈指可数，这对每一位尝试改变的校长都是不小的挑战。校园的意义不在于建筑物可以遮风避雨，以供师生聚首、济济一堂，还有现代教育空间的塑造与认同建构的意义；新兴的中国大学，同样迫切需要整体的空间重构。大约在北洋教育改制的 1917 年前后，南北中国的新式学堂，开始寻求自己校园与建筑的塑造，虽然大多都不甚成功，如北京大学（今沙滩）著名的红楼，便是此时落成，不过因为汉花园一带地皮紧张，主楼之外别无校园可拓展，最终老北大也没有形成一个现代意义的校园。[9]

也正是此时，一位对日后中国学校建筑影响极大的美国设计师，把业务拓展到中国，不仅给李登辉校长带去了复旦校园的设计方案，还使得当时的中国新式学堂开启了全新的时代。这位设计师名叫亨利·基拉姆·墨菲，后因其在中国业务频繁，为自己定了一个中文名字：茂飞。

学界对茂飞的研究，自郭伟杰（Jeffrey W. Cody）1989 年康奈尔大学的博士论文 *Henry*

茂飞

K. Murphy: An American architect in China 1914-1935，1989（其后专著以 *Building in China: Henry K. Murphy's adaptive architecture*，*1914-1935* 于 2001 年出版，新近译为《筑业中国》，文化发展出版社，2022）以来，相关成果颇丰，尤其在继承茂飞所设计校园的高校中，相关校史、建筑史的研究甚夥。茂飞最重要的校园杰作、当今中国最重要的高等学府：清华与北大（即民国燕大旧址）的校园建筑研究，便多有围绕茂飞设计所展开。而其在华最早设计的作品雅礼大学（今湘雅医院、医学院），以及被誉为茂飞最佳作品的金陵女大（今南京师大随园校区）的相关研究，同样丰富。其所设计的沪江大学建筑不仅有专文的研究，沪江旧址即今上海理工大学校园内，还塑有茂飞的全身像。不过总体来说，茂飞及其作品在今天的文化叙事中的知名度仍旧有限。而且，相比茂飞大部分的作品尚存之天地、仍不被世人所熟知的现实，那件在战争中被摧毁的茂飞作品，则尤其值得标出，就是位于民国江湾的复旦大学校园。

复旦大学虽不是茂飞最早设计的校园项目，但却是他设计过的建校最早、同时也是教会色彩最淡的一所学校。甚至，连茂飞也自言，其与复旦之间有着不一样的因缘。1918 年 1 月，李登辉校长亲赴家乡南洋新加坡、爪哇等地，向当地华侨募捐，随身携带《扩充高等教育请愿书》，号召"富而好义之君子"捐资兴学，使"莘莘学子获益"，"国民程度增高"，"国际地位亦随之提高"。[10]当时南洋地区的华人族群多热衷捐款办学，半年间即筹得资金折合银 15 万元。而后，李登辉校长将目光转向国内，起初备受冷遇，后经由校董唐绍仪（1862—1938）介绍，获得南洋烟草公司简照南、简玉阶兄弟、中南银行黄奕住捐款共计 10 万余元，并陆续投入校园建设。彼时走马塘此处分水，还是一片荒野，丛冢累累，极尽荒凉，时人以为蒿莱之地。章益在《追慕腾飞夫子》一文中提及当时的江湾校舍："其时上海市区与江湾之间，公路未辟，惟恃淞沪铁路通至江湾镇，再乘独轮手推车行半小时许，始达校地。"[11]而李登辉校长力排众议，经营不懈，最终才有今日之规模。

李登辉南洋募款的经费中，似乎就包含了茂飞的校园设计费，因为1918年的夏天，茂飞从长沙视察雅礼大学（今湘雅医学院）项目现场，来到上海，很快便与李校长敲定了复旦的校园建筑项目。郭伟杰在《筑业中国》一书中用茂飞档案及当时中西报章记载，发现茂飞与复旦结缘颇为偶然与迅疾。

刚到上海的茂飞，租住了今外滩有利大厦顶层作为办公室，顺便接受了英文报纸 *Shanghai Gazette*（《上海新报》）的采访，而正是这次采访，成功吸引多方关注。首先吸引了美国前驻沪总领事查尔斯·邓迪，邓迪又将其介绍给时任总领事铂金斯，铂金斯便安排茂飞与李登辉校长见面。另一方面，复旦在没有中间人的情况下，管理层中也通过新报采访，找到茂飞，希望其参与校园设计。更有趣的是，茂飞在与李校长见面后发现，二人不仅同为耶鲁的毕业生，而且是1899年同届的同学，不过二人在纽黑文时并不认识，二十年后才在大洋彼岸的江湾见上了面。茂飞档案中记载了他来江湾见李登辉：李博士邀请我同庶务长叶秉孚一道参观了江湾基址，我也简单介绍了自己在东亚其他的大学校园项目，李校长当即表示把复旦新校园的设计交给我。[12]

由于复旦当时所在校舍——徐家汇李公祠为中国传统建筑的风格，李校长、叶庶务长一致认为，新校园建筑也应该是中国传统形制的，又必须满足防火的要求，需要用钢筋混凝土建材，茂飞也欣然认

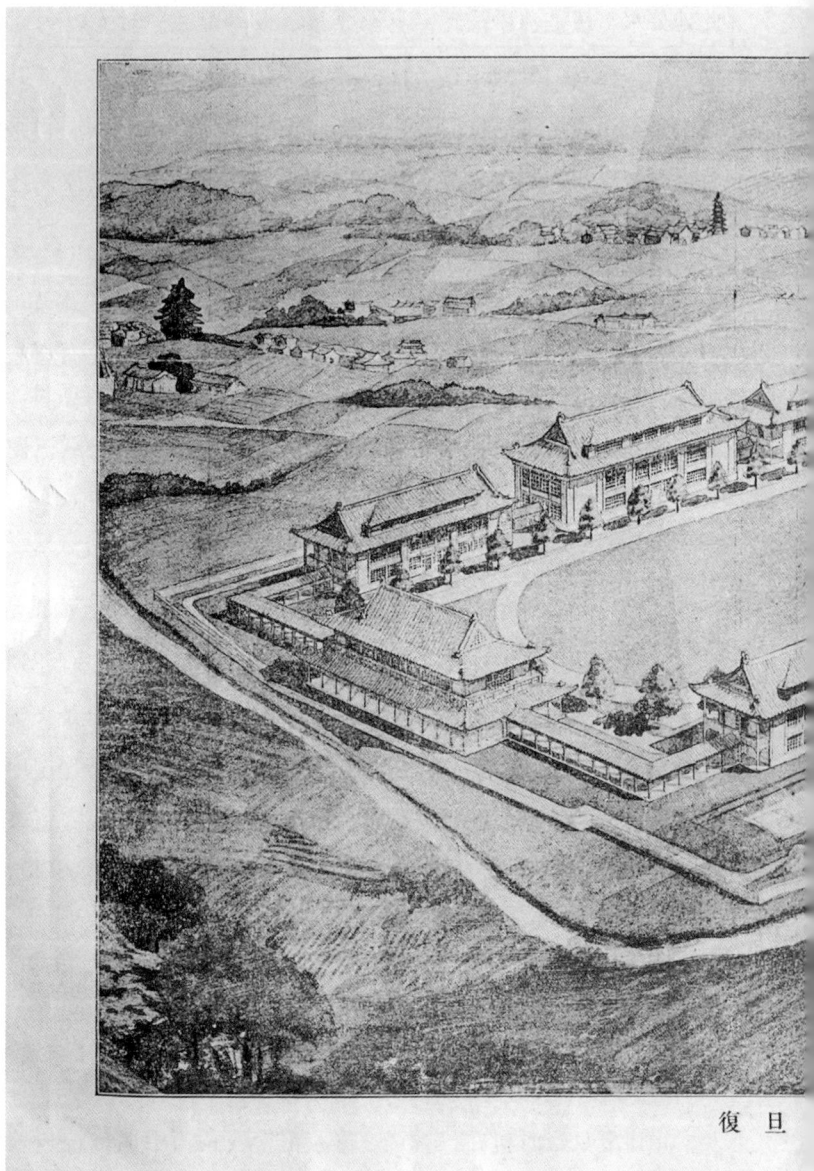

復 旦

茂飞绘制复旦大学校园设计图，载 1919 年《复旦校刊》，今存于复旦大学档案馆

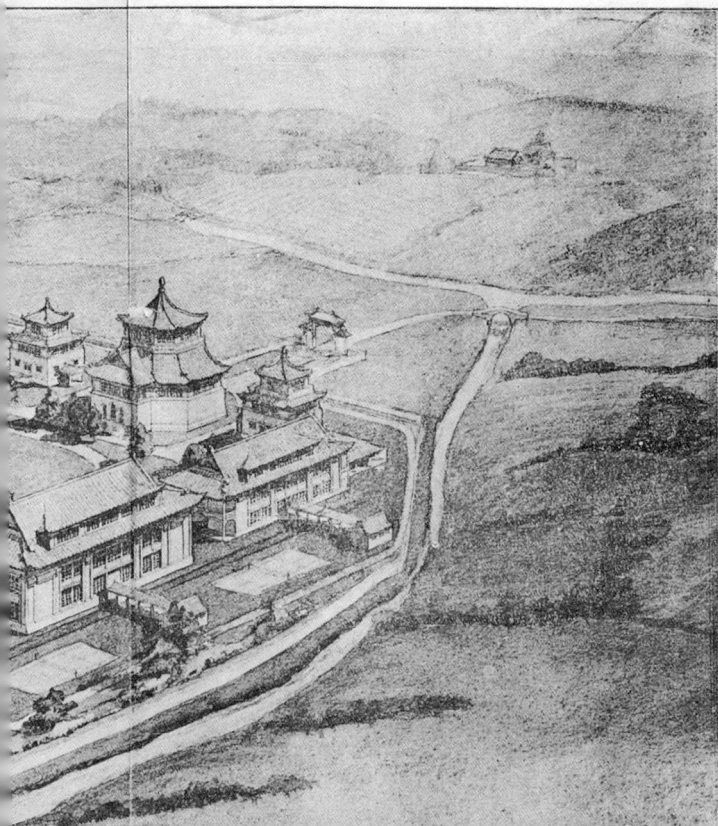

FVH TAN VNIVERSITY
SHANGHAI　　　CHINA
·MVRPHY & DANA · ARCHITECTS ·
· NEW YORK　·　SHANGHAI ·

全　景

同。茂飞在复旦这片基址虽然没有看到山峦河湖的景致（Lack of "picturesqueness"），但鉴于基址平整，完全可以在此建起一众环绕式的"大方院"建筑群，中轴顶端便是八角形的大礼堂，被设在了校门边上，那将是一座气势非常恢宏的校园。茂飞这段关于复旦校园项目的记载，出自自己致搭档丹纳的信中。茂飞为复旦校园的设计图纸，现在存有一版，与茂飞信中幻想的基本一致，整个校园建筑围绕着中心草坪，八角形礼堂设置在一端。这张图的方位解读历来不准确，其实从大礼堂与校园边上河流的走向来看，图右上方为南面，右上方河流分叉即为虬江主航道在这里分水，而江湾复旦校园就在这处分水的西北侧，李登辉募款所得七十亩地便是这片水边泽国。

限于文献，关于复旦校园建设进程的历史记载存世甚少，我们只知道 1918 年定下茂飞设计复旦校园，1920 年 2 月便有一版设计图；

设计图中轴线南立面礼堂及辅助建筑

1920 年 12 月 18 日，复旦在新购土地上举行新校园奠基仪式，近千人前来观礼。二年后的 1922 年春，校园正式落成，复旦大学部的师生正式迁入新校园。我们还知道，初迁江湾的复旦因为囊中羞涩，并没有遵循茂飞设计的图纸建齐校园建筑，今天存世复旦校园相辉堂草坪周边建筑群风格，与之并不一致。

学者发现《复旦年刊（1919）》所附茂飞部分设计图，所附制图时间为 1920 年 2 月。图中三幢建筑分别是中间的礼堂与两边的青年会与藏书室，但没说明位置及落成情况（陈以爱《动员的力量：上海学潮的起源》）。对照全图便可知，此图正是轴线南段大礼堂及辅楼。可惜此处建筑群基本没有照茂飞计划完工。

图纸与现实

纵观茂飞在中国及东亚设计的校园建筑群，大多秉持相对一致的风格，其主要的设计范式源自美国历史悠久的名校——弗吉尼亚大学校园。弗吉尼亚大学（University of Virginia）创建于 1819 年，校园位于美国弗吉尼亚州中部的夏洛茨维尔（Charlattesville）市，是美国历史上首个独立于教会的高校；这所伟大学校的创始人，是同样在历史上扬名的美国第三任总统托马斯·杰斐逊（Thomas Jefferson）。杰斐逊不仅是一位优秀的政治家与教育家，同时他对大学校园建筑设计，颇有开创之功，曾亲自设计不少教学和办公大楼，并将他的办学理念融入学校建筑设计当中，体现了杰斐逊作为校长的办学理念，建筑界由此以大学创始人兼建筑师的名字，命名了一个流派"Jeffersonian Architecture（杰弗逊派）"[13]。

杰斐逊派校园的特点是校园由三面建筑围合、中央开敞式矩形草坪而构成，一条短边处配置校园的核心建筑，多为图书馆或礼堂；其他建筑沿两个长边有序展开，形成中轴对称的空间；草坪的另一短边多开敞。这一布局特点下，短边上的校园核心建筑变得非常重要，比如弗吉尼亚大学标志性的圆形大厅（Rotunda），或是清华大学的大礼堂，以及复旦那幢没造成的八角形大礼堂。茂飞开始介入复旦新校园的设计，从规划结构上看，具有比较明显的大方院式规划的特点，建筑群围绕着方院面向四周布置。

同时，早在 1914 年茂飞相继承接雅礼与清华项目后，他曾参观了北京紫禁城，并留下了深刻的印象，茂飞曾盛赞紫禁城是全世界最好的建筑群，因之提出了他独创的"适应性建筑"（Adaptive Architecture）的理论：将传统古建风格融入现代建筑，并在其后长达二十余年的中国建筑生涯中得到了充分实践。[14]茂飞"适应性建筑"理论的核心出自其个人对中国建筑风格及整体布局的理解，将其运用到所设计的大学校园建筑外观立面以及建筑群之中。从今天的研究来看，茂飞本人非常崇尚中国传统建筑中的飞檐斗拱元素，其所选取的中式风格建筑，施以钢筋混凝土建材，使得现代西式校园与中国古典建筑，尤其是宫殿布局间，产生质变，逐渐成为民国时期中国大学校园的主流建筑风格。

早期复旦本有机会成为这一中西合璧式的校园，但因为私立大学经费紧张，茂飞的大部分设想并没有实现。从校志记载，复旦校园正式开工于 1920 年冬，一年多的时间里，仅建成教室、办公室和宿舍共三幢大楼，即为复旦江湾校园最早的建筑"三大件"。此后，学校便正式迁往今址，开始办学了。校园中心为大草坪，中央轴线最南端，是当年校园的核心建筑奕住堂；轴线最北端，早期是男生宿舍。而轴线西侧，有校园里最恢宏的建筑简公堂。中央草坪四周，在茂飞设计之后的十年间，又增添过不少新建筑，但总体还算稍许遵循茂飞方院式校园的设计初衷。

前述李校长1918年下南洋募款最后只够江湾地皮的经费，或许还部分包含了茂飞的设计预算，但建筑经费肯定是不够的。所以复旦虽然早就谈妥了设计方案，但施工一直拖到1920年冬天。这时复旦的校董们各显神通，尤其在沪做寓公的民国第一任总理唐绍仪，在其中发挥了重要的作用，他拉来了建筑复旦最早的"三件套"的大部分赞助。其中原本的大礼堂位置建起了校办公大楼，以赞助人黄奕住的名字命名为"奕住堂"。荷属东印度糖王、著名银行家黄奕住（Oei It Tjoe，1868—1945），福建南安人，曾是南洋首富。1920年，功成名就的黄奕住因念侨民苦于异国苛法，而思为故

早期奕住堂

乡图强，遂前往上海，与史量才等共商于上海建中南银行，次年建成。也就是这个时间点，唐绍仪为李登辉介绍了黄奕住，并向其化缘建校舍，黄氏欣然答应，并在之后很长时间里都担任着复旦校董事会成员。起初，奕住堂是用作校办公大楼，八年后的1929年，奕住堂添建两翼。后来，为纪念前教务长薛仙舟（1878—1927），改名仙舟图书馆。在抗战中，奕住堂东侧屋顶被日军的炮弹掀去一角，战后修复，新中国成立后一度是复旦大学的图书馆，后长期作为校史馆。

糖王、银行家黄奕住因来沪开办中南银行，及其与史量才、唐绍仪的交谊而与复旦结缘，其早年出身贫寒，下南洋后因经营制糖业而成为东南亚首富。五十岁后他荣归故里，定居鼓浪屿上；鼓浪屿上最为景致典雅的别墅，便是黄奕住修建的"黄氏花园"。晚年的黄奕住，除了创办银行、扶助华侨工商业实业外，还积极投身教育慈善之中；除复旦奕住堂外，还为厦门同文书院、厦门大学及各种乡学小学捐资甚夥，深得八闽士绅的敬重。

黄氏家族与复旦的因缘

黄奕住与复旦的因缘，并没有因为捐助过草创时的校园而完结；在他故去的解放后，他的后代又间接地与复旦产生联系。黄老先生的千金黄萱先生（1910—2001），于50年代起，成为时任广州中山大学教授陈寅恪先生的助手。陈先生彼时已双目失明，黄萱为陈先生晚年著作的撰写与整理立下首功，这段历史，经陆键东的《陈寅恪的最后20年》一书披露，而为大家所熟知。[15]陈先生曾极力赞赏黄萱先生的"门风家学之优美"，黄先生也为陈先生晚年最重要的知音。有人说过，陈先生晚年能得到黄萱这样的助手，可以视作枯木逢春、有幸三生，这是对黄先生最高的褒奖。

陈寅恪先生早年曾就读吴淞复旦公学，是早期复旦引以骄傲的校友。陈先生晚年有两位最忠诚的助手、弟子，黄萱先生外，便是受之性命之托的复旦大学中文系教授蒋天枢先生（1903—1988，字秉南，江苏丰县人）。蒋先生毕业于清华研究院，是王国维与陈寅恪先生的弟子。蒋天枢先生最为人称道的，是他在晚年放弃了自己在研究方面的发展与著作的整理，转而全力搜集、整理和编辑恩师陈寅恪的著作。蒋先生于"文革"前两次南下广州面见老师陈寅恪先生，在政治气氛极其紧张的年代，取来陈先生亲定的手稿加以保存，并于70年代末，倾其全力整理出版《陈寅恪文集》，嘉惠学界，为世之学人敬重。蒋先生在编辑完陈先生的全集之后，还搜罗陈先生生平事迹编成《陈寅恪先生编年事辑》，首先向80年代的国人，讲述一位曾经瞩目的大师不平凡的一生。在《陈寅恪先生编年事辑》一书中[16]，蒋先生曾录黄萱来信，以证先生学术。"文革"过后蒋先生与黄萱先生有过不少交流。而上海古籍出版社要出版陈先生的文集时，黄萱先生亦不辞劳疾，两次抱病来沪，为遗文补充材料。作为曾建捐助过老复旦的恩人之后，黄萱先生与来自复旦的学人，并陈寅恪先生一道，共同守护了中国旧式文人的诺言与尊严，这是吾国文化中最为悲怆与坚忍的一笔，也是如今复旦人最重要的财富之一。

在中央草坪的西北侧为简公堂，曾经是复旦校园中最大的单体建筑，造型立面基本按照茂飞的设计，拥有宫殿式的大屋顶，飞檐鸱吻，金碧辉煌。简公堂的捐资者，是近代沪上知名企业家、南洋烟草公司的简照南、简玉阶兄弟。简氏兄弟祖籍广东佛山，于虹口创办的南洋兄弟烟草公司，在内挤外压的经营环境中，成为当时唯一可以与英美烟草公司相抗衡的民族卷烟企业。简公堂落成作为当时的教学楼，虽经战争损毁后又修复，其功能一直保留到解放后。

早期简公堂

黄奕住与简氏兄弟大约共捐十万元，与奕住堂、简公堂同时落成的第三幢建筑为学生宿舍，由于当时复旦只招男生，为区别五年后为新招女生而建的宿舍，第一代学生宿舍多被冠以第一宿舍或男生宿舍之名。

复旦 1930 代中央草坪外观

中央草坪东侧建筑因为经费问题，不仅落成较晚，且基本放弃了茂飞当年的设计方案。1925 年，复旦得到著名实业家、广东潮阳人郭子彬五万元捐助，建起了子彬院。郭子彬的堂侄郭任远，为复旦当时的代理校长，著名的心理学家；堂叔顺便还捐资襄助侄儿，为复旦开办了心理学院。子彬院建筑为典型乡村别墅式风格建筑，与当年中央草坪周边的仿中式建筑风格，略有不同；建筑的选位与朝向，亦偏移茂飞设计的轴线。至 1927 年，复旦打破传统，开始招收女生；荷属东印度商人陈性初（1871—1939）捐白银二万两，兴建复旦大学的女生宿舍，这座女生宿舍为二层中式风格建筑，位于中央草坪东侧，被当时复旦人亲切地称为"东宫"。9月，包括严幼韵、李韵蔼等百余位女生入住这里。学校为东宫专设女生指导，管理女生生活与学业，民国知名的毛彦文留美归国后一度来此任职；也正是在东宫里的大厅，民国前总理熊希龄亲自来此向毛氏表白，一度震动复旦，最终熊总理如愿娶得美人归。

"东宫"女生宿舍

大约在"一·二八"淞沪战役之前，复旦中心草坪西侧、简公堂南北及第一宿舍以西，陆续添置三幢新楼（即后来100、300、500号楼），而在500号楼以北，还曾建有体育馆。民国复旦校园建筑群最后一幢知名建筑，为校园西南角的卫生院。当时，李登辉校长的夫人汤佩琳去世，新建卫生院便被命名为佩琳院，时在1931年6月，半年后沪上战事骤起，复旦校园遭受灭顶之灾。近代两次淞沪抗战都从上海东北角发起，复旦成为重灾区，茂飞时代设计的整体校园悉数遭毁，这也是日后茂飞在中国诸多校园设计中，唯少无法再睹真容的作品。当时的第一宿舍、第二宿舍、体育馆等建筑，在战火中受损严重。"八一三"淞沪抗战后的1937年10月，日军占领复旦校园，简公堂复遭炮火击毁，砖瓦横梁，散落满地。汪伪政府后在此办学，曾对劫后的若干建筑，做过一定修缮，有些甚至沿用到21世纪，但已不复茂飞设计旧观。

茂飞时代设计的复旦校园中轴线的最北段，原来放置的是第一宿舍。这栋复旦校园最早"三大件"之一建筑，在毁于日寇战火前，没有留下太多记载。复校后的1947年，时任复旦校长章益，向各地校友募集了三十余两黄金，献给为复旦倾其所有

毛彦文、熊希龄结婚照

毛彦文（1898—1999），浙江江山人，1929年赴美国密歇根大学攻读教育行政与社会学，获教育学硕士学位。回国后曾在暨南大学任教，后任复旦女生指导，1935年2月9日与熊希龄结婚后辞去大学教职，开展慈善事业。毛彦文回忆录《往事》载1934年10月的一天下午："秉公（熊字秉三）果然来复旦女生宿舍会客室，这使我非常地窘，因为女学生看了这样一位男客，一定会引起注意及好奇心。秉公去后，我即急急打电话给朱曦（毛彦文同学，熊希龄外甥女），请她转告秉公勿再来复旦。她说姑父不去复旦可以，但你必须来我家。"

的恩师李登辉，作为颐养金，后经协商，决定扩大募捐，用这笔钱在这里修建了登辉堂。1980年代，为纪念复旦创校两位功勋校长：马相伯与李登辉，改名为相辉堂。全建筑为中式礼堂建筑，屡经翻修，伫立在当年茂飞轴线正北面，今天已然成为复旦人共同的精神家园。不过，设计师茂飞则久已为人忘记。

茂飞的建筑世界

作为中国大学"最熟悉的陌生人"，茂飞之于中国近代教育史的意义似乎仍被低估；他经手设计的大学校园，不仅大多依然仍在使用，且足够组成今天中国大学群的大半壁江山。茂飞于 1877 年出生于美国康涅狄格州，中学就读于纽黑文著名的私立学校霍普金斯语法学校（Hopkins Grammar School），1895 年进入耶鲁大学攻读艺术（耶鲁当时尚未有建筑专业，直到 1913 年才成立建筑系），1899 年毕业。不久，茂飞和他的搭档丹纳在纽约开设了属于自己的建筑师事务所：Murphy & Dana, Architect（茂飞和丹纳建筑事务所）。一开始，这对年轻人主要承接些本地中产客户的住宅设计，后逐步转向教育类建筑。也就在茂飞转型后的 1913 年，茂飞和他的团队被中国雅礼会（Yale-in-China Committee）选中，作为湖南雅礼大学的设计师，并由此翻开了茂飞在近代中国建筑活动的崭新一页。

"雅礼会"为当时耶鲁的一个学生组织，于 1901 年耶鲁大学建校 200 周年之际创立。"雅礼"一词，既是耶鲁英文校名 YALE 的音译，又取《论语·述而篇》"子所雅言，《诗》《书》执礼"之义。雅礼会以教育事业为抓手，远赴中国同清政府合作；其在中国的事业初始于长沙。1905 年夏天，年仅 29 岁的美国医师 Edward Hume（中文名字"胡美"，1876—1967）受雅礼会之邀，携妻抱子从美国来到遥远的长沙，建立了湖南省第一所西医院：雅礼医院。当然之后更为出名的，就是胡美与他的同会搭档、中国近代伟大的医学教育家、上医创始人颜福庆，一同创建的湘雅医院及医学院，这也被视为雅礼会在华最杰出的作品。长沙麻园岭湘雅肇始，便邀请年轻的茂飞设计雅礼大学及医院建筑，并一举获得大家认可。1914 年 5 月下旬，茂飞带着他的雅礼大学设计图，从日本途经上海，辗转来到长沙，这也是他第一次来到中国。7 月，茂飞由长沙乘火车抵达北京，应另一位耶鲁学弟周诒春的邀请，承接了清华学校的校园建设。

1918 年 7 月，茂飞和丹纳决定在中国建立分公司"茂旦洋行"，前后成功接下了十数座校园设计的大单，比如圣玛丽女中（今长宁来福士）、沪江大学（今上海理工大学）、美童公学（今上海七零四研究所）、福建协和大学（今废）、蕙兰中学（今浙江省杭州第二中学）、岭南大学（今广东中山大学）、岭南附中（今上海交大附中）等。当然，茂飞心中"最美校园"的作品，还得数南京金陵女子大学（今南京师范大学随园校区）。在金陵女大的设计中，他尝试用钢筋混凝土，仿制中式斗拱及立面，将校园建筑进行传统宫殿化设计。而茂飞设计的最后几座校园中，受司徒雷登之邀请而作的燕京校园（今北京大学燕园）应该是最让他费心的，前后数易其稿，延宕至五六年之久，而燕大仿中式院落的整体布局，及仿宫殿式的单体建筑，在手法上更趋成熟，建筑本身的功能、结构及室内设计，是当时最为先进的。这类设计的精神，体现了茂飞对中国建筑文明的全面接受与整合，已将中西建筑精髓完美地体现在近代中国高校建筑之中。1926年，燕京大学主要建筑基本完工，茂飞亲来北京，这也是他第六次来到中国，并首次在讲座和文章中公开提出其"适应性建筑"和"中国建筑的五大要素"等概念。同年，茂飞为广州岭南大学设计了三栋建筑，那也是其中国校园规划和建筑设计事业的句号了。

同时，茂飞可能是最早在吸纳中国籍员工的外国建筑事务所，从他麾下走出了多位中国第一代建筑师。1927 年南京国民政府成立，茂飞接受时任国民政府常务委员孙科（1891—1973）的邀请，与另一位美国建筑师古力治（Ernest P. Goodrich）一起，作为"国民政府顾问"，参与修订了南京《首都计划》。该项目团内之中活跃的中国第一代著名建筑师吕彦直、范文照、李锦沛、赵深、杨廷宝等人，就是在茂飞建筑事务所中的同事，可见茂飞对近代中国建筑行业的贡献与影响力。

余论：设计的延续

茂飞在 1935 年便因年龄原因回到美国，再也没有重回中国，他的名字也很快被国人淡忘；不过他留下的建筑理念与遗产，仍然无声无息地影响着中国的教育家对校园建设的决策。茂飞在华最早设计雅礼大学、即日后的麻园岭湘雅医学院建筑群时，那位雅礼会的中方负责人、同时也是其校友师弟，对茂飞的"适应性建筑"的设计颇为留心；直到他日后亲自主持新校舍的建设时，同样使用了这一中西融合的建筑风格，向自己参与创建的湘雅医学院致敬，他就是颜福庆。1936 年，颜福庆在枫林桥主持新上医与中山医院建筑群建设时，便充分吸收了茂飞的建筑风格，甚至 1956 年颜福庆再次主持上医西苑建筑群时，仍大量采用"适应性建筑"风格建设布局。

回到江湾复旦校园。经历了淞沪的战火后，复旦几乎所有旧有建筑都遭受到重大破坏。虽自汪伪时期占领复旦校园后，修缮工作一直没有停止，但成效不佳，尤其 1952 年院系调整之后，复旦办学规模扩大，更新校园的需求日益扩大。在时任校长陈望道先生主持下，复旦校园中轴线，自茂飞设计线东移三百余米，以今复旦大学邯郸校区正门为轴线，重新建设新复旦校园。校园中心为大草坪与雕像，环绕草坪东西依次为两座教学楼、生物楼、图书馆及化学楼，轴线最北端为物理楼单体建筑，宿舍与体育设施，则跨过当时国福路（今校园内段已废）继续向东发展。新复旦校园格局在复旦建校六十周年、1965 时基本完成，大部分建筑皆沿用至今，这一格局同样与茂飞设计中大方院式校园不谋而合。茂飞或许也想不到，自己来华后摸索的建筑风格，竟得到了每个时代教育家的青睐与认可。

第三节　江湾"大学城"

江湾一带因水陆交通便利、毗邻上海租界，及淞沪铁路建设、商务印书馆迁入等因缘，成为近代上海城市发展的重要区域，也在民国初年成就了近代中国新式教育的集中地。自 1922 年复旦大学迁校江湾起，民国上海大学、国立劳动大学、立达学园等校先后迁入，最终于淞沪铁路江湾站与虬江故道的十字沿线上，形成民国时期的江湾"大学城"。同时，由于江湾之于大上海城市的空间特征，20 世纪初期弥漫中国的左派革命浪潮，在江湾"大学城"也有典型的体现，其中尤以民国上大、国立劳大及复旦大学的师生最为显著。然而，又因江湾地处吴淞至上海市区的必经要道，此地绝大多数学校在 1930 年代时皆毁于"一·二八""八一三"两次淞沪战争中侵略者战火；"大学城"盛况不复被人记起。江湾是孕育百年复旦的重要空间，同时复旦也不是这里唯一的成果。讨论江湾复旦的因缘，也有必要略论这片曾经的中国近代教育热土。

复旦初至的前后

自复旦大学 1922 年正式迁来江湾之后，江湾倏忽之间成为近代教育的热土。这里先后迁入、创办的大专院校有上海大学、国立劳动大学、文治大学、立达学园、中国公学、持志大学、国立上海商学院、两江女子体育专科学校、东亚体育专科学校等等，江湾最终在十余年间形成了独特的民国"大学城"风景。20 世纪初期的中国，革命浪潮风起云涌，在现代学校与教育的熏陶下，投身各类爱国救亡运动的莘莘学子自然大有人在。尤其在沪北华界的江湾一带，历来便是左翼文化运动的渊薮，地处江湾的高校也成了各类新思想、新文化的拂煦之地。江湾一带的民国大学史是重新认识复旦的成长史有着重要的借鉴视角。民国"大学城"的提法似仅潘真在《上海最早的"大学城"》一文中提及吴淞大学城[17]，无疑江湾的大学的聚集效应远胜吴淞，本节便历数江湾复旦时期的学堂"邻里"及其不同的境遇。

复旦的大学部迁入江湾后，在此迎来了飞速发展。1922 年，复旦大学大学部学生第一学期为 316 人，1925 年增至 790 人，到抗战前夕的 1935 年已达 1 550 人。短短十余年间扩充 5 倍[18]。原有的建筑设施已然无法满足教学活动的需要，故复旦大学在 1923 年至 1935 年间持续购买土地扩建，经校董、师生的共同努力，陆续建造了第二至第五宿舍、女生宿舍、饭厅、体育馆、卫生院、土木实习工厂等，使校园从刚开始的七十余亩扩展到一百多亩，房屋十余栋。

在学科设置方面，此时的复旦创立了许多新学科，旨在培养社会亟须的专业人才。复旦大学历来重视国文教育，1922 年复旦文科设立经济学系，1925 年增设史学系，1929 年成立新闻学系、教育学系。任教老师包括我国当代著名翻译学家伍蠡甫、首译《共产党宣言》的陈望道、中国现代新闻教育事业的奠基者之一谢六逸等著名学者；

"外察社会之需材料，内应诸生之志学"，1923 年秋，复旦理科设立土木工程系，以培养从事公共交通、房屋、桥梁建设及市政规划的专业人才，理科也由此改为理工科。同年，心理学系成立，复旦留美毕业生郭任远来校执教，知名学者童弟周、冯德培、胡寄南、蒋天鹤等就是这一时期的毕业生；1929 年，复旦成立法学院，其前身则为1925 年设立的社会学科，辖有政治学系、市政学系、法律学系、社会学系等，以培养国家司法行政组织之专门人才。至 1937 年抗战开始前，复旦已经成为拥有文、理、商、法四个学院，17 个系的综合性大学。在教学方面，复旦大学始终注重培养学生独立研究、独立思考的能力，提倡"学术独立、思想自由，政罗教纲无牵绊"的学术氛围。正如 1925 年校刊序言中所写的一般，"复旦学生，信教自由、思想自由、言论自由、结社自由，人所共知也"。复旦大学又于 1924年开始实行学分制，鼓励学生在完成必修课程的同时，可以自由选课，以扩展知识面。与此同时，在教学过程中，复旦也同样注重实践，培养解决实际问题的能力。在低年级多开设专业相关课程，以夯实基础，在高年级则多开设实践课程，鼓励学生参与实习。如复旦大学新闻学系高年级学生主持校刊，由学校教授进行指导，学生轮流采访编辑。每学期安排校外参观和实习，由教授率领至报馆或通讯社，当场解说，使学生收获颇丰。由于基础知识扎实且实践能力较强，复旦大学的毕业生在社会上享有较高的声誉。

　　体育运动向来为复旦所重视。早在震旦时期，校长马相伯就规定学生必须参加军事训练，聘请法国军官为教练，学习近代军事理论，训练兵式体操，实地打靶，以提升身体素质。在迁址江湾后，体育运动更到达全盛期，时常与华东高校组织联赛，在排球、篮球、田径、游泳、国术等项目屡获佳绩。其中，游泳健将郭振恒在创下 200 米蛙泳全国纪录后，被选为 1936 年柏林奥运会代表队成员。复旦毕业生庸夫曾在回忆录中提及母校足球、篮球、网球运动的盛况："民十一，十二，大学部初迁江湾，为'三大将'全盛时代。三大将者，吴炎章、王振声、张锡恩三君也。三君均曾代表中华足球队二度出征澳洲，同时母校网球异军突起。篮球大王李大宸君，适于是时来校肄业。旋夺得'华东八大学'锦标而归，更以全队代表华东区参加在武昌举行之第三次全运会。"[19] 此外，复旦的文娱活动也是相当丰富的。在 1922 年《复旦年刊》中可见当时的复旦有许多社团组织，大致可分为地方性同乡会、兴趣小组、学术研讨组织、政治团体。其中，1920 年由校内摄影爱好者创办的摄影术研究会更是在 1931 年 5 月创办《复旦摄影年鉴》，以刊登会友所拍摄的照片，在旁边配上摄影者信息、取景说明和意象解读，摄影水平较高，兼具阅读性和观赏性。

江湾时期的私立复旦大学也多有关注政治、谈论政治的风气，爱国氛围浓厚。自马相伯创校以来，复旦就有学生自治的传统，重视演讲能力的培养。在大学部迁至江湾后，校长李登辉更是裁撤了校内学监等职，期望学生发扬自治的精神，自己起草章程，选举职员。这使得复旦的学生统筹和组织能力较强；复旦是私立学校，相对于公立学校受政府管辖而避免谈论政治，教会学校不愿卷入政治风波，复旦的学生能够在校内自由讨论政治问题；早期校友和教员中多革命党人，如邵力子、胡汉民、陈望道等，在日常教学的过程中，对学生进行政治启蒙。因此，复旦学生在多次反帝救国活动中，始终站在斗争前列。校友龚云章对母校曾作出以下评价："复旦为先天富有革命精神的学府，对于政治活动，素居领导地位，当时校内有学生自治会之组织，实不啻为日后学生现身于政治舞台之极好训练场所。"[20]强调了校内自治会等组织对于学生参与政治活动的引领作用，在 1932 年"一·二八"淞沪抗战期间，复旦义勇军 50 余名学生高举"复旦大学义勇军"旗帜，前往参战，一部分学生于闸北太阳庙担任通讯、救济、维持治安等工作，一部分学生与一五六旅士兵一起，奋战于吴淞炮台一线。[21]1935 年，北平学生发动的抗日救亡"一·二九"运动，次年春五百余名复旦学生结队前往上海政府请愿，甚至试图前去南京请愿，虽最终未成功，也引起举国声援。

左派学堂渊薮

中华民国成立后，时任教育部长蔡元培主持制定"壬子癸丑学制"，划分了初小、高小、中学、大学四个教育阶段，将学校体系做了相对完整的设计。为满足新时代的人才需求，上海各界人士创办高等教育的热情空前高涨，在 20 世纪的前三十年，各类高等院校如雨后春笋般纷纷创立，数量多达九十余所。早期上海的学校多集中于租界或老城厢一带，后为了摆脱租界当局对教育的控制，捍卫教育主权，办校选址通常在华界。江湾地区位于吴淞与上海市区之间，地价低廉，阡陌交通，幽静安宁，是研学与建校的理想之地。1927 年，上海市政府成立，江湾地区作为大上海计划的市中心区域，市立图书馆、博物馆的相继落成，进一步推动了上海高校选址江湾。

据地方志书载，民国元年（1912）一月，唐景崇、唐文治、伍廷芳等创办神州大学于江湾火车站旁，为境内第一所高等院校。然 1914 年，教育部视察时，发现该校办学敷衍且表载学生人数与视学面询人数相去悬殊，有意蒙混预科毕业期限，遂令改办法政专门学校，[22]严格意义上为先于复旦的江湾地区第一所新式学府；然其办学质量有限，且材料阙如，未能考其详情。

　　同时，二十世纪初期的中国，革命浪潮风起云涌，政局风云诡谲，新思潮的传入逐渐改变着人们的思维观念。诞生于中国内外交迫之际的知识分子毅然承担了兴学育才、救国救民的大任。而在西方学校体制下培养出来的学生，积极投身于各类爱国救亡运动，从学校走向社会，影响着政治、经济、文化、社会各个方面。江湾地区是近代上海高等学校的孕育之所，在沪北这片热土上，诞生了许多独具办学特色的新式学堂，尤其是高等院校，并分布在南北方向的淞沪铁路与翔殷路（今邯郸路）十字相交附近，江湾民国"大学城"应运而生。而"大学城"附近道路的命名也多与这些高等院校相关，以学校命名如民国上海大学前的"上大路"（今废）、国立劳动大学前的"劳大路"（今车站南路）、文治大学前的"文治路"（今存）、立达学园内的"立达路"（今复兴高级中学内），也有以教育家名字命名的，如纪念复旦校长李登辉夫妇的腾佩路（今废）。

　　自民国十一年（1922）复旦大学部迁址江湾后，民国十三年（1924），倪羲抱创建之文治大学从无锡迁往江湾火车站附近，并更名为文治学院，新校门口新筑"文治路"。这个地方可能是江湾办学最密集的校园空间，文治大学校址之后迁进多所新式学堂。文治大学的教师多为清末主张资产阶级民主革命、反对清政府统治的"南社"成员，"南社"发起人陈去病曾在校内任教，学生多受到爱国主义革命思想熏陶。[23]文治大学有两位校长，一位叫倪羲抱（？—1937），名中轸，字羲抱，号无斋，浙江上虞人。为同盟会会员、南社社员。1915年在上海创办国学昌明社，编辑发行《国学杂志》和《文星杂志》，是上海文治大学的创办者。另一位校长叫胡仁源（1883—
1942），字次珊，号仲毅，浙江吴兴人。1914—1916 年任北京大学校
长，是蔡元培的前任；1926 年还任北洋政府教育部总长，同年还接
替茅以升担任唐山交通大学校长，是位老资格的民国教育家。不过有
大佬压阵的文治大学没在江湾住得长久，一年后，由于校舍为北洋卢
永祥第十师十九旅借作司令部，文治大学又于同年 11 月迁至公共租
界戈登路口宜昌路十五号。[24]空出来的地方，一所女校——立群女校
于民国十四年（1925）春迁入，租用前文治大学原址为校舍，但同
年冬迁到市区曲阜路。次年，这里迎来了虬江国民学校，并一直办学
至今。[25]短短的文治路一带，还暂住过几所新学校，民国二十三年
（1934），中国公学新校长吴铁城一度把战后流落法租界的中国公学，
迁至江湾文治路。中国公学为反对日本政府取缔留学生之留日学生所
创办，最早在江湾南部的横浜桥，后新建校区于吴淞。中公"以谋造
成真国民之资格，真救时之人才"为己任，革命党人于右任、马君武
等曾在校内任教，学生多参与革命活动，胡适曾担任中国公学校
长。[26]而彼时中公已为末期，吴铁城希望借助上海特别市的力量复兴
中公，最终未果。[27]同时在这个位置，抗日战争结束后，原址在卢家
湾的东亚体育专科学校（约今南塘浜路上海老年大学附近）于民国
三十六年（1947）年迁址江湾文治路洋房中复学，后因该屋为市立
二十二区中心国民学校借用，再借江湾路两江女子中学一部分作为校
舍，院系调整后东亚体专并入华东师大。

　　江湾左派色彩浓重学校中最有代表性的是民国上海大学。1922
年春，王理堂于闸北青云路的弄堂中创办"东南高等专业师范学
校"，这正是著名进步学校上海大学的前身。[28]当时的学生来自全国各

地，多具革命思想，追求民族解放，立志于改造社会。王理堂籍学敛财，假借胡适、陈独秀之名办学，学生发现学校设施简陋、师资力量薄弱后，即爆发学潮，请于右任担任校长，改校名为上海大学。校长于右任早年是同盟会成员，参与反帝运动、辛亥革命，认为"爱国之政治家，必须相互结合以自厚其势力，庶可以与此黑暗势力相搏斗"[29]，故而支持学生参与政治活动、政党结社。国共两党政要受校长于右任邀请到校演讲，如李大钊、汪精卫、胡汉民、戴季陶等，演讲主题包括共产党、国民党的政治主张，社会问题，极具现实意义。与此同时，共产党人也多在上海大学担任要职；民国上海大学实为国共两党共同创办之政党干部培训学校。受到学校整体氛围的影响，在反帝爱国运动中，上大学子表现极为突出。

民国上海大学因创校弄堂，校址屡经迁徙，经历江湾范围内的青岛路（青云路）、中兴路，公共租界西摩路（陕西北路），南市方斜路，最终于1926年选定江湾上大路（约今奎照路一带）作未来办学的校园。[30]然当时的上海大学被国民党认为是"赤色大本营""共产巢穴"，因而在1927年"四一二"政变后不久，便被查封停办，军警进驻上海大学江湾新校舍，结束了其历史使命。江湾上大校园后改国立劳动大学农学院及附中之用。虽然仅存在5年，民国上海大学仍以其独特的文化氛围、优良的革命传统影响着一代又一代爱国青年，促进了马克思主义在中国的传播。

民国以来上海的游民问题渐为都市社会的顽疾，徐乾麟（1863—1952）等地方精英为了解决游民问题，募集资金兴建游民工厂与模范工厂，改造游民使其有一技之长，以便出厂后自谋生路。[31]1922年，游民工厂于淞沪铁路江湾站西侧正式开业。游民、模范二厂本为慈善机构，兼有互助的精神，但经营却非其长处。1925年，二厂南侧沿铁路处，迁入立达学园，校长匡互生（1891—1933），字人俊，湖南邵阳人，1919年夏毕业于北京高等师范学校，是五四运动主要组织者之一。运动结束后一度回到湖南长沙任教，后辗转任教上海中国公学和浙江上虞春晖中学，提倡教育改革。不久，他便与春晖时的同仁夏丐尊、丰子恺，来到上海创办"立达学社"。1925年春，匡互生在虹口老靶子路、近罗浮路口创办立达中学，很快并入多所学校后，再迁至小西门黄家阙路上的原上海艺专二院旧址。同年秋，匡互生于江湾模范工厂南首新建校舍，并附设农场，实施扩充计划，更名为立达学园[32]，增设农艺科和艺术专修科。1927年北伐军控制上海后，曾犹豫是否继续接办游民工厂，这时国民党内左派元老蔡元培、吴稚晖、易培基等谋划新创劳动大学；时任立达学园校长的匡互生也参与其间，并提出其校园以北的模范工厂旧址为办学地点，这与力图摆脱游民工厂与模范工厂的国民政府不谋而合，匡互生再次参与创办了国立劳动大学，成为筹备委员之一。劳动大学创立后，其正门口与淞沪铁路交叉的大路被命名为"劳大路"，即今车站南路。

匡互生办立达学园本就为教育改革做试验，学园开班前便集合了大量志同道合的教员，而诸多创始人多在上虞春晖中学等学堂做过教员，多年的教学经验使他们意识到现有的教育存在许多缺陷，校长大半不是出于教育的目的办学，教员多是受聘而来，无法实现自己在教育上的主张，而校董对于教育往往也是起到阻碍的作用。为追求自由的生活，实现内心的理想抱负，匡互生等人聚在一起创办了立达。在众多的民国学校中，立达学园实为一所特立独行的学校。立达的宗旨是"修养健全人格，实行互助生活，以改造社会，促进文化"[33]，在强调个人品质修养的同时，也指出立达学子在社会中的作用与责任。立达消除了官本位的陋习，没有校长，不设主任，而是设计了导师、教师、职员的新结构，由导师负责指导学生生活各项事宜，参与校园事务的决策，教师和职员都是由导师会聘任，教师的责任则是教授学生知识，职员则配合导师、教师处理行政事务。这一做法给予导师更多的自主权，与传统的组织架构相比，更为灵活民主，能够调动教职员工的积极性；在训育方面，立达学园注重人格感化，而不是采用简单的奖惩措施，"凡形式的奖惩，繁琐的规则，一概不用"[34]。良好行为的形成，本不在于监视与督促。在感化教育的影响下，立达师生得以至诚相见，培养奉献牺牲之精神，不易为物质条件所束缚；在教科与教员方面，初创时立达学园的教员中，鲜有使用聘书请来的，多是倒贴车费与饭钱，自行筹措生活费，然对于教学任务、学生的培养均十分负责。据学生回忆，当时在学园内任教的有夏丏尊、茅盾、夏衍、朱光潜、丰子恺等著名学者。师生关系十分和谐友爱，教师们多自行编制教材，刊印讲义；为培养学生劳动生产能力，锻炼吃苦耐劳的精神，立达学园还办有农村教育科，并于 1928 年在江湾兴办农场，养鸡、养蜂、培养花卉、植物。在市菊花展览会上，立达花展名列前茅，农产品在销售市场上享有较高声誉。[35]立达学园将书本知识与劳动实践相结合，培养了一大批有农村生产知识的人才。

晚于立达两年成立的邻居国立劳动大学，则是官办大学与左派理想的矛盾结合体。国立劳动大学的创立，与国民政府自北伐至"清党"后，争夺工农运动与组织主导权有关，冀此创办农民、工人大学，培养工农运动之专门人才。[36]国立劳大以比利时社会主义劳动大学为原型，改建江湾模范、游民两工厂及上海大学旧址，作为劳大最初工学、农学两院的校舍；本部工学院与立达学园就隔着一条劳大路（今车站南路）。劳大在创办之初，便受到无政府主义的影响，筹备委员会的蔡元培、匡互生、吴稚晖、李石曾都是国内早期接受无政府主义思潮熏陶的学者，教师沈仲九、黄凌霜、吴克刚等是无政府主义的信奉者，在立达学园旁开设书店，出版发行无政府主义书籍。学校更是邀请一些海外的无政府主义者来校内演讲，如石川三四郎、邵可侣、樊迪文等。除信仰无政府主义的教师团队外，学校当局还会免费发放大量无政府主义书籍，很多同学都有《面包掠取》《告少年》《夜未央》《灰色马》等书。因此，在劳大创办的早期，多有劳动大学是无政府主义者活动机关的指责。

劳动大学正门

　　半工半读则是国立劳动大学最大的特色，劳大拥有自己的实习工厂和农场，学生需要做体力工作，每周超过 4 小时，在实习分数中的占比为 40%，工作时的态度勤快与否是决定其是否升级的重要依据。而劳动大学不收学杂费、每年提供两套制服、半工半读的方式吸引了大批生活拮据的知识青年前来求学，他们非常珍惜来之不易的学习机会，对知识有着强烈的渴求，在求学方面有着极强的目的性，主张务实，实事求是，而非高谈阔论，纸上谈兵。部分劳大学子在入学前已有工作经历，故而在学习内容、方式、课程方面非常有主见，常去图书馆查阅相关领域的书籍。然而，劳动大学全部经费依靠政府拨给，常因经费问题与上级部门产生矛盾，又被诟病为具有无政府主义甚至是共产主义背景，这也为 1932 年劳大停办埋下伏笔。有趣的是，1929 年，劳动大学创办第三个学院"社会科学院"，所聘教师皆为复旦的兼职老师，以时任教育系主任、未来的校长章益，时任预科主任、未来的教务长孙寒冰，时任法学院院长吴颂皋及商学院院长李权时等，领衔当日复旦文科十余位教授，增援了近邻劳动大学的文科教育。[37] 仅存在 5 年的国立劳动大学以工读互助的方式，倡导工农教育，灌输革命理论，缩小阶级分化，以起到改良社会的目的，在教育史上留下了浓墨重彩的一笔。

在教会女学和维新志士的双重推动下，近代女子教育蓬勃发展。1897 年，时任上海电报局局长的经元善于上海城南桂墅里创办"经正女学"，开创了中国女学先河。至 1920 年，上海已有女子高等学校 5 所，包括中国女子体育专门学校、女子法政学校、中华女子美术学校、上海女子艺术师范学校、上海女子美术专门学校。1922 年，年仅 22 岁的陆礼华用全部积蓄，于虹口邓拓路（今丹徒路）谦吉里租赁民房，创办两江女子体育师范学校，以强健妇女体格，培养女子体育师资，不仅为女性提供了教育机会，也培养工作技能，提升自信。[38]

陆礼华，江苏青浦人（今属上海市），家中经商，自小聪明伶俐，虽然镇上没有女孩读书，父母仍将其女扮男装送入私塾接受教育。由于身体素质好，在体育比赛中屡获佳绩，先生建议她学习体育，故进入中国体育学校学习，因成绩优异，留校任教[39]。辛亥革命的爆发、五四运动的熏陶，让陆礼华意识到女子教育的重要性，并将体育与国富民强联系起来，由此立志从事体育教育事业。在初办时，学校仅有18名学生，3 000块钱的初始资金在支付房租、购买设备、维持日常开支后不敷使用，校长陆礼华只得以个人名义向好友借钱，才得以维持，此后经营情况有所好转，声名鹊起。学校设置田径、球类、体育原理、体操、音乐、体育心理、生理解剖、国语、英语等课程，既注重运动技术水平的培养，也重视基础理论知识的积累。

据统计两江女校从创办开始共有十次搬迁经历，从初创虹口，后辗转南市老西门外大吉路，法租界马斯南路（今思南路）等处，至1930年，陆礼华于江湾翔殷路公共体育场东（今运光新村），经过几年之投资建设，设置了篮球、排球、垒球等专用运动场地，开辟了400米跑道田径场，造起了一座25米×10米的游泳池，体育器械齐全，环境优美；其游泳池旧址今天依然存在。陆礼华与两江女子体育师范学校在当时以男子为主导的体育行业开辟了新的天地，提升社会对于女性能力的认可，促进男女平权与妇女解放事业的发展。

尚值得一提的是，基督教华人牧师钱团运，于1942年创办的"伯大尼孤儿乐园"，也曾在体育会纪念路500号（今虹口广济养老院与中国出版蓝桥产业园）办学。伯大尼孤儿乐园诞生于抗日战争时期，园长钱团运曾担任天安堂牧师，战火使许多儿童流离失所，成为孤儿，另有许多贫困家庭无力抚养子女，故而钱团运决定于台斯德朗路（今广元路）创办伯大尼孤儿乐园，以资救济，江湾颜福庆、曹秀英夫妇也曾给予帮助；1950 年迁江湾纪念路近吴家湾路。[40]该学校为这些孤苦儿童提供了学习文化知识、跨越阶级的机会，在当时颇具影响力，宋庆龄曾参观伯大尼孤儿院并捐赠毛毡。

除了淞沪铁路与翔殷路（今邯郸路）交角处的江湾中心区域，铁路往南沿线仍然分布众多新式学堂，铁路过沙泾港处屈家桥附近学校尤为密集，国立上海商学院（今上海财经大学中山北一路校区）、私立持志大学（上海外国语大学虹口校区）、中华艺大（上海市团校）等都在此处铁路两侧。而铁路以西第二立面水电路两边，则有爱国女校（今五十二中）、粤东中学、持志大学新校区（今均属军事管理区）等多所学校分布，南侧紧挨着淞沪铁路天通庵站与商务印书馆区，为江湾"大学城"的南部重地。

战火中学堂的归宿

1932 年 1 月 28 日，驻上海日本海军陆战队以三友实业社中日冲突，需压制中国人民排日运动为由，向闸北布防的中国第十九路军发动进攻，中国守军奋起反抗，"一·二八"淞沪抗战爆发。作为"一·二八"淞沪抗战的主要战场，江湾一带教育文化事业蒙受了巨大损失，学校、图书馆、书坊无不受其蹂躏，数十年辛苦缔造的基业毁于一旦。据《一二八后的上海教育事业（二）》一文统计，江湾地区全部毁于战火的高等学校包括国立劳动大学、国立上海商学院（当时还叫中央大学商学院）、持志大学、上海法学院、上海艺术专科学校等。[41]此外，复旦大学和两江女子体育师范也在"一·二八"淞沪抗战中受到破坏。在战火中，复旦大学被日军占领，直至 5 月 5 日淞沪停战协定签订后，日军才撤出复旦校园，各类财产损失高达三十九万七千两百元。[42]时位于战区的学校，有能力的在租界租赁房屋复学。复旦大学在徐家汇李公祠中学部继续开学，劳动大学迁至法租界亚尔培路（今陕西南路）亚尔培坊廿四号上课，两江女子体育师范借莫利爱路 127 号为临时校舍。[43]部分不具备复学条件的学校只能暂时关闭。战后，日军开始撤退，在国民政府教育部的帮助下，江湾地区的高等院校积极开展复建工作，随着江湾地区基础设施的完善和道路桥梁的贯通，又一批高等学校聚集于此，至 1937 年抗战爆发前，沪东地区已有 12 所高校，约占全市的二分之一。

　　然而，这样的盛况并没有持续多久。1937 年 7 月 7 日，侵华日军蓄意制造"卢沟桥事变"，宛平城的枪声掀开了全民抗战的序幕。战火很快燃烧到上海，8 月 13 日，淞沪抗战爆发，战火纷飞。9 月 6 日，日军于虹江码头登陆，一度挺近市中心区，虹江码头、军工路、市中心区一带成为两军主要争夺战场。在日寇铁蹄的蹂躏下，中国高等教育面临前所未有的危机。为保存自身实力，位于战区的高等院校相继走上的内迁的道路，向西部地区、边远地区转移。由于租界的特殊性，地处上海的高校又多迁入租界办学或仅部分内迁。其中，规模较大的国立、私立高等学校通常希望追随政府，内迁至较为安全的大后方以保存学校实力；而规模较小的私立学校由于经费非常有限，盲目内迁可能会导致学校解散停办，普遍选择留守上海，在租界办学[44]。时位于"江湾大学城"的高校，私立复旦大学先迁往租界办学，后因租界环境恶化，被迫组成联合大学西迁，最终抵达重庆北碚。私立两江女子体育专科则迁往重庆海棠溪，私立立达学园迁入租界办学，日军占领公租界后，该校被迫解散。

被毁的复旦校园

附表：江湾地区主要高校内迁情况

江湾地区主要高校内迁情况			
校名	原　　址	新址	说　　明
私立复旦大学	江湾走马塘畔	重庆北碚夏坝、上海公共租界赫德路574号	重庆北碚：复旦与大夏组成联合大学，第一部以复旦为主体，迁往江西庐山，租赁普仁医院为校舍，何金芳等旅馆为宿舍；第二部以大夏为主体，迁往贵州，以贵阳讲武堂为校舍。南京沦陷后，联大第一部拟与第二部合并，继续西迁，于12月底到达重庆，在夏坝复校。上海市区：1938年上学期，英租界北京东路中一信托大楼→1938年下学期，法租界霞飞路（今淮海路）1726号房屋→11月三迁至仁记路（今滇池路）中孚大楼→1939年4月4日，迁至赫德路（今常德路）574号上课。[45]

江湾地区主要高校内迁情况			
私立两江女子体育专科学校	教学楼位于南市大吉路，体操场、音乐室、游泳池、宿舍、球场等其他设施位于江湾翔殷路	重庆	流亡至重庆后，由于经费不足，没有固定校舍。[46]
国立上海商学院	江湾西体育会路	上海公共租界愚园路 40 号	
私立立达学园	江湾劳模工厂	上海法租界敦和里 45 号	经多次更改校址，最后暂借劳勃生路（今长寿路）大自鸣钟东首自强小学避难，此后又转移至上海法租界敦和里 45 号。1941 年，日军占领公租界，立达学园被迫解散。[47]
私立持志学院	江湾西体育会路	上海公共租界爱文义路 1510 号、赫德路 652 号	1939 年停办
私立东亚体育专科学校	卢家湾鲁班路草堂街	贵州平越、四川泸县	由于校舍被毁，先是于 1937 年迁往法租界龙华路中华职业教育社，1941 年被迫停办。抗日战争时期，曾在贵州平越、四川泸县（1944 年）复校，均因经费不足停办。1947 年，校董李培天借用江湾文治路洋房为校舍复学。[48]

第四节　江湾跑马厅往事
与空间记忆

今天复旦大学本部的北区宿舍区，在 20 世纪末之前尚不在学校范围之内。那片土地有相当的历史，被长期遗忘，那里民国著名的江湾跑马厅的一部分。肇建于江湾镇东郊的"万国体育会"，俗称"江湾跑马厅"，为当时民族资本家在上海市区之外创办的新式综合体育设施。其建筑群一度成为江湾一带的现代化标志。围绕跑马厅建设了多条新式马路勾连江湾镇与上海租界，使得江湾镇在 20 世纪初进入近代城市轨道。跑马厅边的夜总会花园，因为各种机缘，最终成为知名的疗养医院。江湾一带的城市近代化成果在 1937 年淞沪抗战中遭到严重破坏，跑马厅、叶家花园停业。跑马厅区域最终成为工业用地，并在解放后成为工厂区域。在高等教育扩张的 20 世纪末，跑马厅的大部分土地临近复旦、财大校园，而跑马厅边界出人意料地保留在城市更新的肌理之中。江湾跑马厅而成校园的历史，无疑可以被视为一种近代以来城市演变、衰落、更新的实例，沪北城市空间有其城市史研究的独特价值。

历史的遗迹变迁与永恒

当今世界城市存在不少有代表性的公共空间，是由百年，甚至千年前的历史建筑生长演变而来的。缓慢而有机地发展的城市使其得以保存、改造，其本身功能性的特征被消解或者转换，最终成为一处文化遗产融入现代城市肌理。在欧洲可以找到不少例子演示这种缓慢、有机的发展和变化过程；比如罗马古城中心巴洛克风格的纳沃纳广场（Piazza Navona），这里不仅竖立着著名的喷泉、纪念圣徒的大教堂等建筑，然而其最吸引人的地方则是广场本身的形式起源：广场的前身，是罗马帝国皇帝图密善（Domitianus，AD. 51—96）所建的图密善体育场（Stadium of Domitian）。这座曾经拥有超过15 000个座位的体育场，曾是罗马帝国史上最雄伟的体育场之一，在千年以后的中世纪逐渐被荒废，但其空间印记与特征，最终镌刻在纳沃纳广场的身上，尤其体育场的直道与椭圆弧形弯道的痕迹，今天依然清晰可辨。自古代图密善体育场至今天的纳沃纳广场的变迁与继承，可以体现一座历史悠久的古城空间缓慢、有机的发展和变化过程，其中所蕴含的历史和记忆，一方面与这里特定的建筑群组相关，也与城市、城市尺度的发展和转变有关，体现的是历史城市所赋有的集体创造力。

这种欧洲古代经过中世纪仍能保留下来建筑遗产，即体量巨大且相互联系的公共空间，于城市在缓慢而有机地发展的同时，兼具改造与保存的效果。一如图密善体育场的遗迹由于彻底消除或转换其建筑特征的建筑成本过高，也是其长期保留形态的原因。古罗马时代的混凝土结构，相比东方砖木结构建筑，确实不是那么容易被铲平消弭。相比而言，中国古典建筑工艺却不善于在地面建造坚固而庞大的大型公共建筑；单体古建筑之间至多只能继承现有空间、而无法做到有机转移。所以，国史上多见有旧宅改为祠庙，或者庙产兴学等小范围承袭；近代以后城市"公园"的兴起，才多少有了空间转移的意味。即便如此，要真的在国内找到一处类似从图密善体育场到纳沃纳广场这样的城市空间演变案例，无疑是不容易的。然而，若不论历史悠久，只论其经历的复杂变迁、依然保有其一定原始空间形态，且不断转化自身功能的城市公共空间，在国内似乎也未必不存在。相似的城市建筑功能转移的实例，即便不能完全对应东方"纳沃纳"的称号，其文化的遗迹仍是我们生活中的城市的文脉，是城市的灵魂，这座历史城市的生命所在。

限于建材与工艺，我们虽然没有出现过古罗马大赛车场这样的古代建筑，但近代以后随着西方生活方式的进入，近代公共建筑便开始深入到我们的生活之中。其中，多用于体育运动的场馆，开始在最早开埠的中国城市中拔地而起。作为晚清以来最早开埠的五座城市之一，上海无疑是喜好赛马的英国人集中到来的东方城市之一。正因为此，上海也较早引入了英式跑马运动，并建筑有跑马所需的场地：跑马厅。跑马厅占地非常大，从一开始的百余亩发展到后来的数百亩之地，规模殊为可观。来华英国人在新兴的英租界先后建有三座跑马厅，最后所建第三座跑马厅，终成为非常理想的场所，并于 1862 年在那里成立了上海跑马总会（The Shanghai Race Club），运营上海的英式跑马运动。英商"跑马总会"因其日后成为上海市中心的人民广场与人民公园，而广为人知。其跑马厅主楼于 1949 年后历次作为市图书馆、美术馆、历史博物馆等公共展馆，同样成为建筑功能转移的典范实例。

不过本节所欲论的主角并不是那座为人熟知的跑马厅。彼时有一批长期与西洋人往来的华人精英们，开始对跑马产生兴趣，不仅参与到运动之中，亲自骑马赛马，还希望能在上海跑马总会获得与西洋人一样的身份。但是早期赛马会中浓重的殖民主义的氛围，拒绝了华人精英加入的请求。这些华人精英团体开始在 20 世纪初自立赛马会，修建自己的跑马厅，并大获成功，这也激起了上海本地精英推广跑马的热情，到"二战"之前的 1930 年代，沪上已有三座大型跑马场所出现，俱能长期繁荣。这其中，20 世纪初叶宁波富商所创万国体育总会江湾跑马厅，在上海城市史及中国近代史上都留下了不可磨灭的印记。

目前研究江湾跑马厅比较全面的最新成果有张宁的《异国事物的转译：近代上海的跑马、跑狗和回力球赛》，其第二章《监督下的转译：万国体育会》[49]整章节运用中西文报章与档案，仔细讨论了江湾跑马厅创建的因缘，内容颇为详实丰富。依作者研究，20 世纪初爱好赛马运动的华人精英团体在一些西洋友人的协助下，在上海以北的宝山县江湾镇东，选择土地，依照西方人的规格，新建跑马场所，成立英式俱乐部，俱乐部中不仅有赛马运动，还有马球、高尔夫等运动设施，所以被称为"Recreation Club"，又因其会员中外兼收，后冠以"International"，全名为"International Recreation Club"，中文称作"万国体育会"，俗名被称为"江湾跑马厅"。万国体育会不仅严格沿袭英国人上海跑马总会的规章制度，还向位于英国本土的"英国跑马会"登记注册，以示正统，这给了租界内的上海跑马总会很大的压力。[50]

倡议兴建江湾跑马厅的华人领袖，为沪上宁波巨富叶澄衷的四公子叶子衡，叶澄衷早年经营五金生意发家，后代理火油业，让其向全国扩张最终成为晚清甬商巨擘。其诸子中多有爱好赛马者，其中老四叶子衡最受器重，父亲去世后在家族中享受相当话语权，最终主导了跑马厅的建设。叶子衡因为爱好赛马，在租界跑马总会中广有人脉（叶已入日籍），但其 1907 年第一次申请跑马总会会员投票时未通过。他在跑马会董事好友的帮助下赴香港赛马会参赛，希望在再次申请中加分，但又一次被上海跑马会拒绝，盛怒下的叶子衡决定自创跑马会。[51]叶子衡打算自办跑马会的消息，引起沪上华人精英的共鸣，旅沪甬商与粤商精英纷纷响应年轻的叶子衡的建议。在甬商新锐虞洽卿的帮助下，于清宣统元年（1909）起向两江总督端方备案，圈下江湾镇殷字圩五图、六图、十图、十一图、推七图咸圩，两年后建成，江湾跑马厅单圈草地跑道长度 2.4 千米，直线冲刺距离超过 600 米，并有球场、花圃等配套建筑。包括叶子衡本人在内的诸多华人精英都参与到骑师行列之中。[52]

叶子衡初创跑马厅开始是为沪上华人争一口气，但他不是狭隘的民族主义者，江湾跑马厅一开始就是国际性的"万国体育会"，体育会董事会一开始就有西洋人在列，而 1916 年万国体育会的改组与

1928 年《今日之沪江》杂志中的江湾跑马厅航拍。近端为看台，远处右上方建筑群即为复旦大学校园

1920 年的股权转移，最终拉近了江湾跑马厅与曾经的对手上海跑马总会的距离，跑马总会最终成为江湾跑马厅最大的股东，一直经营至二战爆发。[53]抗日战争时期，跑马厅被侵华日军占领，赛马终止，江湾跑马厅空间功能被迫改变。1949 年后，在跑马厅旧址兴建学校、工厂，跑马彻底告别历史舞台，"跑马厅"也在融入城市肌理的过程中被人忘记。

跑马厅与江湾近代城市

明清以来，江湾镇即为古代江南水路重要的内河港口市镇，清代时名列"金罗店、银南翔、铜江湾、铁大场"之列。江湾在苏松之间异军突起，则是在上海开埠之后。作为自上海租界陆路至吴淞码头的中点，江湾镇被规划入最早的铁路沿线镇站，1876 年的吴淞铁路便设江湾站；1898 年重建淞沪铁路，为江湾城市近代化带来了强大的动力，几年后叶子衡一行便来这里建体育总会，便是其例。

江湾跑马厅初创时，不仅远离晚清的租界中心，其距离淞沪铁路江湾站同样还有两里地。周边多为田野或荒地，并无现成的道路交通。新建的跑马厅周边，旧有一些明清寺观为主的公共空间。如跑马厅西缘以袁长河及小吉浦两条河流为界，两河夹角的西北面便是江湾镇最大的宗教空间东岳行宫，俗称江湾东岳庙，每年三月二十八东岳庙会为沪北一带最大的世俗节日。[54]跑马厅的西北缘，则为著名的江湾天乐寺及天乐寺宅。[55]而李登辉校长在 1918 年最初募建复旦大学时的江湾镇殷六图东玉圩 70 亩地，便是紧挨着跑马厅东南角虬江支流的南岸。

为方便市内的游客往来此处观赛娱乐，万国体育总会专门开辟道路，沟通火车站枢纽及市区等方向，先后出现了三条均以"体育会"命名的马路——体育会路、老体育会路和新体育会路。《民国宝山县续志》载：

> 体育会马路。一自江湾火车站起，通至体育会会场，宣统三年筑，俗名煤屑路，计长三百余丈，面宽五丈，购买民地二十亩九分有奇，每亩价银一百元，用煤屑铺面，连地价都计用银三千三百余元。一自会场南首起，直达北四川路，民国元年筑，名曰老体育会路，计长二千余丈，面宽五丈，全路均系土工，共用银一千二百元。一自会场南首起，直达葛家嘴口，民国六年冬筹备兴筑，计长八百余丈，面宽四丈，用煤屑铺面，估计工料银二千八百余元，是路开筑最后，故今俗称新体育会路。[56]

最早修筑的马路为万国体育会南大门通向淞沪铁路江湾站的"体育会路"，俗称"煤屑路"长约1 060米，宽约16.0米，车行道宽约10.6米，孙中山逝世五周年即民国十九年（1930）时，此路改名体育会纪念路，路尽头江湾站边立孙总理奉安纪念碑，纪念碑毁于淞沪抗战。1950年改今名纪念路。

1912年起万国体育会再修一条"体育会路"，自跑马厅大门南下北四川路（今四川北路），为老体育会路。五年后，又在翔殷路（今邯郸路）南，再辟一条"新体育会路"抵达"新公园"（今鲁迅公园）西首沙泾港"葛家嘴"附近，"新公园"一带也因为靠近上海，自"大上海计划"时期便陆续被划入上海特别市区内。而这两条新老"体育会路"的部分路段以东西体育会路的名称保留在今天虹口区境内。

万国体育会不仅有铁路、公路勾连江湾与上海市区，在刚开幕的时候，跑马厅中还上演了空中表演。1911 年，法国飞行家环龙（Rene Vallon，1880—1911）带着 Bleriot XI 单翼机和苏姆（Sommer）式双翼飞机来到上海进行飞行表演。2 月 25 日，"中国上空的第一次飞行"在江湾跑马厅举行，两千多名上海各界人士到场观看，成为海上盛事。当时不要说是在上海，哪怕是在全球，飞机都是稀罕物，兼之环龙来自法国，上海的法国侨民十分踊跃。他在上海的第一次飞行表演极其成功。2 月 26 日，也就是第一次飞行的次日，环龙第二次飞行表演卖出 5 万张参观券，再次成为沪上盛事。[57]

叶家花园到澄衷医院

在经营跑马厅十余年后，叶子衡在跑马厅东北面新建一座古典园林作为花园；那座花园历经沧桑，今天依然保留了民国时期的规制。花园建造于 1920 年，落成时间在 1924 年春之后；1924 年 2 月江湾新年赛结束后，叶子衡在尚未正式落成的叶家花园举行餐会，兼做颁奖典礼，代表万国体育会向上海跑马总会示以好意。[58] 从《申报》数据库中搜索，至少在 1926 年初夏，跑马厅边的叶家花园已经落成并且迎接游客。[59] 但其似乎长期未向公众完全开放，游客赴叶家花园可能需内部邀约，或许叶园早期主要功能是接待服务跑马厅的高级贵宾。直到《申报》1931 年 8 月 16 日载"叶家花园昨天开幕。适应市政需要，提倡高尚娱乐"[60]，据其意则直到九一八事变前夕，叶家花园才真正成为一公共花园。此年八月中旬《申报》上每日都有关于叶家花园游览的广告，其中 8 月 18 日起有详细的园内风景与游园须知。

鉴于叶家花园在 1932 年的"一·二八"事变中即遭到毁坏，那 1931
年夏广告中的叶园景致，应当是花园鼎盛时候的记载。《申报》1931
年 8 月 18 日《江湾叶家花园》广告第一栏"风景之略谈"中，专门
介绍叶家花园中的景色时云：

> 柳浪闻莺，湖滨小憩。紫竹林中观自在，栖云洞入小罗浮，
> 延爽馆酌酒谈心，回波亭举杯邀月。桃叶渡双桨轻摇，蕉香馆两
> 情共舞。银河倒泻观飞布，藕香村畔乐逍遥。[61]

其中如"栖云洞"今仍位于园中假山下，"延爽馆"为园中西式
洋楼，俗称"小白楼"，所述景色大多犹存。广告中第二栏为"设备
之特色"有："露天跳舞，著名影戏（小字：不另取资）游船（小
字：武陵源）、弹子、跑驴（小字：萍花小集）、焰火（小字：蕉香
馆）、诗钟、文虎（下星期起）、钓鱼、抨棋（自由择地）。雅人韵
事，无美不臻。"观其园中内容已与今日游乐无异。

广告第三栏介绍赴园交通殊为重要，"交通之利便"载："自用
汽车，可由四川路直入江湾路，转叶氏路，即抵本园。又，由宝山路
口，乘坐闸北公共汽车叶园专车，直抵园门，每位铜元三十三枚。特
约汽车公司，在本园设站，规定由叶园东至虹桥二元，西至新世界二
元，静安寺二元五角，南至北四川路桥一元五角，郑家木桥二元，北
火车站一元五角。"其中可以看到，私家车可经过"四川路"（今四
川中路）、"江湾路"（南段约今东西江湾路，北段消失），"叶氏路"
（即跑马厅西缘外弧形马路，今消失）来到园门。若坐公交车则有一
班叫"闸北公共汽车叶园专车"的路线，所费约 0.33 元，似已不在

少数，出发点"宝山路口"，似乎不当为宝山路南端路口即近淞沪铁路上海站（即北站）处，而应为其北端天通庵站附近，因为下面"特约汽车公司"专线就有一趟直达北站，索价高达 1.5 元，若路线相同那竞争力未免太小了。再看这些"特约汽车公司"发车的地点，"东至虹桥二元"，这里的虹桥并非今日沪西虹桥机场一带，而是虹口港上内外虹桥，当时为公共租界北区虹口的核心地带，"西至新世界二元"，民国"新世界游戏场"即洋泾浜南岸的大世界。静安寺、北四川路桥皆为今名，郑家木桥则在洋泾浜福建路桥附近，从这几条里程来看，两元车票的里程都在八公里左右，四川路桥与北站则略短一公里余，而静安寺则多达十余公里。

广告第四条"时间之规定"还包含了票价消费等内容："每日上午十时起，至夜二时止。游券之价目：每位大洋一元，十五岁以下小

《申报》1931 年 8 月 18 日叶家花园广告

童半票，七岁下幼童免费。精美的饮食：绿荫仙馆的广东酒茶，是著名茶馆"大三元""陶陶""天天"等八大家，所组织久已，脍炙人口，精美无匹。其他五芳斋、白色西菜，刨冰雪水，无美不备。同庆公司。"叶家花园正常营业至每天凌晨两点，票价同样不菲，园内主推的餐饮为广式粤菜。最后落款的"同庆公司"，即为专门经营叶园的公司，其以叶园同庆公司名义参与过赈灾等慈善活动。[62]

　　但是叶家花园开业不久，淞沪"一·二八"事变爆发，淞沪铁路沿线成为战场，包括跑马厅叶家花园在内的建筑群都受到不同程度的破坏。尽管此次战事很快结束，但作为娱乐场所的江湾跑马厅与叶家花园迅速衰落，尤其叶家花园因其开业甚晚，知名度有限，受到冲击后便一蹶不振。战事似乎也影响到叶子衡经营跑马厅及叶园的心情；所以，叶氏很快捐出叶家花园，用作国立上海医学院的实习医院，成为当时轰动上海滩的大事。"一·二八"淞沪停战后不到半年，媒体就报道了叶子衡将捐出叶家花园为医学院办学之地。《申报》1932年12月4日《教部褒奖捐资兴学人员》第二条载："浙江镇海叶子衡，捐助国立上海医学院地产八十余亩，约值洋八十余万元，作为建筑医学院校及实习医院之用。除发给一等奖状外，并专案呈请国府嘉奖。"[63]

　　国立上海医学院前身为第四中山大学医学院与中央大学医学院，1927年创立于吴淞前国立政治大学校舍中，1932年吴淞校舍毁于"一·二八"淞沪抗战。1932年从中央大学独立后，更名国立上海医学院，暂于红十字会第一医院（今华山医院）内办学，并极力寻觅新的办学地址。虽然接受了叶子衡的捐地，但颜福庆只将这里打造成医学院实习医院，而最终把医学院建到了沪南的枫林桥。[64]可参《申报》1933 年 6 月 8 日《叶家花园改充国立医校疗养院》：

> 叶子衡将全部园产捐赠医校，内设肺病神经病及普通等部，定本月十五日正式收纳病人。本市华洋杂处，人口繁盛，疾病治疗，除公私立医院外，尚少大规模之疗养院，殊为医界中之缺憾。江湾叶家花园，占地八十余亩，园亭幽雅，树木扶疏，平时公开游览，极为市民所赞美。园主叶子衡先生热心教育，关怀病瘼，近以其全部园产，捐赠国立上海医院，业蒙国民政府及教育部先后嘉奖在案，现该学院院长颜福庆，经与叶君数度接洽后，已将接收手续办竣，决以该园为国立上海医学院第二实习医院，内设肺病疗养部、神经疗养部及普通疗养部三种，为海上最完备之疗养院，并利用固有风景，为病人倘游憩息之所，其效力自远在药物之上，诚都市中最需要之疗养机关也。现内部建设，业已次第完工，决定本月十五日起，先行收纳各种结核症人。[65]

这里亦提到叶园最初作为上医"第二实习医院"，内设疗养医院，主要是肺病疗养类，还有所谓"神经疗养部"，为今日所指的精神科疾病。这其中，最大的特色还是叶园本身风景怡人，可以调养性情，"其效力自远在药物之上"。但此时这所疗养医院的名称还没有最后确定。《申报》1933 年 6 月 15 日《江湾叶家花园捐充之澄衷医院今日开幕》：

> 江湾叶家花园风景清幽，空气新鲜，宜于养病。经该园园主叶子衡先生捐充疗养院后，内部组织，计分肺病、精神病及普通

病三部，定名为澄衷医院，以纪念园主之封翁叶澄衷先生。先设肺病疗养部，各项器械设备，大致完全，并由美煤油大王罗氏基金董事会，捐赠爱克司光镜，以便检查。精神病疗养部特聘奥国专家医师，主持其事，俟其到沪，即可开办。至普通病疗养部，专收慢性勿药诸症，其性质与普通医院有别，因普通医院仅收急性及亚急性病症，一经治愈，即令出院，以便收纳其他病人，因都市人口繁盛，疾病盛时，各大医院往往供不应求。故疗养之设，甚关重要。现在，该院普通疗养部正在兴工建筑之中，一俟落成，即可开办。其肺病疗养部，定于今日（十五日）开幕，收纳病人四十名。闻该院既为各界人士所赞助，自当组织董事会以便管理，已在组织中不日亦可成立。[66]

1933 年 6 月 15 日，由叶园改建的疗养院落成，以叶子衡先父之名命名为"澄衷医院"，首先开设肺病（肺结核）疗养科室，继以精神病科及普通（即慢性病）的疗养，建成后发展迅速，至新上医 1937 年 4 月落成时，澄衷医院病床已达一百五十张。这一切至抗战戛然而止。直到光复后，澄衷医院才得以更名经营。《申报》1946 年 11 月 25 日《本市简讯》："江湾叶家花园业主，拟于最近在院内建造疗养院，定名为澄衷疗养院。"[67]此后虽然依然有习惯性称"澄衷医院"的地方，但这里实际已经更名，很可能也与 1936 年议建的"治卿医院"多少有些关系。

1936 年，澄衷医院边上，本打算再开设一家新医院，同样主要为了防治肺痨，亦同样出于纪念一位甬商并用他的名字来命名医院，所不同的是，这位被命名的甬商巨贾当时还在世，医院的创设是为了纪念他的七十大寿——那就是当时沪上工商大佬虞洽卿，医院拟定名为"洽卿医院"。洽卿医院最初由中国防痨协会吴铁城、陆伯鸿、李廷安、牛惠生等人于 1936 年 4 月 18 日在举行第三届征募大会开幕礼时提出，因是年为虞洽卿七十寿辰暨旅沪五十五年，故拟募款十万元，建筑洽卿防痨医院，以资纪念。[68]《申报》1936 年 7 月 31 日《吴市长等会商洽卿医院院址改在澄衷医院后》载：

> 本年七月六日，为虞洽卿先生七十大庆，本市各界，以虞氏热心社会、慈善为怀、翊赞党国、贡献极多，特由吴市长等发起筹建洽卿医院，并推定委员负责进行。昨午十二时半，市长特束邀虞洽卿、杜月笙、王晓籁、江一平、金廷荪、颜福庆、李廷安、李大超诸氏，假叶家花园会商进行事宜。该院院址，原定在吴淞，现因澄衷医院后面，已由医务事业委员会购地五十亩，拟改在该处兴建，闻定于下月四日在航运俱乐部召集筹备会决定进行云。[69]

甬商大佬虞洽卿的七十大寿及纪念活动，由上海特别市市长与一批实业家及医学家们，共同发起筹建洽卿医院，最初选址在吴淞，后由于在澄衷医院南侧购地顺利，遂改在江湾新建医院。隔壁的澄衷医院所纪念的叶澄衷，第一代旅沪甬商的代表，而虞洽卿则是第二代甬商的领袖，二人早年关系甚密；两代甬商在同时为医学事业出力冠名，所冠名医院也居止相邻，成为民国江湾的一段佳话。澄衷医院为上医的第二实习医院；若洽卿医院建成，应该也是预备作上医实习医院之用的，可参《申报》1937 年 4 月 1 日颜福庆《国立上海医学院之回顾与前瞻》言："最近各界热心人士为纪念虞洽卿先生七十寿辰，集资拟建洽卿医院，其院址即在叶园附近，则本院实习机会可更多矣。"[70]可以推测，洽卿医院的设置同样与上医有密切关系。但是，洽卿医院虽初期推进颇为顺利，但由于抗战爆发便不得不搁置，光复后便无人再提及，那块建院土地最终融入了澄衷医院及日后的肺科医院之中，今天的肺科医院不仅继承了澄衷医院（疗养院）的遗产，同时也有洽卿医院遗产的参与。

蜕变与重生

1937 年"八一三"淞沪会战结束后，江湾沦陷，日军在淞沪铁路江湾站新辟"新兴支线"，沟通江湾站与五角场，虽然彼时跑马厅与叶家花园几乎都停止运营，但由于其所在为两点间必经之地，又意外地出现在站名之中。1939 年，为适应驻五角场地区侵华日军机关、部队军运和职工通勤需要，由日伪"华中铁道股份有限公司"（简称"华铁"）修筑。西接江湾车站，东至淞沪路桥，长 3.15 公里。设跑马场、敷岛园（即叶家花园）、新兴驿 3 站。1941 年 4 月运营，每日自宝山路至新兴驿间开行客车 4 对。[71]叶家花园因为办医院而有幸保留，但战争却彻底摧毁曾经壮丽的跑马厅，从此那里成为战时战后的物资堆栈与机械加工厂，周边萦绕着为货运而言的货运铁路支线，20 世纪初叶那座闻名遐迩的江湾跑马厅，从空间到记忆上都逐渐被人抹去。

1945 年前后，上海市政府在跑马厅中心点，向东西、南北方向各辟出一条马路，东西向武东路、南北向武川路，正式将跑马厅切割成四块。

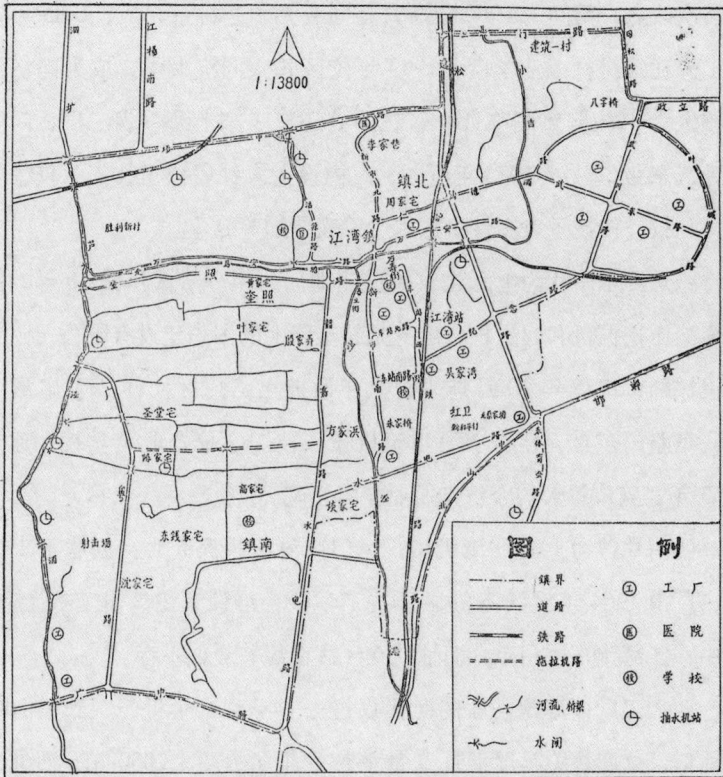

1988 年出版的《江湾镇志》图，1984 年前的跑马厅旧址，被切成了四块

　　其西北片，内 1958 年迁入了"上海自行车三厂"，门牌武川路 111 号，厂里最著名的品牌就是国产"凤凰牌"自行车。自行车三厂历史上由二百多家工厂合并而成，其中有 1920 年开办的同昌车行制造厂，还有 1981 年并入的上海汽车起重机厂；1962 年厂内同时还设有上海自行车三厂技工学校。志书里记载：整片厂区"呈扇形"，正是由于沿用跑马厅场地的缘故。[72]

其东北片有 1953 年所建上海建筑工程学校，门牌武东路 100 号，后屡次改名，其间的 1960 年 9 月，同济大学建材系并入，1985 年恢复上海建筑材料工业学院，1999 年校区并入同济大学，成为同济沪东校区。[73]其校园东侧临近叶家花园处还有一家上海手表三厂，门牌号为武东路 32 号，1973 年所办，厂内设上海钟表公司技工学校手表三厂分校，传授手表零件机加工、手表装配等专业。[74]

跑马厅东南片为上海建筑机械制造厂，门牌号武川路 50 号，制造全液压挖掘机和起重机，前身是斜土路上的国华建设有限公司附设的机械部，1955 年 10 月迁来，次年改此名，厂区同样"呈扇形"。其武东路门东首，建有上海建筑机械厂技工学校及业余学校，建于 1965 年，其位置大约今济光职业技术学院。[75]

西南片曾为上海江湾机械厂，门牌号武川路 5 号，创建于 1958 年，厂内 1964 年设江湾机械厂技工学校，培训车工、钳工等工种。其中，江湾跑马厅司令台旧址就在厂区南缘，今似不存。[76]

四大工厂占据跑马厅的时代仅过去了不到半个世纪，到了 2000 年前后，这四块跑马厅旧址又都悄然发生了变更。2000 年，西北片自行车三厂 13 万平方米厂区出售给上海财经大学，作为其武川路校区；同年 12 月，武川路校区一期工程如期开工[77]，此后几年里，这片区域的大部分土地都并入上海财经大学。东北片由上海建筑工程学校并入同济大学的同济沪东校区，于 2003 年开始，亦逐渐并入财经大学。[78]东南片上海建筑机械制造厂则于 2003 年前，已完全转让给复旦大学建造大学生宿舍。[79]西南片上海江湾机械厂则于 1998 年建设住宅，一期于 1999 年 12 月底交付使用。[80]跑马厅经过这次巨大变革，原来所有的旧有痕迹如司令塔、马圈等设施几乎都烟消云散了。

虽然从史志文字记载中，我们尚可追溯江湾跑马厅的历史沿革，但要在城市空间中找回那段记忆，却并不如文字般直接。我们已知道，跑马厅的中心为武川路武东路交叉口，但场地边界究竟多远，历史地图与今天的实测地图不能非常准确的比对，需要找到一个准确的定位点，最好是有历史图像对比的老建筑，最终叶家花园的老照片提供了准确的线索。叶子衡当年在跑马厅东北角外修建叶家花园，捐给上医创办澄衷医院（疗养院）后，花园入口成为医院正门。

上海肺科医院官网上的澄衷医院正门旧影，大门内二重门楼至今仍存

这座正门外马路由叶氏所修，为子衡纪念乃父，遂名澄衷路，亦称名叶氏路，约筑于1918年；1966年8月12日改以新疆维吾尔自治区叶城县为名，今废。澄衷路初建自叶家花园大门，沿万国体育场东外沿，至体育会路（即纪念路）。此路为跑马厅东缘之外，虽然1980

年代前已废，但幸运的是，马路原来的起点叶家花园的大门今天依然保存，即为今肺科医院叶家花园的西门入口，门楼为原物，门楼前两三米宽叶氏路以内，即为原跑马厅的边缘。跑马厅设计约为规则的椭圆，中心点与边上的一个定点确定后，空间上的跑马厅则呼之欲出。

今江湾跑马厅旧址图

江湾跑马厅与叶家花园，短短百余年间，经历了战争与荒废，演变成现代工业、高等学府、医院、住宅的模样，仍能倔强地保留下些许其早年的痕迹，如整片地块弧形的外延。陈文捷在讲述古代西方建筑史时提出一种城市演变理论"碎片化"城市发展进程；比如一座宏大的过去时代的公共建筑，看起来就像是一头头巨大的恐龙。但在它死了之后，躯体就被泥土所包裹，逐渐地腐烂变质。在经过了漫长的时间之后，最终留下依稀可辨的化石。随着时间的流逝和人类历史的演变，这其中旧的城市的格局逐渐地被瓦解消融，具有全新功能与建筑技术的城市建筑将取代旧有面貌。但在剧烈演变的过程中，城市仍将所留下来各种旧时代的蛛丝马迹，而那将从此成为城市的文脉。[81]

　　罗马纳沃纳广场不仅因其美丽的巴洛克广场建筑群而伟大，而且承载了古罗马城市历史与建筑成就的辉煌，怀抱着千年的欧洲城市文明绵延至今。上海历史上的跑马厅跑狗场等近代大型公共建筑，除了上海跑马总会几乎整体演变成人民公园人民广场建筑群外，其余虽能找到历史点位，但多无从寻找旧时痕迹。唯独江湾跑马厅因为各种机缘，最终在这座城市的肌理之中刻下了自己的痕迹，并融入进了复旦、财大等处的现代校园之中。未来若徜徉于彼，感受叶子衡、环龙、颜福庆、杜月笙及其时代的风烟，无异于在纳沃纳广场回想曾经的图密善体育场；这些城市记忆碎片才是城市灵魂的所在。

空间、场所中的韧性与更新

　　城市理论的研究者解释"都市空间"时，将其视作人对地理场所的自发使用；"空间"作为容器，只有通过注入内容才获得其存在的价值。在一片旷野乡间之中，加入了现代性的火车站、道路、体育场、学校、医院等元素之后，前现代的水乡迅速进入现代化的轨道，所涉的空间面积不断扩大，组织结构关系亦相应拓展。沪北江湾区域在 20 世纪初叶城市化的初期，与中国乃至世界近代以来城市发展的路径皆颇为相似，这其中江湾跑马厅作为这一带的标志性建筑，不仅成为沪北重要的文化（体育）地标，同时兼有其地方政治、经济权威的缩影，即便在"一·二八"事变后捐建医院的插曲，仍呈现出其背后权利的影响。这种空间的威权在之后的淞沪战争中被消弭殆尽，取而代之的是城市本身的韧性（resilience）与再生。江湾跑马厅在上世纪下半叶的两次更新，分别伴随着共和国工业化优先与高等教育事业振兴风潮而重生，清晰可见其内部空间权威的转移与演进。江湾跑马厅只是沪北城市空间的一个缩影，但由于其空间形态意外地存世至今，为后人保留了回看近代城市生发乃至破坏的线索，当有其自立于城市史研究的地位与价值。

第五节　校　园　拾　零

关于江湾复旦生活，无疑是民国复旦时期材料最为丰富的时代，其中千头万绪，在所难免。本节略举体育与情感诸端，呈现江湾校园勃勃生机与情深谊长。

民国复旦的足球队

民国时候的体育界，大部分项目的职业化远没有完成，那些现代体育运动最大的群体多为新式学堂里的中学、大学生；他们自然成为近代体育孕育发展的重要空间与人才选拔地。由此，民国时期的大学间的体育比赛，仿佛今日国内最高体育赛事一般热闹。尤其当时还仍为起步的集体项目三大球，各个大学队无疑都是国内的翘楚所在。长三角的新式大学起步早，数量也最多。南方大学之间常年有足球比赛，加上上海本地的外侨们组织的锦标赛，无疑让当时的上海滩成为全国最重要的足球城市。在这片足球的热土中，有一支颇为励志的大学队，一直活跃在南方大学联赛当中。他们从一开始默默无闻，到名震江南，还一度风靡整个东南亚，这就是民国复旦足球队。早在《复旦大学志》（1985）中就提过复旦久有体育运动的传统，早期历任校长马相伯、李登辉都极注重体育教育。[82]而复旦足球运动大约早在吴淞时期就已开展，而徐家汇李公祠时期的学生罗家伦就回忆过自己在饭堂前踢球的经历。直到迁校江湾今址，复旦有了自己新主场后，足球变成了复旦的代表项目。当然，复旦足球队其实是后起之秀，沪上另有两支老牌劲旅：圣约翰大学（已停办，今址为华东政法长宁校区，简称"约大"）与南洋大学（今交大）。这些老对手间的比拼便是民国大学之间重要的校际互动，也构成了当时灿烂的校园与体育文化的风景线。

　　早年复旦的足球水平

　　早年复旦足球队实力弱，与南洋踢都是屡战屡败。据说一位南洋的杨同学每次赢复旦就会写一本章回小说，称复旦足球"不见经传"，南洋战复旦犹如"弹琵琶"，胜得"写写意意"云云。[83]显然早年复旦并非是南洋的对手，南洋眼中只有圣约翰。20世纪初叶的晚清时期，位于梵王渡的圣约翰绝对是沪上第一的球队，南洋通过多年的努力在1908年第一次战胜对手，开始成为上海滩的老大。彼时远在吴淞的复旦似乎还没有进入当时的高校足球圈，直到他们搬到沪西的徐家汇李公祠后，因交通便利往来开始多了起来。约大与南洋间的比赛不仅仅只有这两校参与，当时华东地区大学已有自己的体育联盟"江南大学体育协会"，简称为"江大"。甚至联盟之中的体育项目也不限于足球，篮球排球与田径都是常设项目，只是足球自然是最受关注的那项。

　　"江大"联盟最早源于1904年4月23日的"中华大学联合运动会"（China Intercollegiate Athletie Asso.），由徐家汇的南洋、苏州的东吴、上海老城厢的华英和圣约翰四校发起，每年按季举行足球、网球、田径赛的校际比赛。到了1914年5月15日，由东吴大学教授司马德（R. D. Smart）发起，扩大上述之会，而有"华东各大学体育

联合"的组织，重组后的华东体联中，有南洋、圣约翰、沪江、东
吴、杭州的之江，及南京的金陵共六校。到了 1920 年，复旦大学和
南京的民国东南大学也加入该会，于是有"东方八大学"之目，联
盟名也正式改为"江南大学体育协会"。复旦的加入，在当时也颇有
意义，其他七校不是国立如东南、南洋，便是教会大学，复旦是其中
唯一的私立大学，复旦的加入意味着私立大学对于体育教育的关注开
始加大。

从《申报》等民国报纸的记载中看，早年复旦的战绩虽然不属一
流，但在邀请赛中尚可一战。1923 年 1 月 23 日的《申报》广告中记
载：复旦足球队曾经在去年底的友谊赛中连胜约大、东吴、东南、金陵
四校，准备在徐汇中学操场，约战南来的清华足球队，结果输了个
2：4；几天后清华再战南洋大学队，被踢了个 0：2，结束沪上之行。
此后多年复旦足球队的战绩对上另外华东五大校基本都可以赢一两
球，偶尔与约大互有胜负，但对上南洋，复旦是很久都没法战胜的。
甚至南洋长期都是华东高校足球联赛的霸主。1914 年以来的"江南
大学体育协会"前十一年间，南洋拿了六次足球冠军，复旦只有
1923 年拿过一次。当然，这其中有很多因素，其中之一就是徐家汇
李公祠时期校园逼仄，运动场馆设施有限；1922 年大学部迁校江湾，
彻底改变这一窘境，拥有自己训练场的复旦足球队在之后几年战斗力
明显增强。这时，他们也等来了一位巨星的加盟。

我们的"超巨"：李惠堂

民国时期中国足坛最著名的超级明星无疑就是李惠堂，而李惠堂
在职业生涯的黄金时期还一度兼任复旦足球队的教练，不仅成为中国
体育史上的一段佳话，也彻彻底底提升了复旦足球的自身实力与世界

影响力。李惠堂（1905—1979）字光梁，号鲁卫，祖籍广东五华县粤籍客家人，生于香港，中国近代著名足球运动员，司职前锋，被后人誉为"中国球王"。17 岁的李惠堂便加入香港的南华足球队，从乙组乙队（预备队）一直打到主力左边锋位置，一年后，香港南华代表中国参加在日本大阪举行的第六届远东运动会，18 岁的李惠堂以主力身份，带队蝉联远东运动会足球赛冠军，当届赛会上国足更是以 5∶1 战胜东道主日本。下半年李惠堂还随南华队赴澳洲踢球一年，次年离开南华，来上海发展，加盟沪上乐群俱乐部，后改名乐华，参加沪上的外侨及华东地区的表演赛。来到上海的李惠堂与复旦结上了缘分。

李惠堂

大部分公开资料记载，李惠堂 1926 年被复旦聘请为足球教练，甚至还说任"体育系主任"。其实他既不是所谓的"体育系主任"，而且 1926 年之前便与复旦产生联系。南华队澳洲之行结束后的 1925 年，李惠堂便来沪加盟上海乐群队，并很快与复旦取得联系。李惠堂晚年所著个人系年诗集《鲁卫吟草》，所收第二首诗《乙丑冬在沪初次见雪》，有"冷迫肌肤兴未阑，楼头煮酒倚栏看。空园剩有梅花色，独立横枝傲岁寒"[84]，即为当时情形；球王生长粤中、南洋，来到上海才第一次见到下雪。1925 年 12 月 4 日《申报》有一则《乐群与复旦明日比赛足球》报道载，复旦足球队当时已经非常强劲，但由于前述的"八大学运动会"自身出现问题，是年不得已退赛；然而"与中西各强队比赛，每战必胜，从未失败一次"，显示出复旦的实力。甚至，复旦队刚战胜代表日本参加第七届远东运动会的关西足球队，又赢了一个5：0！之后报道第一次提到复旦聘任李惠堂的消息："该队近聘远东足球界明星李惠堂君，为名誉教练，指导一切，成绩益见优良。"后一日12月5日下午，复旦队就要跟李惠堂的老东家在"中华棒球场"来一场友谊赛，复旦竟然还赢了个4：0，李惠堂不知心中作何念想。如此则李惠堂1925年底前，便已加盟复旦足球队，并率队打过比赛，时年年仅20岁。

那时复旦没有专门的院系教授体育专业，只有一个管理校园体育课程、比赛的"体育部"，分设主任、助教。有记载看到李惠堂确实出任过"体育部"；1926年9月10日《申报》有一篇通讯《本届复旦大学体育部之组织》里提到复旦"体育主任李惠堂君因欲恢复其业余运动员资格"，参加第八届远东运动会足球比赛而"特辞去主任一职"，而复旦同时极力挽留，让其担任"体育部名誉顾问"，但似未成功。则李惠堂确实曾任体育部主任，任务就是带领复旦包括足球队在内的各大体育项目团体训练比赛，比如那几年的篮球比赛也由李带队。所以李惠堂在复旦体育史上最主要的角色还是教练兼领队的身份，考虑到他执掌复旦队时不过二十一、二岁，是一众本科生运动员的同龄人，可以视作复旦体育史上的佳话。

顺便提下李惠堂的母队乐华队经常比赛的那个体育场"中华棒球场"，与今天的复旦也有些许渊源。这个体育场在当日的法租界越界筑路区域，大约是今天交通大学医学院（原震旦大学）以东的一片，是当年上海最好的体育场馆之一，举办了诸如前述"江南大学体协"第一届运动会等一系列重大运动会，是上海体育竞赛的中心体育场。但这块地属于洛氏基金会，到 1933 年 5 月，洛氏基金会发出迁移通知，中华棒球场就此成为了历史。但洛氏基金会一开始打算捐给一位医学教育家开办现代医学中心：建医学院与附属医院，但最终因为过于毗邻法国天主教的广慈医院与震旦医学院，被法租界当局否定。那所医学院最终选择去到枫林桥南岸，那就是著名的复旦大学上海医学院，说服洛氏基金会捐地的人就是上医的创院院长颜福庆。

"邀请赛"下南洋

李惠堂为复旦足球带来的不仅仅是简单的训练比赛与夺取锦标，因为李的执教，使得复旦在整个东南亚南洋地区影响力倍增，加上时任复旦校长李登辉本人就是印尼华侨，南洋地区的师资、生源与资金支持成为当时复旦办学的重要招牌。作为一所当时早已闻名海内的私立大学，募集经费是校内每一分子都需要承担的任务，包括复旦足球队在内的复旦体育团体显然也责无旁贷。1929 年春，复旦足球队第一次下南洋募款，1929 年 3 月 21 日《申报》登了一篇《复旦足球队首途南征》的报道载："复旦大学足球队去年曾得上海中华足球会锦标，现为该校前往南洋作募捐之宣传，于本月二十日，乘约翰生总统号前赴新加坡。"一周后，船才到马尼拉，之后还先打过一场友谊比赛。同年 4 月 11 日的报道《复旦足球队南征胜利之第一声》："现得该队来电，谓于二十六日晨抵小吕宋，备受侨胞之欢迎。并在马拿呷（Malacca）与该地'中华足球队'作友谊比赛，以五对二得胜。现赴新加坡等处比赛。""小吕宋"即菲律宾马尼拉，"马拿呷"为马来西亚马六甲，两地相隔颇远，或为航路先经过马尼拉，再至马六甲。这场与"中华足球队"友谊赛可能也是计划外的，因为他们此行的主要目的地是新加坡。在新加坡复旦队就遇到了强劲的对手，首战新加坡华侨队，地点在马婆展览会旧址足球场，两队打了个零比零，几天后与英兵队打了一场，被打了个 4∶1，一平一负结束第一次南洋之旅。

新加坡本地的《南洋商报》《海峡时报》（*The Straits Times*）等中英文报纸就对复旦足球队来访的报道同样连篇累牍，事无巨细，无论是来访的人员构成，以及在新马的行程等都可谓巨细无遗。这一次复旦大学的筹款活动，在新加坡本地的接待人是新加坡 20 世纪上半叶的福建巨贾胡文虎（1882—1954），他也是著名的虎标万金油的老板。此次复旦参访团在新加坡时就住在胡文虎自己的别墅中，整个参访活动真是盛况空前。[85] 胡老板与复旦尚有别一重因缘，马相伯《一日一谈》中第二篇《谈华侨》便聊了不少胡文虎，说那天要跟他聚餐，日期其实就是复旦三十周年大庆的第二天，则李校长当日也把大金主请来了校庆现场。[86]

南洋华侨对复旦的支持是整个民国时期复旦办学的基本盘，所以那期间复旦与南洋的互动可谓非常密切，除了体育运动外，校长李登辉本人亦多次亲赴南洋。早在复旦初创时，最重要的办学支持来自淮军系及其周边的改革派，因马相伯家族曾与淮军及其领袖李鸿章关系密切，复旦创校吴淞、迁校无锡，以及复校徐家汇李公祠，无不得到淮军袍泽的关照。而早期校内师生也多具晚清新式读书人的色彩，其中闽赣籍改良派如严复、陈三立等群体成为复旦的中坚力量。1913年李登辉执掌复旦后，迅速吸纳粤籍及南洋力量加入复旦，王宠惠

（虎门）一度任教务长、孙中山（香山）、唐绍仪（香山）任校董，并为复旦拉来了不少南洋资源，李校长更是在 1918 年亲赴南洋募集新建校园的善款。其中南洋烟草公司简照南兄弟（南海）与中南银行黄奕住（同安）都为江湾的复旦新校区捐资建楼。而 1924 年起，李校长多次来到新马地区出访，募集华侨捐赠维持学校运转。整个南洋世界全力支持办学的近代高等院校，除了著名的厦门大学、新加坡南洋大学外，当时的复旦大学同样在列，复旦校史中不能忘记南洋华人的深情厚谊。

著名电影《放牛班的春天》大约有句台词说的是"体育和音乐是促进人类团结的语言"，体育教育实际是现代教育中不可或缺的一环。事实上在整个近代高等教育史中，体育这一科也一直作为重要现代学科，一直被教育家们所关注。上海一地的近代体育教育无疑是领先全国的，这里既有走出过马约翰这样体育教育名家的圣约翰大学，也有校园体育色彩浓厚的南洋公学、交通大学，当然复旦的体育教育在民国时期的成就同样不遑多让。这其中最有特色的团队项目足球，成为复旦近代校史上颇为浓烈的一笔。这里既留下过亚洲一流球星的身影，也曾代表学校扬名东南亚，更重要的是足球让这片校园充满青春与力量的气息，报上称当时的复旦队"异常勇猛"，那大约是当时复旦留给世人的重要印象之一。今日的校园中体育设施远多于前辈时，参与各种运动的师生自然也不少于前人，但那种勇猛可观的校园体育风尚或个人的精神面貌，似未见得能与年轻李惠堂在复旦的日子相提并论。今天的年轻人比任何时候都需要体育精神的感召，或许只有回到运动场上，回到勇猛可观的状态去挥洒汗水，才是体育教育重新找回其地位的时候。

今日清华校园中"为祖国健康工作五十年"横幅（王宏伟摄）

复旦爱情故事

五四运动之后不久，复旦迁至江湾新校园，但随之而来发生"非基运动"，李登辉校长及复旦管理层与校董群体都受到不同程度的冲击。震荡波及深远，新的政治势力渗入校园，最终酿成一次大事件，李校长一度去职。传世文献中解释李校长事件源于揭露其夫人汤佩琳"经济问题"案，李登辉愤然离校休假，由刚回国任教的郭任远（1898—1970，广东潮阳人）代理校长；当时又盛传李校长出走与郭任远有相当关系。[87]陈以爱考证 1924 年李登辉被驱背后有复杂的因素，并非简单的校园学潮，而与发生在稍后的北京女师、东南大学学潮（被驱校长就是李的连襟兄长郭秉文）有相当联系，都是国民党为控制校园而制造的混乱，以达到驱逐校长，控制学校的目的。[88]1924 年春李登辉辞职，便是这一背景下的产物。汤佩琳"经济问题"

案记载来源于当时学生领袖张廷灏[89]，陈以爱也指出张廷灏身份本身就是国民党上海执行部委员，那他的立场便可想而知了。顺便说句郭任远，他是一位卓越的心理学教育家，他为复旦创办了心理学系与实验中学；但他又与那个时代略有点格格不入，最后落得不欢而散。他为复旦留下了一座美丽的子彬院，最早是做心理学系的教学科研工作的，捐资人就是他的堂叔潮阳富商郭子彬。

这次对校长夫妇的诽谤影响依然是重大的，李夫人可能就是因此郁结甚深，得了肠癌。这最终导致了李登辉第一次主动辞校长，也让我们见证了复旦校园中最深情而凄美的爱情故事。新出《上海图书馆藏唐绍仪中文档案》中有一封出自李登辉校长的长信，收信人为唐绍仪。据信封邮戳，时间在1930年的10月2日；收件上款作"老靶子路/唐少川先生勋启"，下为"李缄"。当时唐绍仪正住前述北站边上的唐宅。录李校长全信于下：

> 敬启者：窃登辉猥以轻才，谬蒙擢选为复旦大学校长，任职多年。愧少建树，幸赖指导，差免陨越。惟年来教育行政，日见革新；不学如辉，已多不合时宜之处。益以精神体力日渐不支。为敢缕陈衷曲，恳祈俯察，并祈准其辞职，实所盛祷。登辉服务斯校，溯自肇始以迄于今，兹垂二十有五年；膺校长之命者，亦十有余年矣。年前窃与家人计议，如个人体力可以勉支者，当于服务复旦二十五年之时，作退职归休之请。弹指光阴，预期已届，私衷得遂，应即告辞。盖谓登辉为服劳也，则此二十五年，不可为不久；谓登辉为享乐也，则二十五年亦不为少矣。爰于此二十五周纪念之期，应声请辞职者一也。

登辉马齿徒增，已将周甲。虽不至老态龙钟，颓唐过甚；而自审年来身体精神，大非昔比。况方今教育制度，迥异畴昔，对内对外，责任之日集于校长之身。登辉略谙西文，幼疏国学，此后计划应对，远非登辉固有之学识才能所可胜任。为学校前途计，为个人修养计，应声请辞职者二也。

数月以来，荆妻病剧。日夕伴侍，刻不容离，身心困顿，痛楚逾恒；学校大计，未遑顾及。良以互助乃人类之义务，看护亦丈夫之责任。学校家庭，势难兼及，与其尸位素餐，孰若免妨贤路，俾公私双方，得以两便，此应声请辞职者三也。

登辉辞职之念，蓄之有日，爰于学校行政，设有校务委员会负责主持，对外一切事项，由校长室秘书长综理在，辉原不过如立宪国家之君主，实一备员而已，个人去留，并无影响于全局。

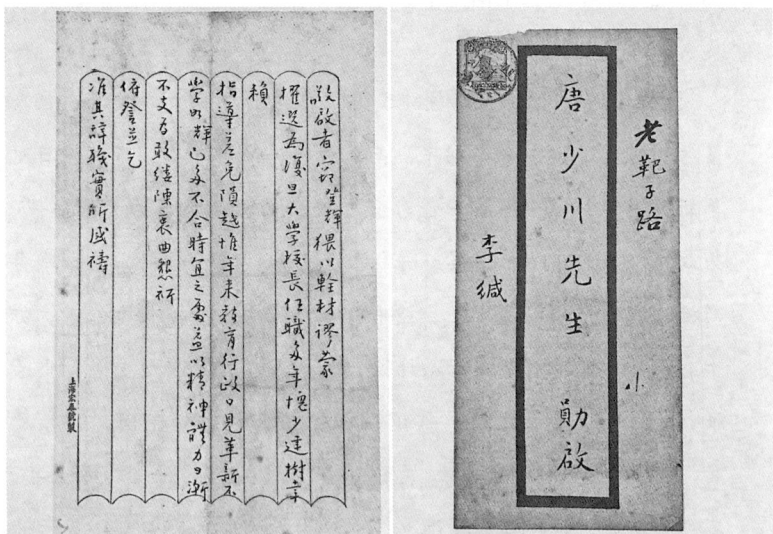

唐绍仪档案中李登辉致唐绍仪信

际此九月初旬，适登辉服务斯校达二十五周年之期，用特具书，恳请准予辞去复旦大学校长职务。去志已决，幸祈台照。至乞即日另选贤能，到校接替，俾复旦主持有人，而登辉亦仔肩蚤卸，此后自当在外随时设法以效力于斯校，藉答先生等平昔之厚遇也。临颖不胜惶恐之至。

专此敬上复旦大学董事会唐少川先生。

李登辉谨启。（李登辉［印］）[90]

先论这封信的作者。信中李登辉自述"幼疏国学"，因其生长南洋、留学北美，刚回大陆的时候他甚至都不会说中文。当然，在上海籍夫人及校内同仁的帮助下，寓沪25年的李登辉当已熟练掌握基本的汉语读写，应该不成问题。观这封句法纯熟、气格高古的近代文献书信，则仍非李校长所能为，最有可能的应该是其中文助理润色的成果；但从流传的文献来看，字迹应该是李氏原笔。

次论写作时间。彼时1930年，为复旦建校25周年之际。民国复旦创校纪念日（School Anniversary）约定俗成为每年农历的八月十六（承王蔚告知，谨致谢忱），1930年的纪念日公历在10月7日；李登辉此信寄到，已在校庆五天之前，应该也是刻意为之。据信中意，此信初草在"九月初旬"，那正是自己为复旦服务二十五年之际；第二章中已论及，早在1905年复旦公学初创，李便经人介绍给马相伯先生，执教复旦。则以民国时候邮政速度，从位于江湾的复旦大学，寄到紧挨江湾的界路"老靶子路"，不会很久，那这封信送达已经在当年9月底了。

此时的唐绍仪，亦已去官多年，坐寓沪上，领着包括复旦大学在内多所学校董事会成员的虚衔。前章论及唐绍仪早在1913年复旦迁李公祠、重组校董会时，便与王正廷、聂云台、王宠惠等名列其中。那时唐氏，刚辞去北洋政府总理，南下上海；此后十余间，唐氏对复旦支持有加，复旦募建的民国江湾校区便有唐氏参与之功。不过唐、李二人关系究竟如何亲密，材料尚不多见，可能二人以往通信，当为英文居多，俟日后刊布。以李登辉 1930 年辞职风波及此信观之，1930 年代初的唐绍仪对复旦及李登辉校长位的影响，依然存在。

全信内容直白，为李登辉请辞复旦校长之事。信中给出了三条请辞理由，第一条：自己早就与家人商议，在校庆及工作二十五年的整年，办理离职；如今时间已至，自己则信守诺言。第二条为自己年事已高，身体心理都已不支；这条理由，信开头也提了，与身心俱疲对应的还有"教育行政，日渐革新"，也即赶不上时代的意思。其实这两条理由都是借口，比如服务二十五年或是任意一年再离任，皆无制度上的定数，理由完全不能成立；而从李校长一生来看，他的身体不仅支持他长期担任校长（包括复旦沪校负责人），而且一直健旺到十余年后的抗战胜利，所以李校长身体亦无大碍，只是一时遇到了不可抗力的事情。如此，这时李校长辞职只有一个理由，那就是第三条所说的：他的太太病了，需要人照顾；校长不仅要"日夕伴侍，刻不容离"，而且致使自己"身心困顿，痛楚逾恒"，已经无法分心学校事务。

李夫人汤佩琳与李校长自 1907 年喜结连理，已 21 年。李校长能全身心为复旦付出，倾其一生，就是因为这段美满的婚姻。但是，快乐的时光总是很短暂，换来的却是无穷无尽的痛苦，这对美满的伉俪，遇到的第一个问题就是殇子。自从婚后至复旦改私立大学的十年里，李、汤夫妇共诞下四位子女，但都相继夭折，尤其长至九岁的长子有仁之殇，让夫妇二人悲痛不已。此后李校长便忙于建设江湾的新校区而奔波。1925 年学潮后，他们从南洋接来了两位幼侄，聊解膝下之虚，更大的灾难出现了。汤佩琳的癌症情况反复，尤其在 1929 年李校长夫妇从莫干山休养回来，反而加重了病情，此后一年，李校长几乎整年都在照顾病妻中度过。尤其自写这通辞职信至次年初夫人病逝后的半年间，复旦校务会议的档案中就再也没有出现过李校长的名字，而是由教务长金通尹（1891—1964，浙江平湖人）及临时成立的校务会议常委会代理。也就是给唐信中所说的"一切事项，由校长室秘书长综理在"，他自己不过是立宪国家那种名义上的君主，"个人去留，并无影响于全局"，权力已经分出去，自己在不在位，其实也无甚差别。

消失在校长室的李登辉，这时就守候在夫人的病榻前，正如给唐绍仪信中所述"荆妻病剧，日夕伴侍，刻不容离"，而他坚持亲自陪护，不容分身的理由也很纯粹："良以互助，乃人类之义务，看护亦丈夫之责任。"在他看来，护理病妻是丈夫应尽的职责，是超越自己职业与理想的责任，他也将这一责任贯彻始终。汤夫人去世后李校长曾作一篇《我的夫人》长文回忆亡妻，在多种报章上屡次转载；文中回忆道：一开始他拒绝医生提出的外科手术，认为这一医疗技术还不够成熟，还有一个理由，就是汤夫人体弱，怕术后恢复不过来；但最后意识到如果因为他的固执使得夫人有所不测，他也不会原谅自己，遂向现代医学妥协，带汤夫人去"上海疗养院"问诊。医生告诉他们，这个病手术痊愈率很高，但汤夫人似乎身体暂时还不能承受手术，需要一定时间的休养再评估。他们在 1930 年上半年去杭州继续休养，回来后的当年六月病情反复，住进医院后查出了癌症，李登辉得知只有住进医院"珍视与看护比较周道"，所以陪伴病妻入院。汤夫人接受了第一次手术，但很不幸，发现肿瘤已经是晚期，非常不乐观。李登辉自述当时的痛苦无法用言语形容。他没有把病情告诉夫人，仅与夫人的弟弟

李登辉夫妇

汤仁熙商议，后通过教会中简单的修行实践，缓解病人的病痛。汤夫人在忍受了最后半年病情带来的癌痛与水肿，最终在 1931 年的 1 月 4 日凌晨两点与世长辞，李登辉一直陪伴到夫人临终。他回忆道，前一天晚十一点钟时"她还能对我说，她要到床上去睡一刻。一点钟时，我走到她床边，她才开始说一些不相关联的话，微微怨着她的疲倦"，但李登辉发现这只是汤夫人最后的一息，所以喊来家人，汤夫人便平静地安息了。[91]

"看护"护理之学，既有其医学的向度，也有其超越医学、上到精神层面的维度。通过护理这一举动，人们往往希望实现一些高于医学治疗的愿望与理想，即便那是一位没有受过现代医学训练的人。李校长在至唐氏信中所谓"良以互助，乃人类之义务，看护亦丈夫之责任"，即寄托了其作为丈夫的护理和陪伴本分，及其对于病妻无尽的爱。虽然李登辉能做的仅仅是陪伴、互助以及祈祷，但这正是体现了护理学高于治疗的精神所在；护理的旨归就是通过爱与救赎，期待病患能够得到缓解改善，甚至奇迹的发生。李校长用自己的感情经历及其亲历的临终关怀，为后人留下了一段动人的复旦爱情故事。

丧妻之痛后过了很久，李登辉才逐渐缓过来，且一再拒绝续弦，哪怕是其内弟的建议。他在日常生活中，一直保持汤夫人未丧犹在的状态，比如吃饭碗筷刀叉仍要多放一副在。直到半年多后的 1931 年 10 月才重新回归校长位主持校务。是年 6 月，复旦校园落成了一幢卫生院，全校师生建议将此楼命名为"佩琳院"，落成后，院内悬挂汤夫人画像，李校长几乎每日至此，徜徉许久，可见李校长心中的信念。

2015 年秋，笔者参与复旦大学燕园剧社自编自导了一部学生话剧《复旦爱情故事》，其中主要篇幅就选取李登辉与汤佩琳凄美坎坷的经历演绎而成。全剧至汤佩琳去世，有一段李校长的独白，至为感人。时过境迁，这部学生话剧久为人忘却，录上剧本原文，以纪念这段动人的因缘：

李登辉：我想着很久以前我们走在夜色里，影子被街灯拉得很长很长，可是你的身子小小的，好像一点儿北风就能把你从我身边带走。你走着走着，回头拉着我的手，你对我说，你有点累了。/你果然走了，我却还能记得第一次见面的时候，你穿着的那条淡蓝色的薄纱裙子。你说，腾飞，你好吗？可是你跟着我，有什么好呢？就像，我连颗戒指都没有准备，就来求你嫁给我，而你还是想都没想就说：那好啊。/你说，你喜欢我，因为在我面前，你不用去掩饰真实的自己。（苦笑）大概是我比较傻吧……你说，你喜欢阳光，喜欢阳光洒进窗台，喜欢一大家子人一块儿吃饭。小家伙们一个个都早走了，你在空无一人的房子里，怀抱着怎么样的热望呢？/我总想着，等这一段忙完，这一段忙完，我就来陪你，好好地陪你，去你所有喜欢的风景里，走你每一条怀念的小巷。/你总是假装生气地说，饭不能一个人吃，说我永远不会懂为什么。当全校都跑去重庆避难，而我却决定留在上海的那天晚上，仿佛听到你问我：你害怕么？你走了之后，我对着冷冷清清的饭桌，才明白一个人吃饭的滋味。你是怎么日复一日地等待的呢？当你守在空无一人的房子里的时候，你在想什么呢？你数着过得越来越慢的时间，你在想什么呢？你在看什么书？这间屋子真是寂静……在那些我忙得不知所谓的夜里，你是不是又失眠了？你是怎么样度过那些夜晚的呢？你喝什么，咖啡还是茶？/最近我总是按时回去，无论手中还有什么要做，我总是期待着推开门的刹那能看到你倚在窗边消瘦的背影。看到我回来，你会不会高兴地过来拥抱我呢？如果我冲上去吻你，你会不会闪躲呢？还是会埋怨地对我说，你是不是只有在我走了之后才想起我？而此时此刻，你知道我在想你么？你还在等待我对你说些什么吗？你说我种的花都开了，而你并不能来看了。（韩润葵主笔）

注　释

1　吴淞江下游及虬江故道研究，可参满志敏《推测抑或明证：明朝吴淞江主道的变化》，《历史地理》2012 年 1 期；傅林祥《吴淞江下游演变新解》，《学术月刊》1998 年 8 期。
2　芦泾浦今误为俞泾浦，笔者有文《何处是"天通庵"》（《文汇学人》2019 年 10 月 11 日）辩其非。
3　上海市地方志办公室编《上海乡镇旧志丛书》第 11 册《江湾里志》，上海社会科学院出版社，

2006 年，第 75 页。下引《江湾里志》皆出此版。

4　《江湾里志》，第 27 页。

5　李天纲《金泽：江南民间祭祀探源》，生活・读书・新知三联书店，2017 年，第 93 页。

6　郁喆隽《神明与市民：民国时期上海地区迎神赛会研究》，上海三联书店，2014 年，第 209 页。

7　吕承朔《工业遗产与历史记忆——聚焦淞沪铁路》，上海社会科学院 2013 年硕士学位论文。

8　本节写作之初，为纪念复旦大学迁校江湾校址一百周年（2022 年）所作。写作得到复旦大学校史研究室主任钱益民老师、上海交大历史建筑勘察设计研究院建筑师冯立老师的帮助指正，一并致谢。

9　李丰耀《为什么老北大没有一个高大上的校园》，《澎湃新闻》2018 年 5 月 4 日。

10　《李登辉传》，第 94—95 页。

11　《李登辉传》，第 97 页。

12　*Building in China: Henry K. Murphy's adaptive architecture. p87-88*，笔者自译，略与《筑业中国》不同。

13　赵静《托马斯・杰斐逊与弗吉尼亚大学的创建》，河北大学 2006 年硕士学位论文。

14　茂飞"适应性建筑"理论研究可参盛一诺、蒙克《老树如何发新枝：一位美国在华建筑师的"适应性建筑"实践》，《装饰》2023 第 11 期；李若水《墨菲"适应性建筑"中的明清官式建筑元素》，《中国文化遗产》，2020 年第 1 期。

15　陆键东《陈寅恪的最后二十年》，生活・读书・新知三联书店，1995 年，第 60—65 页。

16　蒋天枢《陈寅恪先生编年事辑（增订本）》，上海古籍出版社，1997 年，第 176 页。

17　潘真：《上海最早的"大学城"》，《检察风云》2020 年第 23 期，第 90 页。

18　《复旦大学志》，第 107 页。

19　庸夫：《庸庵随笔》，薛明扬、杨家润主编《复旦杂忆》，复旦大学出版社，2005 年，第 69—77 页。

20　龚云章：《江湾忆旧》，薛明扬、杨家润主编《复旦杂忆》，复旦大学出版社，2005 年，第 69—77 页。

21　读史老张：《相辉》，第 36—37 页。

22　《教育下：教育部咨江苏民政长请转饬各私立大学分别停办并饬神州大学改办法政专校文》，《政府公报分类汇编》1915 年第 14 期，第 79—80 页。

23　白至德：《彰往知来　父亲白寿彝的九十一年》，中国工人出版社，2008 年，第 15 页。

24　《校舍驻兵之学校消息》，《申报》1924 年 11 月 3 日。

25　虬江国民学校出自江湾镇中心保宁寺曲江书院所办新学"公立虬江两等小学堂"，历经合并改名为今红旗小学。

26　章玉政：《光荣与梦想　中国公学往事》，浙江人民出版社，2014 年，导读。

27　严海建《变动社会中的投入与疏离：中国公学的历史（1906—1936）》，南京大学出版社，2021 年，第 201 页。

28　民国上海大学研究为学界显学，专著有上海市委党史征集委员会主编《上海大学：一九二二——一九二七年》，上海社会科学院出版社，1986 年；胡申生《上海大学（1922—1927）全史》上海大学出版社，2022 年。

29　于右任：《国民党与社会党》，《东方杂志》1924 年第 1 期，第 14—19 页。

30　郭骥《上海大学（1922—1927）旧址及相关遗址考略》，《都会遗踪》2022 年第 1 期。

31 可参阮清华《上海游民改造研究：1949—1958》，上海辞书出版社，2009 年。

32 《立达中学更名立达学园》，《时事新报（上海）》1925 年 7 月 1 日，第 13 版。

33 北京师范大学校史资料室：《匡互生与立达学园》，北京师范大学出版社，1985 年，第 24 页。

34 北京师范大学校史资料室：《匡互生与立达学园》，北京师范大学出版社，1985 年，第 26 页。

35 北京师范大学校史资料室：《匡互生与立达学园》，北京师范大学出版社，1985 年，第 227—229 页。

36 国立劳动大学研究以蔡兴彤《国立劳动大学研究（1927 年—1932 年）》，华中师范大学 2011 年硕士论文，2011 最为详细，并可参严海建《蒋介石、党国元老与国立劳动大学的存废之争》，《史学月刊》，2018 年第 11 期以及阮清华《夭折的模范——1920 年代上海模范工厂论述》，《历史教学问题》，2010 年第 6 期。

37 《国立劳动大学研究（1927—1932）》，第 29 页。

38 朱健《陆礼华与两江女子体育专科学校》，《兰台世界》，2014 年第 4 期。并可参王云《社会性别视域中的近代中国女子体育（1843—1937）》，南京大学 2011 年博士学位论文。

39 李小江：《让女人自己说话：独立的历程》，生活·读书·新知三联书店，2003 年，第 163—168 页。

40 高新慧《华人基督徒与近代上海儿童慈善研究：以伯大尼孤儿乐园为中心》，《宗教与历史》2020 年第 1 期。

41 《一二八后的上海教育事业（二）》，《申报》1932 年 5 月 11 日，第 11 版。

42 《李登辉传》，第 137 页。

43 《时报》1932 年 5 月 13 日，第 7 版。

44 韩戍：《抗战时期的国民政府教育部与留守上海高校》，《抗日战争研究》2018 年第 2 期，第 27—43、159 页。

45 《复旦大学志》第 151—154 页。

46 朱健：《陆礼华与两江女子体育专科学校》，《兰台世界》2014 年第 4 期，第 121—122 页。

47 刘晨：《立达学园史论》，团结出版社，2009 年，第 152 页。

48 袁运开、王铁仙：《华东师范大学校史：1951—2001》，华东师范大学出版社，2001 年，第 372 页。

49 张宁《异国事物的转译：近代上海的跑马、跑狗和回力球赛》，社会科学文献出版社，2020 年，104—157 页。

50 前揭张宁《异国事物的转译：近代上海的跑马、跑狗和回力球赛》，第 105 页。

51 前揭张宁《异国事物的转译：近代上海的跑马、跑狗和回力球赛》，第 113 页。

52 骑师团体中还有诸如淮军将领胡橘菜的公子，粤商徐润家公子等，可参前揭张宁《异国事物的转译：近代上海的跑马、跑狗和回力球赛》，第 131 页。

53 叶子衡出售跑马厅股权可能由于叶氏四大钱庄亏损导致的叶氏资产重创，最终选择出售股权度过危机。前揭张宁《异国事物的转译：近代上海的跑马、跑狗和回力球赛》，第 145 页。

54 可参郁喆隽《神明与市民　民国时期上海地区迎神赛会研究》，上海三联书店，2014 年。

55 《居民集聚地地名·现行地名》载：相传天乐庙建于宋朝，自然村历史亦较久，村民多侯姓。《杨浦区地名志》，学林出版社，1987 年。

56 《上海府县旧志丛书·宝山县卷·民国宝山县续志》，上海古籍出版社，2012 年，第 862 页。兼参《澎湃·上海门牌研究》所刊《图考沪城：通往"万国"的体育会路》https：//www.

thepaper. cn/newsDetail_ forward_ 8092978。

57 老周望野眼《复兴公园马恩雕像与草坪的往事》，"澎湃"新闻，2020 年 6 月 21 日。前两次的飞行表演都选择在远离市区的江湾跑马厅降落，令不少人无缘亲眼目睹，于是 5 月 6 日，环龙在上海的第三次也是计划中最后一次的飞行表演遂将市中心的跑马厅作为降落场，他没有想到，这个选择改变了他的命运，飞行表演中途环龙因飞机失事身亡，法租界以一条东西向马路命名为环龙路(今南昌路)。

58 前揭张宁《异国事物的转译: 近代上海的跑马、跑狗和回力球赛》，第 149 页。

59 《青年会会员旅行江湾》载:"四川路青年会会员，定于今日下午一时半，赴江湾旅行，游该处叶家花园，人数则额定十人云。"《申报》1926 年 4 月 17 日。

60 《申报》1931 年 8 月 16 日 第 20965 号 28/36。

61 《江湾叶家花园》广告，《申报》1931 年 8 月 18 日。

62 《叶园发起赈灾游艺会》: 江湾叶园同庆公司、董事长及经协理卓达吾、周慎锦、金迪卿等，商同大慈善家王一亭、王晓籁、虞洽卿、王彬彦、袁履登、邵如馨等，即假该园，举行各省赈灾游艺大会。《申报》1931 年 8 月 28 日。

63 《教部褒奖捐资兴学人员》，《申报》1932 年 12 月 4 日。

64 《枫林桥建成了中国的医事中心》，钱益民、颜志渊《颜福庆传》，复旦大学出版社，2007，第 155—158。

65 《叶家花园改充国立医校疗养院》，《申报》1933 年 6 月 8 日。

66 《江湾叶家花园捐充之澄衷医院今日开幕》，《申报》1933 年 6 月 15 日。

67 《本市简讯》，《申报》1946 年 11 月 25 日。

68 承杨硕培博士提供材料帮助，谨致谢忱。

69 《吴市长等会商洽卿医院院址改在澄衷医院后》，《申报》1936 年 7 月 31 日。

70 颜福庆《国立上海医学院之回顾与前瞻》，《申报》1937 年 4 月 1 日。

71 另有穿越淞沪公路进入体育场(即今江湾体育场) 的卸载作业线，专供装卸军工物资。抗日战争胜利后，路基大部用作铁路专用线，2000 之后仍在使用。可参《上海通志》第二十九卷《交通运输》第二章《铁路运输》第二节《铁道线路》，检索自上海地方志办公室"方志数据库"。以下方志数据皆出自此，不一一出注。

72 前引《杨浦区地名志》《企事业单位地名·现行地名》。

73 前引《杨浦区地名志》《企事业单位地名·现行地名》。

74 《杨浦区志》第三十二编《教育》第六章《中等职业技术教育》第三节《中等技术教育》。

75 前引《杨浦区地名志》《企事业单位地名·现行地名》。

76 《五角场镇志(修订本)》第六编《工业、仓储 第三章市、区、县属工厂简介》第廿十四节"上海江湾机械厂"。

77 《杨浦区志 1991—2003》第二十九编《高等院校》第五章《上海财经大学》第三节"教学设施"。

78 《专记·杨浦知识创新区建设》:"同济大学、上海财经大学'以地易地'拓展校区 2003 年 10 月，市政府专题会议确定巴士一汽四平路停车场约 120 亩土地交同济大学使用; 同济大学腾出沪东校区的 191 亩土地交上海财经大学使用。"《杨浦区志(1991—2003)》。

79 《杨浦区志 1991—2003》第三编《市属工业企业》第一章《市属工业企业调整》第四节"关停并迁企业的土地置换"。

80 《上海名街志》第二章《十二大著名街区》"沪东北城市副中心——五角场"。

81 "碎片化"理论参考自陈文捷《巨人的文明：罗马，从共和国到帝国，从恺撒到基督》（机械工业出版社，2018）。

82 前引《复旦大学志》第一卷第 520 页。

83 读史老张《复旦和交大：同根一脉，相爱相"杀"》，《卿云：复旦人文历史笔记》，上海人民出版社，2022 年，第 1 页。

84 李惠堂《鲁卫吟草》自印本，建安印务公司承印，1974 年。

85 可参前引纪赟《域外文献中的复旦大学》。

86 《一日一谈》，第 4—5 页。

87 可参陆桢严《郭任远与复旦大学心理学教育实验》，复旦大学箸政项目，2019 年。

88 《动员的力量》，第 345 页。

89 《李登辉传》，第 107—108 页。

90 上海图书馆编《上海图书馆藏唐绍仪中文档案》第 28 册，上海人民出版社，2020 年，第 13933—13939 页。

91 李登辉《我的夫人》，《布道杂志》，1932 年第 5 卷第 1 期。

第五章
生长江湾虹口之间

1922 年复旦正式迁到这里之前，江湾周边便已经颇有生气：十年前这里便有了跑马厅，再早有前清时候迁来的商务印书馆（1907），与更早先通车的淞沪、吴淞铁路，都让江湾这块土地早早进入整个近代中国的历史视野。当然，自从复旦来后，江湾这片土地上的故事无疑更为丰富活泼。而复旦最终一直在此弦歌不辍，办学至今，江湾的一切也都渐渐与复旦产生了联系，江湾的河流贯穿了复旦校园，江湾的马路环绕复旦，铁路江湾站上上下下的旅客，有不少都是来复旦求学、任教、讲演的人们。生活在江湾的人们，不少也与复旦有因缘——甚至复旦与上医的因缘，最早就是因江湾而起。

太平天国之后，上海美国圣公会沿虬江故道沙泾港北上来到江湾，由吴、颜姻家主持在此开教。清光绪八年六月十四（1882 年 7 月 28 日），颜家在镇中圣保罗堂边的住所中诞下家中的第二位男婴。十六年后，重新铺设的淞沪铁路才重新恢复运营；二十九年后，叶子衡才建起江湾跑马厅；四十二年后，旁边才拥有了一座花园会所；五十一年后，这个婴儿自己也没有想到，他会以主人的身份欢迎来自后藏的高僧大德在园中说法。当然，他也无法预见自己 36 岁在湖南长沙奋斗的时候，耶鲁老学长李登辉校长第一次来到他的家乡，选中了镇东虹江分水之处办起新式大学，最终与他亲手创办的医学院在世纪末走到一起。那个生于江湾市河边的婴儿就是颜福庆。

第一节　颜福庆家史

1882 年夏，颜福庆出生在江湾圣公会圣保罗堂。他的父亲颜如松与舅舅吴虹玉都是当时赴江湾传教的牧师。颜福庆六岁丧父，被接到了伯父颜永京家，位于虹口外滩文监师路（今北外滩塘沽路）上的救主堂。今天，从江湾走沙泾港入虹口港，至外虹桥下注入黄浦江的河道依然通畅，当年幼年颜福庆应该就是通过水路来到大伯家中住下。在之后的日子里，大伯颜永京担起了福庆父亲的角色，并对其影响至深。颜永京是中国留美学生的先驱，在沪美国圣公会华人家族领袖，又参与创办了圣约翰书院（大学），其多重身份助力整个颜氏家族后代精英辈出，影响遍及全球。要了解颜福庆，出自虹口外滩的圣公会颜氏家族及其姻亲圈无疑是值得介绍一下的。

DR. F. C. YEN
'99 M., Hon. M. D. '22

青年颜福庆

颜永京一族上一代是自厦门来沪的移民，其后同黄、吴两家追随圣公会文惠廉牧师，开拓苏州河以北的虹口地区，从此在沪北地区发展。前章《虬江之湾》讲到明清以来，江湾与上海县原以虬江故道为界限，虹江故道市区段以南，依次还有苏州河、洋泾浜、肇嘉浜等东西向河道。晚清以来，上海市内大部分东西河道都填塞筑路，原本的两县界限、华界租界的界限及租界之间的界限都由河道变成了马路，唯独原上海县境内的苏州河一直保持畅通，这使得上海县苏州河北岸的一片土地，天然与南岸上海县城与租界分隔，而与其更北面的江湾地缘上更加接近。清代之后地图中，上海县之"二十五保三图"区域，苏州河北岸有一块不小土地，还与县二十三保的一、二图"虹口东"隔虹口港相望。虹口港北上分出芦泾、沙泾二浦，便是虹江故道；二浦所经广大区域，在晚清之前都属于太仓州宝山县的江湾镇范围。从苏州河、黄浦江北岸一直到虹江—虹口港两岸的土地，形成一片重要的近代城市聚集区，这里以虹口港及其下游村集"虹口街"之名，被称为"虹口"。自1843年11月上海正式开埠后，黄浦江沿岸多处陆续被设立为租界，建设码头港口洋行或教堂等建筑设施。最先开埠的区域在上海县城北洋泾浜以北的黄浦江滩涂，主要先由来华英国人经营。晚十余年来华的一些美国人发现，同属上海县的苏州河北岸，仍有一片未开发的区域，尤其此地北缘的虹口港畔，尚属荒芜，地价也便宜。而此虹口港下通黄浦江，上溯还可达江湾、吴淞，南距英国人租界亦仅隔数里，为开埠经营的上佳选择。传说，一位美国传教士与时任上海道台吴健彰口头商量后便设立租界区，其实那位文惠廉牧师（William Jones Boone，1811—1864）的经历要复杂得多。最初虽然有"美租界"之名，但既未划定界限，也没签订租约，文惠廉在虹口最初的经营，是从一种特别中国特色的"灰色空间"中开始的。真正最终划定美租界区域，要到文惠廉去世前一年的1863年6月25日，美驻沪领事熙华德（George Frederick Seward，1840—

江苏第一任主教文惠廉遗像（《圣公会报》1935 年第 28 卷第 21 期，第 2 页）

1910），与继任上海道黄芳议定美租界划界章程。同年，美租界与南岸英租界合并成为"公共租界"。

美国圣公会牧师文惠廉不仅是虹口近代化历程中最重要的人物，还是中国近现代教育的奠基人之一；在他 1845 年（清道光二十五年）抵达上海之前的近十年间，还曾去过东南亚的荷属巴达维亚（今印尼雅加达），中国的澳门、厦门鼓浪屿多地传教。初到上海的文惠廉先在上海县城内活动，在获得租地权利后，文惠廉来到苏河以北，建起第一座近代建筑：虹口救主堂（Church of Our Savior），及包含住宅、学堂等多重生活设施的传教大院。文惠廉极重视教育，抵沪不久就在上海县城东王家码头附近开办了一所男童学校"大美圣公会学堂"。咸丰元年（1851）初到虹口后，文氏不仅把男校迁来此处，又在附近创设上海最早女校之一的"文纪女校"，这两所学校后加入著名的圣约翰大学与圣玛丽女校之中。

沪北近代城市，正是沿着救主堂为中心的街区向外发展。救主堂北一条东西向马路文监师路（Boone Road，音译为蓬路，今为塘沽路），被以文惠廉的名字命名，与教堂同时建成于 1848 年，东起自

University of Bristol 藏救主堂老照片，时间大约为 1850 年代

"虹口路"、后改百老汇路（今为大名路），沿着苏州河北一直修到了老闸以西。而堂东南的百老汇路，筑成于十余年后的 1864 年，沿着黄浦江，西达外白渡桥（Garden Bridge of Shanghai）的前身"威尔斯桥"，东至汇山码头附近。这一带很快建起上海最早的码头船厂"老船坞"（Dewsnap Dock），以及上海最早的医馆之一、新式学堂，并出现上海早的集中领事馆区；中国最早的火车站、最早用上电灯的街区，同样出现在文监师路与百老汇路上。十九世纪末虹口的城市化，甚至可以视作整个中国近代化进程的缩影；而文惠廉的救主堂所在的空间，无疑是近代虹口乃至沪北的源点，今塘沽路与大名路相交的街区，即为历史与空间上的"虹口源"。

　　文监师路不仅是上海最早开辟的新式马路，应该还是上海第一条以人名命名的道路，路名中的那位"文监师"，就是美国圣公会主教文惠廉（William Jones Boone，1811—1864）牧师；这条路也曾以其

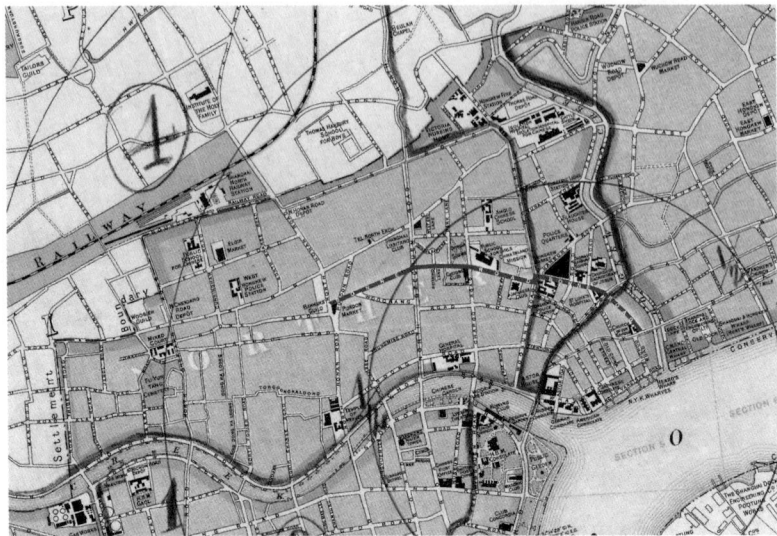

1918 年《字林西报》版上海地图中的文监师路（今塘沽路）

姓氏为英文名作：Boone Road，所以此路音译作"蓬路"，抑或被直接称为"文惠廉路"。文惠廉不仅被视为美国中华圣公会最重要的传教士，同样也是"北上海"虹口一带近代城市的重要开拓者与上海近现代教育的奠基人；以他的名字命名日后美租界最重要的马路，从历史上来看绝对是实至名归。

　　文惠廉是美东南的南卡罗来纳州（South Carolina）人，在 1840 年后来沪的西方传教团队中，文惠廉所在的美国圣公会应该是最早的团队之一，早于他们之前的应该只有 1843 年来沪的英国圣公会（Church Mission Society）海外传教差会之一伦敦传道会（London Missionary Society）的麦都思（Walter Henry Medhurst，1796 年—1857 年）、雒魏林（William Lockhart，1811—1896）一行的英国传教士了。最早来沪的新教传教士团体，大多会先选择在县城内及周边设立教堂及学校、医院等公共设施；不过文惠廉并没有满足在拥挤的老城厢中的传教事业。在他来沪的同时便发现，苏州河北岸虹口头坝之北、虹口港一带芦苇地，可资造屋建堂。三年后，他正式向上海县当局提出以此地为"美侨居留地"的要求，并于1848年开始在这里一带建造屋社，并计划建设一座全新的教堂：虹口救主堂（Church of Our Savior），直到1853年教堂终于落成，本堂也成为文惠廉的座堂。文氏特派由他亲自受洗的中国第一位圣公会华人牧师黄光彩（1827—1886，福建厦门人）主持堂务；黄氏是文惠廉在厦门时的邻居之子。六年后的咸丰九年（1859），文惠廉曾短暂返美，并带回18名传教士，开始在上海及周边的常熟等地布道。

美国圣公会在上海得以顺利发展，除了文惠廉的努力之外，还培养出了重要的华人牧师家族，黄光彩、颜永京与吴虹玉。他们不仅为美国圣公会在华传播立下汗马功劳，同时也在本土国人的教育、医疗等现代化领域，做出卓越的贡献。黄光彩主持虹口救主堂长达三十余年，他的夫人是虹口文纪女塾第一届毕业的学生，长女黄素娥后嫁圣约翰校长卜舫济（Francis Lister Hawks Pott，1864—1947），并任圣玛丽女中校长。

另外的颜、吴两家是三代姻亲，关系更为密切。颜氏自述出自山东孔门弟子颜渊之后，至清嘉道年间，颜家自福建迁往上海县城，居住在北城广福寺一带。颜家来沪第一代名为颜清源（1796—1862），妻沈氏，为做木棉生意，家境似乎一般，先后育有四子一女，其中前二子殇，三子出生于1838年，即颜永京（1838—1898）。11岁时，颜永京就读于文惠廉在王家码头所办的男校"大美圣公会学堂"；读书的次年1849年10月22日，便受洗成为基督徒，后又跟随文惠廉来到虹口男校新校舍继续学业。[1]咸丰四年（1854）文惠廉送颜永京的同学数人留美，颜于七年后毕业于建阳学院（Kenyon College Gambier, Ohio），于 1861 年 1 月归国回到虹口。但归国后因为美国南北战争使得圣公会经费断绝，颜永京短暂从事过上海英国领事馆翻译、公共租界工部局通事等职。在文惠廉陨后，颜永京协助继任主教韦廉臣（Alexander Williamson, 1829—1890）前往湖北武昌传教，创办武昌文华书院（The Boone Memorial School，此校为今日华中师范大学前身之一）。直到 1878 年颜氏返沪，再协助新抵上海的施约瑟（S. J. Schereschewsky），一起创办圣约翰大学。圣约翰书院成立后，颜永京任数学、物理、化学、天文教师，后又担任学监（院长）。卜舫济接任学监后，圣约翰书院蒸蒸日上，发展成为一所名扬海内外的大学。为了感念颜氏对自己的提携和筚路蓝缕的开拓之功，卜舫济把校园中最早的宿舍楼命名为"思颜堂"，至今还矗立在梵王渡华东政法大学校园里。1886 年，黄光彩逝世后，美国圣公会派颜永京出任虹口救主堂堂牧，他便成为黄氏之后圣公会在华第二位华人牧师；颜家又从梵王渡搬回了文监师路，居住在虹口救主堂后住宅，颜福庆大约也在这之后，搬来大伯虹口外滩的家里。

以颜永京等为代表的虹口第一代移民不仅迅速融入本地的社会生活，建设这片处女地，也很快成为上海本土精英的代表人物，在公共生活中展示十九世纪"上海人"的独特气质。这其中，最有代表性的"公共花园"事件，更为人熟知的名字就是"华人与狗不得入内"一事。此事经过报章及文人记录甚至小说演绎，学界亦有多文考证此事原委，其中最为人厌恶的"华人"与"狗"可能并没有连用，有后人建构的嫌疑，不过外滩"公共花园"在 1880 年代因各种理由限制华人入内的行为，确有发生。作为对其的直接回应，在沪国人领袖频繁向英国工部局发起抗议，自 1881 年 4 月，八位本地领袖向工部局提出书面抗议，要求允许华人入园，并通过不懈的抗争，最终迫使工部局在外滩公园西再建"华人公园"。参与这次抗争的八位本土士人分别为：唐廷桂、谭同兴、陈咏南、李秋坪、吴虹玉、唐廷枢、颜永京、陈辉庭，皆出自虹口。其中领袖，为时任怡和洋行总买办唐廷桂，同时也是日后著名的虹口广肇公所的创始人之一，余五位为其麾下粤籍大佬，与虹口广肇公所有直接关系。²而另两位虹口人，则是来自"虹口源"圣公会华人牧师的颜永京与吴虹玉。彼时颜永京已在为新创的圣约翰学院奔波，而其老友吴虹玉则主持了位于虹口的圣约翰学院医学院的筹建；日后同仁医院的翻新扩建，也得到了李秋坪在内的粤籍富商们的解囊支持。这八位本土领袖与工部局的交涉，可以看作虹口本土精英的某种宣示，以争取更多华人参与上海城市管理的决心。

颜永京后人中出过多位人才，长子锡庆与他一样留学美国建阳学院，次子志庆哥伦比亚大学法学毕业，三子殇，四子惠庆弗吉尼亚大学毕业，五子德庆留学美国理海大学，日后成为著名的铁道工程专家；长女庆莲，毕业于弗吉尼亚斯图亚特霍尔学校（Stuart Hall School）。子女之中，尤以颜惠庆成就最高。颜惠庆（1877—1950），字骏人，北洋政府总理，民国知名政治家、外交家，出生于文监师路颜宅。惠庆的英文名 William，应该就是乃父为了纪念文惠廉牧师，而为儿子起的。惠庆早年就读于"麦家圈"天安堂所办英华书院、即日后之麦伦书院，升入制造局内的上海同文馆；后与弟德庆同赴美留学，先入圣公会中学，再入弗吉尼亚大学文学部。回国后历任圣约翰大学英文教授、清朝驻美使馆参赞、清华学堂总办等职。入民国后担任北洋政府外交次长、总长，驻德国、丹麦、瑞典等国公使，后改内务总长。1926 年春，惠庆还曾短暂任国务总理并摄行总统职务。南京政府成立后，继续从事他外交官的本职工作。抗日战争爆发，惠庆保持气节，在家乡上海从事慈善和教育事业；上海解放后，还曾应邀参加中国人民政治协商会议第一届全体会议，历任华东军政委员会副主席等职，是虹口走出的一位重要的政治人物。

华牧中的第三位吴虹玉（1834—1919，江苏常州人），也是颜福庆的亲舅舅。早年与颜永京同在王家码头及虹口男校中读书，据其自述于 1848 年十三岁时（据西历纪岁，则为十四周岁不到）被父亲从常州老家送来上海圣公会学堂，后跟随学校迁来文监师路继续学习。与颜永京一样，吴虹玉也是 1854 年离开虹口，与两位同学上了一艘从上海回国的美国军舰萨斯奎哈纳号（Susquehanna），靠在舰上打工来到美国的军港城市费城。上岸后，随舰医官把小吴虹玉带到了家乡宾州（Commonwealth of Pennsylvania）的兰镇（Lancaster），吴氏便在宾州学习工作，后来当上了一名报馆的排字工，加入了美国籍，甚至还在美国南北战争时加入北军。他可能是美国南北战争史上唯一（或唯二）参战的华人。[3]

南北战争结束的 1864 年 5 月，吴虹玉返回上海。刚回国的吴虹玉国语能力有点跟不上，学国文吃力得像个外国人，甚至连时任圣公会上海主教的韦廉臣也劝他多学汉语与写作。1866 年秋，美国圣公会收到北美的一笔用以赈济穷人的捐赠款项，救主堂时任会长汤蔼礼（Elliot Heber Thomson）与吴虹玉商议，决定用此款开设医局，并取救主堂边百老汇路两间小屋作为院舍。当时美国圣公会在沪尚无传教医师，最后他们有幸请来美国浸礼会传教医师玛高温（Daniel J.

MacGowan）义务前来诊病开方，由吴虹玉照方合药。医局很快便门庭若市，来就诊者每周不下数百人，于是圣公会继续筹款扩建病房，并于 1868 年将新医局取名"同仁医馆"，英文名"American Episcopal Mission Hospital and Dispensary"；又因地处虹口，也被称为"虹口医馆"，玛氏为医院主任，吴任助理。早年虹玉的父亲死于伤寒，他在美国的时候还出过工伤，这些经历似乎都在暗暗影响他走上医疗的路子。[4]

　　1877 年，美国圣公会中国传道区第四任主教施约瑟上任后，想要出租救主堂附近土地，遂下令拆去老同仁医局房屋，原来聘用的西籍医护人员也纷纷离去，圣公会的医院事业几近放弃。有研究者指出，这些举动可能与圣公会筹办圣约翰学院有直接关系。但吴虹玉力主继续办医，并在此后一年的时间里，让医院在一间简易租屋内惨淡

同仁医院

经营，勉强维持。吴虹玉独任疗病、给药、账房、经营等职。不久之后，圣公会募得银 2 700 元，购得文监师路、熙华德路（Rd. Seward，今东长治路）口唐氏住宅，作为医局的新址，不过医院房舍依然不尽如人意。同年夏，圣公会派文惠廉长子文恒理（Henry William Boone，1839—1910）重回上海管理医院事务。在专业人才与财力的保证下，全新的同仁医院在 1880 年冬天重新开张，此时院英文名定为"St. Luke"。

在吴虹玉为医院募化唱缘的过程中，许多本地有识之士都注意到现代医院建设的意义。一次偶然的机会，广东富商李秋坪到同仁医院看望其住院的亲戚，看到同仁医院极为清洁且对贫富病人一视同仁，于是他认为医院是个有意义的机构，愿意出资帮助。在文恒理的建议下，李秋坪于 1881 年将医院所在街区余下的土地及房屋购下，拆除旧房，另建新建筑。新病房于 1882 年动工，至翌年春建成，总共耗资 10 772 元，此处后被称为"李秋坪病房"。李氏多次慷慨捐赠，在上海本地官绅及外商中产生了巨大反响，树立了典范，他们纷纷解囊，对医院慷慨捐助；后来的同仁医院，只需依靠中外居民及官方的捐助，医院完全能自给自足。1872 年由某粤籍富商于英租界宁波路隆庆里创办的体仁医院（Gutzlaff Hospital），因经费匮乏，于 1882 年 8 月 14 日并入同仁医院，原在该院工作的哲梅生（Jameison）大夫及其他人员均随同到同仁医院工作；同仁医院亦在院中设立了 16 张 "Gutzlaff 夫人"纪念床位。同仁医院搬迁并壮大的地址，就是由文监师路、熙华德路与南浔路围成的三角街区之内。

文惠廉的长子文恒理，出生在荷属巴达维亚，幼年随父文惠廉来到上海，在文监师路长期居住。后回美国学习，咸丰十一年（1861）

回上海开业行医，负责上海欧美人士的医务；翌年罹患霍乱，返美休养，后在旧金山市立医院任职，直至此次被召回。作为一位医学从业者，文恒理此次返回中国还伴随着另一重因缘：1879 年秋，圣公会在上海梵王渡所建圣约翰学院正式开学，他的任务是筹建圣约翰的医学部，医学部就设在同仁医院，而并没有放在学院所在的梵王渡校园。

除了在同仁医院的工作，文恒理还在梵王渡圣约翰书院的校门口，设立了一所对附近居民开放的门诊，并定期在上海附近村镇巡回诊视；而同仁医馆早期学员的实习基地，一在书院门口的门诊，二在同仁医院内。在文恒理的主持下，同仁医院的声誉日渐增长，当地清政府将清军病号送来诊治，偏远省份的病人也慕名前来求诊。医院的规模也逐步增大，这些都为他开展医学教育奠定了基础。1896 年，梵王渡圣约翰书院改组为"圣约翰学校"，并设立新的医学馆，文恒理为第一任主任。1905 年 11 月圣约翰书院根据美国大学注册要求在美国纽约哥伦比亚特区成功注册；次年 1 月起圣约翰书院改称大学，成为一所设在中国土地上的"美国大学"。此后，大学医科开始按照欧美医学院的标准升级，招收的学生必须先在学校认可的大学或文理学院修业二年以上，然后再进行五年的医科学习（包括最后一年实习），实习地就是位于虹口的同仁医院；毕业生将被授予博士学位。

十九世纪在文监师路、熙华德路口所建的同仁医院老楼，到了二十多年后已显得破败拥挤，1901 年来华的同仁医院医师杰弗里医师，看到医院设施尚嫌简陋，便写信向在美国的老父亲募捐，老杰弗里先生本人捐助美金一万元又募化万余元汇来中国。于是医院从 1912 年开始动工，将文监师路上的原主楼建筑重新翻建，同时在背面建造医学院学生及中国职工用房，该房于 1913 年冬完工，主楼则于 1914 竣工。

视线重新放到吴虹玉身上，尽管一生与同仁医院前后保持了三十多年的联系，但吴氏只有在前八年的时间，完全放在院务之上，后来则为医院方的兼职，贡献自己的力量。1873 年，吴虹玉受圣公会会吏职后，便被韦廉臣主教派驻尚属宝山县的江湾开教，于当年创办江湾圣保罗堂，他的助手便是老友颜永京亲弟弟颜如松，与乃兄一样接受教育，赴美国建阳学院，早年应该也是从虹口救主堂的男塾出身。归国后，颜如松长期在江湾一带发展，并在 1884 年，由时任上海主教、文惠廉牧师的次子小文惠廉（William Jones Boone，Jr.，1846—1891，上海第四任圣公会主教）祝圣成为牧师；据载曾主持江湾某教堂。[5] 今天看，颜如松很可能就是继任此年赴嘉定创设药局的吴虹玉，执掌圣保罗堂。期间包括福庆在内的多位外甥都诞在堂区。吴氏用他医学方面的优势如设药局，特别是种痘预防天花等措施，使圣保罗堂与美国圣公会在当地取得不小的声誉。1888 年，颜如松感染伤寒，在同仁医院去世，他的孩子分别由吴虹玉与颜永京二人关照长大。而颜福庆更是一定程度上受到舅舅医学事业的感召，最终踏上他辉煌的医学人生。

第二节　朱家木桥"宋家圈"：
颜福庆的姻娅圈

1896 年，十五岁的颜福庆赴圣约翰中学读书，同年圣约翰书院创建医学院（医学部），以同仁医院为教学和实习基地。1899 年，颜福庆中学毕业，升入圣约翰书院医学院，成为该院创建以来的第二班学生。不论是圣约翰还是同仁医院，颜福庆都非常熟悉，从小就是两地的常客；在幼年福庆的大脑里，圣约翰书院是伯父的家，同仁医院就是舅舅的家。进入医学院，以完成伯父的临终嘱托，也可继承舅舅的衣钵，可谓水到渠成。颜福庆入学时，圣约翰医学院才起步，教师和学生加起来不过寥寥数人。圣约翰医学院第二班于1903年完成学业，只授予毕业证书，不提供学位。颜福庆结业同学中还有日后圣约翰医学院院长刁信德等。22岁的颜福庆开始在同仁医院当实习医师。之后的日子里，颜福庆一度与淘金华工远赴南非担任矿医。直到1906年，上海圣约翰大学在美国华盛顿注册成功。凡是取得圣约翰大学毕业证书的学生，到美国可承认一到二年的学程，可直接升入二或三年级。凭着圣约翰的证明，可以少一到两年获得医学博士学位。南非归来的颜福庆决定赴美继续求学。1906年秋，24岁的颜福庆来到了美国，先入一所名不见经传的医学院，后转入耶鲁大学医学院二年级就读，1909年6月获得医学博士学位（M. D.），成为耶鲁大学医学院史上第一位亚洲博士。耶鲁毕业后，颜福庆的名字又与雅礼会紧密联系在一起。"雅礼会"本是晚清时期耶鲁大学（Yale University）的一个学生组织。1901年耶鲁大学建校200周年之际，一批耶鲁学生在校方支持下，创立了雅礼协会。"雅礼"一词，既是耶鲁英文校名YALE的译音，又取《论语・述而篇》"子所雅言，《诗》《书》、执礼"之义。耶鲁的传统是重视教育，"雅礼会"自然也将教育作为同中国合作的主要领域；它也成为美国大学中最早也是唯一的一所专门与中国联合办学办医的机构。"雅礼会"在中国的事业初始于长沙。1905年夏天，年仅29岁的美国医师Edward Hume（中文名字"胡美"，1876—1967）受雅礼会之邀，携妻抱子从美国来到遥远的长沙，建立了湖南省第一所西医院——湘雅医院

（Hsiang-ya Hospital）；当然之后更为出名的，就是胡美与他的同会搭档颜福庆一同创建的湘雅医学院，这也可以视为雅礼会在中国最杰出的作品。

博士毕业后，颜福庆还曾前往英国利物浦热带病学院继续深造一学期，雅礼提供了从纽约到英国朴次茅斯的船票。这年年底，28 岁的颜福庆回国赴长沙，开始自己的医学生涯。这是大家熟知的颜福庆的生平。也就在 1903 年圣约翰毕业当年，颜福庆与川沙曹秀英结婚。

颜福庆夫妇与雅清

曹秀英出生于川沙一家富有的基督教家庭，与颜福庆同年。婚后第二年，长女颜雅清（Hilda Ya-tsing Yen）出生。颜福庆的生命中一直有位被低估的人物，他的夫人曹秀英，正因为曹夫人的内助有方，而且同样出身名门，且姻亲圈中同样有近代沪上重要家族，这些姻亲、教团、政界的资源最终帮助颜福庆汇聚了创办上医中山医院的因缘。

被遗忘的"朱家木桥"

一切还要回到颜永京、颜福庆生活过的虹口外滩一带。在北外滩黄浦江河道北仅一里地的位置，民国之前曾有一条平行于黄浦江的小河港，东西贯通虹口港与杨树浦港两支水系，河名叫"新记浜"，西自虹口老街西侧的"里虹桥"（位置在今东汉阳路桥），河道分别为今天虹口区西安路、唐山路、昆明路等。新记浜流经当日的东新记浜路（今新建路）时，有一座木桥跨此路两岸。历史上的新记浜与路似乎都没留下太多印记，不过浜上的那座木桥要有名得多。桥名"朱家木桥"，大约之前这里有过一户姓朱的大家在这附近，位置即今新建路唐山路口。然而因一户近代史上重要的家族的入住此厢，"朱家木桥"在近代回忆录中成为高频词。

《字林西报》版上海地图及"宋家圈"相关地点示意图

朱家木桥北有条东西走向的东有恒路，路上的民宅住了一批新教教会的神职人员。最早来沪发展的新教教会英国伦敦会（London Missionary Society）一位华人神父，将他的家眷搬到了朱家桥一带，他的二女儿出嫁后与任监理会（Methodist Episcopal Church）传道的女婿同住在这里，后来他的外孙辈走出了中国近现代史中响当当的名字：宋庆龄、宋美龄、宋子文等。他们的外祖父、伦敦会最早的华人牧师之一倪韫山（1837—1889）是川沙人，咸丰八年（1858）22 岁的倪韫山由伦敦会传教士慕维廉（William Muirhead）于老天安堂施洗加入教，十二年后的同治九年（1870）成为牧师。作为"麦家圈"的重要华人牧师，在英国人新建新天安堂、并将山东路老堂赠予华人传道后，正是倪韫山等负责接管；20 世纪初天安堂自立后，其幼子倪锡纯又出任首任堂议会会长，在日后翻修老堂的事业中，倪家诸婿更是慷慨解囊。可以说，倪韫山家族可谓伦敦会"麦家圈"最重要的华人柱石。1904 年，伦敦会还把之前麦家圈的"麦伦书院"迁至朱家桥倪家东北面的兆丰路（今高阳路），使得北外滩成为伦敦会又一重要的聚集区。

倪韫山的夫人倪徐氏，据载为晚明天主教奉教柱石徐光启的后人，其父为徐光启八世孙徐士荣，士荣的材料非常有限，今天可以从《民国上海县续志》找到他的传记，知道他在太平军围上海时为救济难民，散尽家财，最后贫病交加，撒手人寰。上海与川沙旧志书中载士荣的夫人为川沙俞氏，30 岁夫亡后守节 50 年，这么推算，倪韫山于光绪十五年逝世时，他的丈母徐俞氏当尚在，不过没有任何证据证明这位俞太夫人晚年曾跟随女婿生活。倪韫山与倪徐氏共生育了十名子女，但夭折五人，长大的孩子是二男：锡龄、锡纯，三女：珪金、珪贞、珪姝。倪家二代的出生地有两说，一说全部出生于老家川沙，一说则为老县城；不过可靠的是他们后来都来到了朱家木桥生活。倪家三女分别嫁留美归来的牛尚周（江苏嘉定）、宋嘉树（海南文昌）、温秉忠（广东新宁），其中牛、温不仅是姻亲，还分别是晚清第一及第二批留美幼童成员。当然，他们之中日后影响最大的无疑是二女婿宋嘉树。

宋嘉树、倪桂珍夫妇及子女合影

其实，新婚的宋嘉树一开始并不那么顺利，不仅不怎么会说国语与上海本地官话，在监理会的传教生涯也不太顺利，他与著名的监理会传教士林乐知（Young John Allen，1836—1907）不睦，并最终辞"巡行传道"，改"本地传道"，放弃教会薪水。不过他终生为此不安，甚至希望自己的儿子能继承传道事业。转而投身实业的宋嘉树，竟在印刷、面粉等领域斩获颇丰，一下子从普通的传教士成为一方巨贾。原先仅得与丈母（时丈人倪韫山已殁）及连襟（牛家）麇集倪家老宅的宋嘉树，在长女霭龄出生后的 1890 年左右，于朱家木桥老宅后兴建全新的豪华住所；这里也诞生了一群影响中国近代史的宋家人。

宋宅，笔者摄，2015 年。这里外墙立面已有所改变，但建筑主体架构依然保持原样，这在十九世纪晚期属于豪宅的规模。宋宅也是孙中山早期秘密活动的据点，宋庆龄最早就是在这里见到孙中山

当然，朱家木桥的出名还因为一则学术上的争论：宋庆龄的出生地究竟在哪。自 1980 年代宋庆龄逝世之后，关于其出生地的争论，就在虹口朱家桥与浦东川沙镇，甚至南市咸瓜街等选项中激烈展开。通过近代史界、宋研会及地方史志学者的不懈努力，基本可以确认答案就是虹口宋宅。川沙说的佐证多出自晚辈乡人的回忆，其中以黄炎培回忆影响最大，但那些碎片化的回忆被传世文献证实多为空穴来风。不过宋庆龄出生地的争论中，也可以看出地方研究中经常出现的"交错记忆"、张冠李戴的现象。宋嘉树、倪珪贞夫妇，及其上辈倪徐及再上辈徐俞伉俪之中，有非常浓厚的川沙色彩，三代之中大多数人都有相当的川沙生活经历；这些"交错记忆"后来纷纷被移植到了更有影响力的下一代如庆龄的身上。

当然，论证北外滩朱家木桥宋宅为宋庆龄及其兄弟姐妹的出生地时，不仅有前人整理地契、档案、生平材料甚至口传文献的佐证，这背后还有一段重要的因缘，倪宋家族并不是孤立的家庭，他们周围有一个虹口精

虹口区文化局编《虹口宋氏老宅及宋庆龄诞生地史料与研究》为此研究重要的资料汇编

英人文圈，而宋家还位于整个圈子的核心位置，这无疑是川沙所不具备的。

虹口的"宋家圈"

朱家木桥"宋家圈"一说，借用伦敦会"麦家圈"的提法。十九世纪中叶第一个进入上海传教的新教团体伦敦会的麦都思牧师，在山东路上创办教堂、医馆、书院后，因名"麦家圈"。朱家桥宋家当然未参与太多本地公共设施的创建，"宋家圈"一说只为揭示倪宋家族非同一般的北外滩姻娅圈。

"宋家圈"不仅是具体的人群，也是一段因缘；这段因缘之中，

有英美基督教新教团体的入华传教史，中西交流史，也有北外滩本
土精英的成长历史。朱家木桥的"宋家圈"最早的成员，是川沙倪
家儿女与他的女婿们；倪家后代中锡纯继承乃父韫山遗志，在教会
中继续工作。三位女婿中，牛、宋两位在朱家桥安家，太夫人倪徐
氏在倪老太爷逝世后先住在牛家；宋宅新建后住到了宋家。与宋家
一样，牛家也极其注重孩子教育，尤其牛尚周在美国留学时曾希望
能做医生，但由于自己公派身份由不得自己，所以将学医理想寄托
在子女身上。牛家两子两女：惠霖、惠生、惠珠、惠珍后来全部送
出国深造，学成归国后行医从教，报效国家。牛宋两家的妹夫温秉
忠，长期都在漂泊，曾在南京出任暨南学堂（后暨南大学）的学堂
总理，并多次带国内考察留学团赴美。正是这位小姨夫的亲自护
驾，宋氏三姐妹于 1905、1907 年分两次从朱家桥赴美留学，才让
家里人放心。

　　朱家木桥不仅住着倪宋牛家的姻亲，附近还有不少知名的教友
邻居。倪家后人回忆，他们家对门就是颜福庆的舅舅、美国圣公会
的吴虹玉牧师家，他们日后因为颜福庆又成了亲戚。前述牛家第二
代兄弟惠霖、惠生，就是圣约翰医学院同仁医院毕业，离沪赴美继
续学医深造的。二人回国后分别曾任红十字会总院、中山医院的院
长，是医学史上知名的亲兄弟。当然，圣公会另两位黄光彩与颜永
京及其家眷所住救主堂，其实离宋宅很近。从虹口塘沽路走出的颜
氏一族后人，早年差点便与宋家联姻。颜惠庆于北美任外交官时，
本与宋家长女霭龄过从甚密，不过后来因颜奉调回国而告终。[6]颜永
京幼妹所嫁东吴大学创始人、嘉兴曹子实，则为宋嘉树的监理会同
事，据说还教过宋吴语官话；曹颜所生二子中，有日后协助宋嘉树

成立基督教青年会的曹雪赓，便是前述李登辉校长与汤佩琳的介绍人，另一子云祥更是清华大学校长。曹氏女名芳芸，是中西女塾（McTyeire School）最早的学生，宋氏姐妹的同学，又与弟云祥及宋家庆龄、美龄一同留美。这个松散的北外滩名流圈，无疑是近代中国最重要的人文聚集地之一；包括宋庆龄在内宋家子弟出生在此，则无疑较川沙更有其合理性。

与牛尚周同属第一批留美幼童的川沙曹吉福，育有三女一子，其长女惠英嫁倪韫山幼子锡纯，川沙曹氏遂在宋家圈同龄人中长了一辈。颜福庆所娶，为曹家二小姐秀英，三女美英嫁民国外交家史悠明。颜福庆遂不仅从邻居成为宋家圈姻娅亲戚中的一员，姻姐夫锡纯的姐姐珪贞、珪金，所诞的同龄子女，名义上都成了福庆的表外甥们。

颜福庆开创湘雅、上医的盛举大家都熟知；"宋家圈"的纽带之谊也为颜福庆的医学事业带去了莫大的帮助。1931年夏，倪珪贞病逝青岛，后人霭龄、子文等遵太夫人遗志捐出葬礼赙仪，交给颜福庆筹办全新的上海医事中心：上医与中山医院新址。当日政治地位如日中天的宋家有此善举，为颜福庆募缘创校大开方便之门，新上医建筑群也得以在四年后的1936年在枫林桥落成，落成剪彩时颜福庆也特意邀请了霭龄夫妇前来，既代表国民政府（孔祥熙时任行政院长），其实也有致谢"宋家圈"的味道。甚至，这年冬天在"西安事变"中摔断腰椎的美龄的先生，于次年春到新落成的上海中山医院就诊开刀，除了表舅颜院长外，两位表弟、骨科专家牛医生们也赶来助阵。则虹口"宋家圈"不仅医学色彩浓重，更是帮助颜福庆创办上海医学事业的重要力量。

第三节　从湘雅到协和

1910 年 1 月 31 日，颜福庆从英国乘船抵沪，在上海过完春节，彼时舅舅吴虹玉尚在世，春节似乎应该在江湾圣保罗堂过可能性更大。正月初八，颜福庆一家便又匆匆坐火车到汉口火车站，他未来湘雅的搭档胡美把他首先拉到了汉口举办的中华博医会（China Missionary Medical Association）现场，就此成为博医会最早一批正式华人会员。会议结束后，颜福庆来到了长沙，开始他十七年的湖南行医历程。在长沙的工作地点是初创的雅礼医院，最初在西牌楼一处非常局促的地点，后经长沙饥民暴动旧诊所被毁，破坏严重，颜福庆还回沪找到耶鲁俱乐部募捐，同为耶鲁大学学长的李登辉也捐出 50 鹰洋。[7] 也就在这年冬天，哈尔滨报告发生鼠疫，伍连德医生带领团队最终在次年 1911 年初夏控制疫情。这年春天，疫情蔓延华中，颜福庆紧急被调往湖北，最终圆满完成任务。之后的日子里，颜福庆用西医治好谭延闿大叶性肺炎，传为一时美谈，谭氏也在日后的日子里，对雅礼与湘雅提供了大量的支持。1913 年湘雅医学董事会成立，公推颜福庆为医校校长。1914 年，在谭延闿的大力协助之下，"湖南育群学会"代表北洋湖南省政府，与雅礼会共同落实双方在一年前年就草签的合约，中外合作创办医院、学校，校舍新建于北门外麻园岭，雅礼及湘雅建筑群就此诞生。医院和医学院选名"湘雅"，这一名称表达了独特的合作伙伴关系。教会色彩被削弱大半。从此以后，雅礼会在长沙尝试发展成为"中国耶鲁"的学府组合：雅礼中学（Yali Middle School）、雅礼大学（College of Yale-in-China）、湘雅医院

（Hsiang-ya Hospital）、湘雅医学院（Hsiang-ya Medical College）和湘雅护理学院（Hsiang-ya Nursing School）。1914年，湘雅医学专门学校创立，年底开始招生，首届学生中就有日后著名的汤飞凡（1897—1958）。这也是颜福庆医学教育事业的开始。

这时，另一位"未来的老朋友"出现，那是几年后将要为复旦设计校园的茂飞。当时茂飞尚在美国开设事务所，刚把业务涉足剧场、教区住宅，以及教育类建筑——正是这一尝试，彻底改变了茂飞的整个事业轨迹。1913年，茂飞和他的团队被中国雅礼会选中，作为湖南雅礼大学的设计师，并由此翻开了茂飞在近代中国建筑活动的崭新一页。1914年5月下旬，茂飞带着他的雅礼大学设计图，从日本途经上海，辗转来到长沙，这也是他第一次来到中国。

筹建新的学校和医院建筑的工作，双方在1913年签订合作草约之后就开始了。茂飞与丹纳事务所同耶鲁大学已有过愉快的合作关系，所以有幸被选为新的雅礼大学进行校园规划和设计。雅礼大学是茂飞在中国最早的校园设计作品，此前茂飞并未来过中国，甚至规划方案也是在美国完成的。他首次在中国尝试用托马斯·杰弗逊以开敞的三合院布局与美国弗吉尼亚大学校园的蓝本，完成对雅礼大学的校园规划，因此，雅礼大学的规划明显表现出了"Mall"式校园规划的特点。

弗吉尼亚大学建筑风格之外，茂飞在中国设计灵感的另一来源，则是中国传统宫殿建筑群规划模式，他希望的是在一个典型的美国式校园平面布局，通过中国式的建筑表达出来。其中式建筑设计是参照日本著名建筑史学家伊东忠太主编的《清国北京皇城写真贴》来完成的，单体设计主观发挥的程度较大。所以雅礼大学校园是茂飞在中国结合现代功能与中国传统形式设计的最早作品，校园有着明显的空间序列，不同层次的院落沿对称中轴线依次展开，具有"起承转合"的空间层次，以主次轴线的转折来实现空间的转换。[8]

茂飞的雅礼大学、湘雅医学院、医院规划图（1916）

从 1914 年茂飞设计建造长沙雅礼大学及湘雅医院系列建筑开始，茂飞就把西方校园设计的审美与功用的精神，植入到中国校园建筑的脊髓之中，之后关于复旦、清华、燕大校园，甚至上医枫林桥的建筑，都是大家所熟知的了。

1920 年初，湘雅医学专门学堂的新校舍在城北麻园岭落成，医院与学校相邻，非常符合颜福庆的办学理念。1921 年 6 月 18 日，湘雅毕业了十位毕业生，各个成为日后重要的医疗与教育的专家；甚至其中的任廷桂、高镜朗、汤飞凡、应元岳，都成为颜福庆创办上医的核心力量。之后几年是颜福庆在湘雅最后的日子，"非基运动"爆发后，湘雅医学院被收归中方。很快 1926 年底，北伐军打进长沙城，胡美和颜福庆及其家人们都撤出了湘雅，颜福庆与湘雅只能作别而去。

　　1927 年初，暂住汉口的颜福庆答应了武汉国民政府的邀请，投身到政府卫生行政之中，应该是采纳了他的姻亲后辈宋子文、孙科的意见。但在卫生部机构真正成立时，颜福庆又被边缘化，而他对于关照湘雅复校及上海开设医学院的设想，也落空了。也就在失落之时，北京协和医学院给他抛来了橄榄枝。协和医学院前身是 1906 年英美新教教会在北京合办的协和医学堂，创始人是伦敦会的科龄（Thomas Cochrane），创院在东单牌楼北石牌坊。[9] 1915 年 1 月，洛克菲勒基金会接管并扩充为北京协和医学院，并购下毗邻的豫王府花园新建医学院，让协和成为北洋时期综合实力最强的医学院。顺便说一句，协和为新校园寻找设计师、研究设计方案，与湘雅同样开始于 1914 年；确切地说洛克菲勒基金会一度评估了茂飞为雅礼大学设计的图纸，但最终因担心长沙的工作会让他在协和的项目上分心，转而在 1916 年选择了另一位在华加拿大设计师哈里·何士（Harry H. Hussey），风格则与雅礼相近，都是"新中式"大屋顶建筑群。茂飞与何士最终成为直接的竞争对手，且何士因为协和的工期一再延期，支出大大增加，而怀疑是不是茂飞在背后捣鬼。[10]

　　1927 年夏，协和董事会通过，聘颜福庆为协和医学院副院长，聘期自 1927 年 7 月 1 日至 1928 年 6 月 30 日。协和对颜福庆非常宽松，不仅他只用与院长胡恒德（Henry S. Houghton）共同处理行政事务，事实上也不用特别参与院务工作。甚至还允许颜福庆关注南方创办新医学院的事务。比如颜福庆在 1927 年希望借助雅礼会的力量在上海新创一家"上海协和医学院"，但遭到老搭档胡美的拒绝。[11] 不过很快第四中山大学即将建立的消息，打消了他所有的失望，四中大医学院的筹备成为颜福庆新的目标，历史终于来到了"上医时间"。

注　释

1　曹舒丽安《我的外祖父颜永京牧师》，收入前引《颜惠庆自传》第 445 页。另颜永京研究可参徐以骅《颜永京与圣公会》，《近代中国》，2000 年 1 期；徐以骅《西方化与处境化——圣公会三位华人先驱牧师之研究》，《美国问题研究》，2002 年 1 期。

2　可参陈晓平《慈善家唐廷桂与"华人不得入内"》，收入李天纲、王启元主编《虹口源》，上海人民出版社，2021 年。

3　吴虹玉研究可参徐以骅《美国南北战争中的中国牧师——吴虹玉》，《档案与史学》，1999 年 6 期；朱友渔记、徐以骅译《吴虹玉牧师自传（1915 年口述）》，《近代中国》1997 年 1 期；徐以骅《关于〈吴虹玉牧师自传〉《近代中国》1997 年 1 期；徐以骅《吴虹玉与中国圣公会》，《复旦学报（社会科学版）》，1997 年 2 期，以及于醒民《上海同仁医院的创办人是谁?》，《上海师范大学学报（哲学社会科学版）》，1987 年 2 期。另一位可能参战的华人，是监理会的曹子实，同时也是颜永京的妹夫。

4　同仁医院及医学院相关研究，以魏洲阳《上海英美派高等医学教育研究——以圣约翰大学医学教育为中心（1896—1952）》（上海大学 2011 年硕士论文）最为详细，本研究多引其成果。并可参徐以骅、韩信昌《海上梵王渡：圣约翰大学》"医学院条"，河北教育出版社，2003 年，第 47 页。

5　《颜福庆传》，第 5 页。

6　陈雁《颜惠庆传》，河北人民出版社，1999 年，第 36—37 页。

7　《颜福庆传》，第 28 页。

8　蔡凌《"事件·人物"多样性语境下的中国近代建筑解读——以长沙近代教会建筑为例》，《建筑科学》，2008 年第 3 期。

9　王晟、肖萧《协和与科龄：一段协和医院学院的创办往事》，《澎湃·私家历史》，2024 年 10 月 21 日。

10　《筑业中国》，第 76—79 页。

11　《颜福庆传》，第 101 页。

第六章
未有上医之前

今天的复旦大学上海医学院是近代国人创办的第一所英美式医学院，它的前身追溯到 1927 年在吴淞成立的国立第四中山大学医学院，1932 年独立办学，改名国立上海医学院；后经历校名多次微调，简称一直称"上医"。[1]在上医院史相关著作中，都提到初创第四中山大学医学院时，曾接收了"江苏医科大"的教学设施，并吸收过部分学生。那时颜福庆尚任协和医学院副院长，由乐文照领衔英美系医学专家前去接收。

略加梳理发现，这所学校由江苏省立医学专门学校升格而来。不过这所与上医略有渊源的新式医学堂，其相关信息不仅鲜见于上医史的叙述之中，几乎也被整个近代医学教育史所遗忘。那所学校不仅进行了目前所知载于文献的第一次医学院公开解剖课，一度也是苏州乃至江苏省最先进的新式医学院校。这所医学校为德日系医学传统，历任校长不是留日便是留德的学生。但因为各种原因，这所苏医专（大）一直饱受学潮的困扰，经常遭遇师生罢课与驱逐校长等事件。最终因为学潮爆发及大学院学制改革，这所苏医大被迫改组加入新成立的第四中山大学。但是他们的建制也没有得到保留，新成立的医学院仅接收了其部分教学实验设备及预科学生，其余一概遣散。如今，包括这所学校在内的人物、校址与事迹，大部分被人遗忘。今天从民国期刊报纸所存蛛丝马迹，尚能略加拼凑未有上医之前的民国江南的新式医学教育实践。[2]

第一节　苏 医 概 况

中国近代新式医学教育最早是舶来品，早在 19 世纪中叶前，西方来华传教士开始在东南沿海城市开设医局药局，招纳本地学徒，甚至还送他们去欧美留学，中国第一代医学留学生也就是在同期出现。第一所现代意义的医学高等教育机构，大约要等到 20 世纪初叶的晚清时期的天津北洋医学堂；而南方教会大学所办的医学院则如上海圣约翰书院 1896 年改组后专门设置医科，学制四年，苏州东吴大学 1903 年办医学预科，直到 1914 年创办的湘雅、1916 年的协和医学院，教会大学在华创办医学院达到一个前所未有的高峰。同时，受到教会大学创办医学院的刺激，国人也在设法创办自己的新式医学院。1912 年民国成立，北洋政府宣布学制改革，参照日本医学教育制度，设国立、公立医学专门学堂。最早五所官办医专分别是北京、江苏、浙江、广东、直隶，其中江苏医专位于苏州。关于其创校及校园迁徙的情况，1933 年《医事公论》杂志第 5 期登过一篇署名"其苏"的文章《前江苏省立医学专门学校校舍之回忆》，讲得比较清楚。[3]江苏医专筹办于 1912 年冬，省里拨出位于苏州府城内沧浪亭北的原高等学校校址作医学院用；是年十一月底的《申报》广告栏里就有了《江苏省立医学专门学校招生通告》，里面提到学校将于次年正月开学，先办预科，预科半年毕业升入本科，本科学制四年毕业。年龄在 16 至 25 岁中都可以报考，考试科目有国文英语与数理化。学费一年二十元，膳食费四元，第一科的考试日期定在 1912 年 12 月 18、19 日，午后十二点半开考。[4]

医专南侧便为当时江苏提学使署（今可园范围），其周边民初皆为当日江苏省立的新式学堂，如工业学堂、师范学堂、江苏学务公所、府中学堂、小学堂——沧浪亭一带俨然当时苏州城内的新学堂区。1913 年春，医专学堂还买下阊门外上津桥附近的"苏路公司基地"等处百余亩地，准备建设医专新校园，其约在上津桥南今苏州第五中学附近。但最终事与愿违，因时局变动，财政困难，新校园没有按计划建设，医专只能先在原址勉强发展。1914 年，因高年级学生需要提供实习医院，江苏省拨出沧浪亭东北面燕家浜学务公所旧址房屋，供医专作附属医院，那里就是今苏州 100 医院一带。这所附属医院创办后，一度成绩颇佳，门诊数直线飙升，医院一带屡建新楼仍不能满足需求，至 1917 年医专提出在之前的阊门外选址新建医院，依然被省里否决。彼时其城外所购地隔河以北的留园路上"商品陈列所"机构，需迁上海，空出诸多小楼，且两地相去很近，既然新建诊所、校舍不得，那就在此地设分诊所，分流若干病人群体。希望将来能有经费再图新扩建。

至 1919 年，附属医院就诊环境已颇为拥挤不堪，据说预约的头等、二等病人，需要等半年以上。医专最终不得已自己动用收入盈余，请求省里同意在城外自建诊所，终于得到批复，省里也略拨部分经费，遂将上津桥处能加以利用的旧房略加修葺，并增添教学、临床

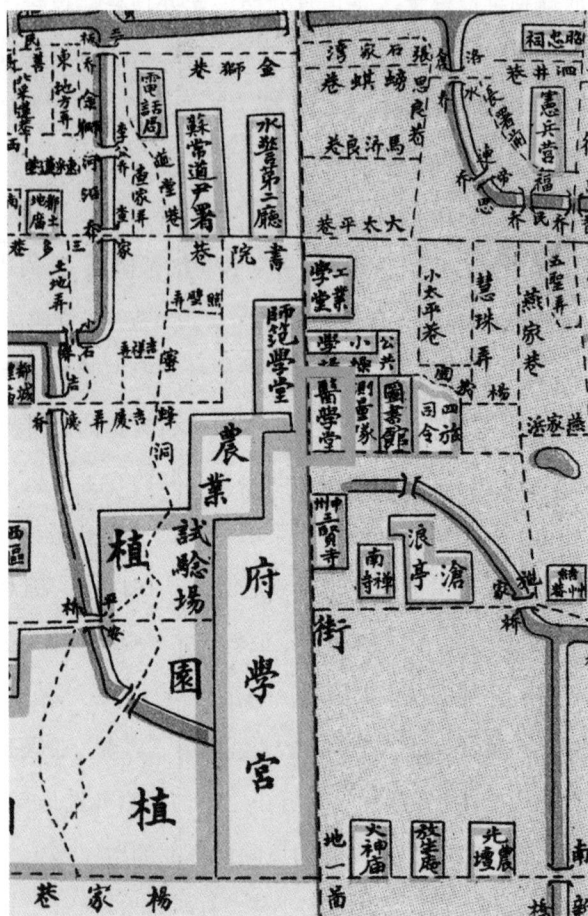

1914 新测苏州城厢明细全图中的苏医专："医学堂"

诸多设备，诸如基础学科教室、各科临床诊室、检查室、手术室，各级病房、隔离病房，总病床数到达两百余人。还修建了员工、医学生的宿舍及食堂、厕所等各类配套设施。总共花费八万多元，1920 年竣工，是年 2 月 4 日《申报》有《江苏医学专门学校及附属省立医院迁移广告》载："本校自民国元年开办，至三年九月设立附属医院。近因校院两方地处偏狭，房屋鲜少，不敷应用，在苏州阊门外留园马路商品陈列所旧址，添建新屋，校内增辟教室，院内增设专科诊察室，并备有特头二三等病房，一切内容，力求完善。兹已建筑落成，定于二月五日（阴历十二月十六日），校院同时迁移。沧浪亭旧院，即于是日停止，至三月一日（阴历正月十一日）在留园马路新院开诊。特此通告。"[5]则 2 月 5 日，苏医专与附属医院一起迁入留园马路新址，其创校数年能有如此成就，已殊非不易。

但好景不长，新迁校址的医专在此后数年里，校长因故更换多次，学校发展陷于停滞，学潮不断。即便 1923 年时医专正式升格为江苏医科大学，也无济于事。最后 6 年的时间里换了 5 位校长，最后一位校长甚至被学生送进了公安局。1927 年北伐军统一南方，江苏

今日苏州上塘河上的上津桥

医大处境变得尴尬。同样是民国初年创办的医专学堂，浙江及江西医专在国民政府初年，均照常续办，反而苏州医大却被迫停办，并加入在南京新办的第四中山大学。然而这所停办的医大（专）最终也没保留住自己的建制；新创吴淞的第四中山大学医学院除了接受他的医学院设备器材、文书档案和部分学生外，与其再无瓜葛，在整个上医院史中被轻描淡写地一笔带过。"其苏"在《前江苏省立医学专门学校校舍之回忆》一文中颇为苏州、江苏失去这样一所医学院而惋惜，并在 1930 年代时呼吁重办医学院，并恳请主事者能"一雪吾苏教育界之耻，而为吾苏民生之保障"。[6]

第二节　创　校　校　长

長院醫屬附兼長校
者淼文門禹蔡

TS'AI YÜ MÊN, WEN MIAO
President of the C. P. Medical College
and Director of the Depending Hospital

蔡文淼像

江苏医专的创校校长是无锡人蔡文淼（1879—1956）字禹门，早年就读无锡南菁书院、上海南洋公学等处，后因长子夭折立志学医，于 1904 年赴日预科，1906 年入京都府立医学专门学校（今府立医科大学）。1911 年毕业回国，先当开业医生；1912 年《申报》广告里有一则《蔡禹门医院广告》提到他开办医院的消息：

文淼留学日本京都专门医学校，毕业后从事练习前后凡七载，于各科疗法

稍积经验。兹在上海西门外方板桥寿祥里设立医院……医学士蔡
文森禹门谨启。[7]

他的私人诊所开在上海老城厢老西门西北，"方板桥"即方浜
（西）路，"寿祥里"位于方浜西路、原方斜路口（今为黄浦中心大
厦地块）。也就在这一年，他应新任江苏教育司的黄炎培之请，成为筹
备期的苏医专校长。[8]

江苏省立医学专门学校解剖开始纪念

蔡文森在医专校长的位子上不可谓不尽心，1913 年 11 月 13 日医
专便开展了中国医学史上第一次人体解剖，轰动江苏乃至全国。[9]《江
苏教育行政月报》1913 年第 7 期做了长篇的报道，并配发高清的解
剖现场图。报道冠以蔡文森署名的《江苏省立医学专门学校执行尸
体解剖开始式序言》，文中自豪于与德日医学当时冠绝世界，而英美

医学所不逮，究其关键就是注重以解剖为代表的基础医学，自己受命医专校长以来同样留意于此学科，并在学校举行公开解剖演示，"开中国四千年来未有之创举"云云。其后附有《教务长吴济时君之报告》（吴氏未来亦任医专校长，其事迹详下）及详细的尸体检查记录，为现代基础医学史上的重要文献。[10]蔡氏在序言中褒扬德日医学、贬低英美，自然与其个人医学求学经历有关，此后的苏医专也坚定地走德日医学的门径，强调基础医学尤其解剖、病理等学科的内容；今天复旦大学上海医学院组培室依然保留了一份当年苏医专所制作的病理切片。但苏医专的德日系医学教育，也引发了诸多问题。首先便是民国留日及日系学堂中的学潮风气，严重影响医专的发展。加之解剖等基础医学课程本身难度不小，苏医专曾一度因为学生不想考试而引发大学潮（详下）。同时德日系医学院校在中国开设不多，更多的仍是英美系医学学校，在苏医专最终改组并入第四中山大学后，其学生因医学教育派别的差异，大部分不能继续升入四中山医学院，导致其最终消失在国民政府教育改革的浪潮之中。

同时，蔡氏出任苏医专校长后，社会兼职似乎也没停歇。他曾被指参与鉴定卖药，迫其不得不亲自登报自证清白，但今天看来情况似乎并没有想象得那么简单。《申报》1918 年 6 月起有一则药品广告载："上海南洋制药公司医药士秦彩士秘制'枪上戒烟丸'，苏州高等医学校校长医学博士蔡文森鉴定。"[11]害得蔡氏于次年 1919 年 4 月 1 日在《申报》发了个声明："敬启者阅沪上各报广告栏登载，秦彩士所制止咳丸广告，有'苏州高等医校校长蔡文森鉴定'字样，阅之殊深诧异。秦彩士所制之药，鄙人从未鉴定过。且鄙人所承乏者，为江苏公立医学专门学校，并非'高等医学校'。此于学校及个人名誉，均有关系。特此敬请贵馆登入来函拦，俾免蒙混无任，感盼。文淼谨启，三月三十一日。"[12]

蔡文淼的回应看似与对方撇清关系，坚称从未鉴定过对方的药物，对方还把自己供职学校写错，但细读起来依然暧昧不清。首先，广告里虚誉蔡文淼为"博士"，但蔡氏没有纠正；同时，蔡氏也不否认与对方认识。所以，这个制药公司在蔡氏登报第二天四月二日，就在《申报》上回应：

启者：敝公司创制各种药品，悉由秦医士发明制配，均属经验良方，效验妥速，早荷遐迩欢迎。而江苏医学专门学校校长蔡文淼君，为敝经理至戚。上年曾经议及拟聘监定事宜，嗣因蔡君校务冗繁，双方无意，未克果行。因之敝公司去冬药品广告，即经取销。现为推广营业起见，特聘西医博士飞轮氏医生，为敝公司监定各项出品，订办中西纯正贵重药料，无不精益求精，灵效如神，以济同胞，而资普及。恐未周知，特此布告，上海三茅阁桥南洋制药公司启。[13]

有趣的是，这则启事不仅没回应蔡氏是否与戒烟药有鉴定关系，更是坐实药厂与蔡氏关系甚笃，蔡氏竟然"为敝经理至戚"，应该都是无锡出来的，所以去年就安排了"监定事宜"，但今年前因为一些工作理由没有继续合作。但此事依然颇有些蹊跷之处，这要从无锡蔡氏家族及其朋友圈说起。其实，蔡氏一族为清末、民国无锡大族，本地北塘大街的西半段皆为蔡家宅地，世人称为"蔡半塘"。"蔡半塘"于民国年间出过三兄弟，长为文鑫，为企业家，次文淼，一生编书办学，三即为文森。文森（1872—1948）与弟一样曾赴日留学，并在日俄战争爆发后归国，后与诸多无锡同乡如杨荫杭等一众，在无锡北门贝巷创办理化学会，又称"理化研究会"。杨绛的《回忆我的父亲》一文中也提到过这个理化学会："（南洋公学）译书馆因经费支绌，一九〇三年停办。我父（杨荫杭）回到家乡，和留日学生蔡文森、顾树屏在无锡创办了'理化研究会'，提倡研究理化并学习英语。"[14]事实上，理化学会最早聘日本人藤冈幼彦讲授自然科学，由蔡文森、华裳吉任口译，学生就有蔡文森及杨荫杭之妹杨荫枌、杨荫榆等，"理化学会"圈内外不少学生都学有所成。[15]

但是，杨绛回忆中还提过一个细节值得注意：

我记得父亲晚年，有一次从上海回到苏州，半开玩笑半认真地和我母亲讲"理化会"的大成就。有一个制造"红丸"即"白面"的无锡人，当年曾是"理化会"的成员，后来在上海法租界居住，在他家花园的假山洞里制造红丸。（有法租界巡捕房保护他）制成的毒品用铅皮密封在木箱里，运到法国海岸边，抛入海里，然后由贩毒商人私运入欧洲。那个人成了大富翁。我父亲慨叹说："大约那是我们惟一的成绩吧。"[16]

这么看，早年"理化会"里确实鱼龙混杂；其成员用化学方法制毒，显然不是难事。对比上述涉蔡的药物广告"枪上戒烟丸"看，此药品名尚不易确定其成分，但蔡氏自述辩解其所制其实是"止咳丸"，反而坐实其中并不简单。传统止咳药中多含有阿片类药物，视其症状轻重，服用不同纯度或剂量。同时，阿片类药物有强大的镇定作用及相当的成瘾性，药物本身与旧时"鸦片烟"及今日的毒品成分并无二致。而这里药物广告中的"枪上戒烟丸"本意为戒鸦片烟，而其主要作用又用于止咳；则如果猜测不误，当为某种合成类的阿片类药物。联系到蔡氏虽然在自白中提到广告方有损其名誉，但被指两者关系密切，这就很让人怀疑二者间的暧昧关系。杨荫杭说那个贩毒的富翁住在法租界，似乎民国无锡人发家后都会住过去，蔡文森在 1930 年代重回开业医生后，就住在法租界越界筑路格罗希路 70 号（今延庆路 42号）的大别墅中。[17]而这位制药方"秦彩士"表示其与蔡氏本为亲戚，而其姓秦氏本为无锡大族，这位"秦彩士"甚有可能同来自无锡，而其又精于制药，利用民国制药法律的漏洞生产成瘾性药物，他的"代言人"蔡文森又是医学院长，秦（甚至蔡）或与杨荫杭所回忆的"理化会"贩毒商人大富翁有关。因及蔡氏生平附论于此。

蔡校长爆出经销药物后不久，五四运动爆发，省立医专又爆发学潮，宣布罢课，1919 年 5 月 31 日《申报》有长篇《苏垣公立医学罢课纪》载：

苏垣沧浪亭江苏公立医学专门学校，首先于五月二十六号，实行罢课，兹将宣言书及各电录下。江苏公立医学专门学校学生谨陈词于吾国父老之前，曰：吾校全体学生九十有二人，已于五月二十六日，实行罢课。呜呼！谁实为之，而至于此乎？先一日，教育厅长胡公家祺莅校，训勉谆谆，以毋越规范为诚，闻者感动。讵料是日报纸复喧传京校学生横受逮捕，天津、济南各校先后罢课，种种警耗，令人心碎。是晚吾校同学中，突有姚君，啮指溅血，书"决心救国"四字，请求即日罢课，以为声援。

同人等即慨政府之无挽回诚意，又为姚君热诚所激，悲愤填膺，不暇顾虑。因立开紧急会议以提案，一致通过……

　　江苏教育厅长钧鉴：本校自前日厅长莅临赐训后，学生极表钦感。嗣因激于北京严厉举动，及津、沪罢课消息骤增，愤懑取决，一致行动，业已实行罢课。文淼劝阻无效，深自愧悚。除约束留校维持秩序外，合亟电请训示办法，并乞转陈省长。江苏公立医学专门学校校长蔡文淼印。[18]

　　五月底，医专因学生听闻北京地区师生因罢课而有各种传言，而立志声援。运动之初，江苏教育厅厅长胡家祺（1870—1929，字玉茹、玉孙，天津人）还亲赴医专劝慰学生。但不想突然有人写血书"决心救国"，情势急转直下，最终一发不可收拾；校长蔡文淼致电江苏教育厅表示"劝阻无效，深自愧悚"。没过几天，就爆出教育厅长胡家祺辞职，《申报》登出《苏教厅长胡家祺辞职》的报道与声明，并提到其"于二十七日夜，接公立医学专门学校学生函呈"，然不能阻止罢课发生，并提到官方处理此次学潮"不能仅恃军警干涉，而不妥筹救济之方"[19]，则苏医专的学潮，地方当局也当出手控制弹压。南方多地五四运动余波逐渐转变为对日本的抵制，苏医专也参与其中，如6月6日《申报》中《各地对日影响之新讯·苏州》篇中就有"公立医学专门学校演讲团"宣讲抵制日货的内容，[20]可见暑假前，苏医专还陷于运动的余波之中。暑假之后的招生广告则表明，下半学期教学秩序基本恢复了。

　　不过，这位首任医专校长的任期也差不多到头了。1920年新迁校址的医专马上惹上了麻烦。《申报》9月18日载《省立医院之风潮》报道，直击医专附属医院内部矛盾：

> 苏州省立医院外科主任自林某接任以来，一切悉改前章，该
> 科薛钖龄、周廷伟二医员因于事实上有不能办到之处力，请重行
> 商榷。不意该主任大不满意，要挟院长蔡文森将薛、周二医员辞
> 退，并悬牌示。于是，全体职员大抱不平，已致函各机关请求公
> 断。省立学校教职员联合会，亦已召集会议讨论其事。[21]

报道中这位新来的外科主任逼退老员工，还要要挟蔡院长将之
"牌示"公告天下，遂引发众怒。最后江苏省立学校教职员工联合会出
面干涉，稍作缓和。三天后《申报》再登《医校风潮已平》载："省立
医院风潮，经省立中学以上各校长推，由农业校长王企华君出任调停，
劝薛、周二君照常供职。一面由蔡校长发一收回成命之牌示，一面亦
发出取消开会之通告，遂和平解决矣。"[22]苏教职联合会推江苏农专校长
出面，劝回薛、周二医生，又让蔡院长收回成命，看似问题暂时解决
了，不过背后依然暗流涌动。10月28日《申报》又载《省立医校驱范
风潮》，医专第二轮争斗开始，蔡文森最终因此辞职。报道载：

> 苏垣阊门外马路省立医院院长蔡文森前因牌示开除医生，激
> 起风潮。当经农业、师范、二中三校长出为调停，将牌示撤回，
> 在表面已经和平了结，然内部暗潮迄未平静。该院各事皆由范补
> 臣（医生兼医学专门学校教员）主张，故范最为众人所反对。近
> 日风潮已由医院方面移至学校方面，且移其对蔡之心理而对范，
> 遂由各学生发表驱范宣言书；中有"范某卑鄙之徒，不能称职"

等语。蔡校长乃于前日假阊门外西园设筵，宴请本校各人。席间宣言拟派范教员赴西洋考察医学，藉为和平了结之法。遍询能否同意，讵料无人起应。询之再三，有胡韵成起言：校长如以范某为是，即当驳斥驱范者；如以范某当去，亦不能以派遣出洋为掩饰，含糊过去云云。因此遂无结果而散。[23]

撤回牌示之后暗流仍然涌动，大家的不满从医院蔓延到医专，并针对范补臣提出弹劾，称其"卑鄙之徒，不能称职"。蔡文森无法，只能请学校代表在不远的西园寺花园摆酒商讨办法，希望能让范氏以出国考察为名暂避风头，结果众人不满意，最终不欢而散。《申报》是年11月19日有《公立医校之改善谈》载蔡文森提出辞职不得批准，遂对医专进行改革：

> 苏城阊门外公立医校蔡校长自任事以来已历九年。迩因办事困难，曾向省厅辞职，当蒙批示慰留。但蔡君以该校迁至新屋后规模较广，事务日繁，且教务主任一席，当周仲奇君赴德时自行兼代，迄未请人专任，更难周顾。现决意将事务、教务两主任，分别请人担任，俾专责成并推定彭敏伯、吴恹书、夏慎初三君为起草员，拟将内部制度及各种规程另行修订以期改善，现正向全体教职员征求意见。[24]

这次风潮稍稍过后，蔡似曾提出辞职，最终被留用，并在此后提出重聘校事务与教务两主任。看似风平浪静，甚至开始起色时，次年1921年1月4日上海《时事新报》刊出《江苏医校职员请撤蔡文森电》，教职员沙世杰领吴傅湘、周复培、汤傅良等十九人联名举报蔡文淼屡酿风潮、反复无常，提到蔡氏曾提出仿照北大、南高师的方式重新改组医专，重订章程，但最终自己违反新规。此事似与蔡氏重聘事务、教务主任运营学校有关。同时又查出其贪劣之事颇多，希望省教育厅彻查。[25]不足一周的 1 月 10 日，蔡文淼便递上辞呈《呈省长为公立医学专门学校校长蔡文淼呈以办事棘手引咎辞职据情转呈文》。[26] 1 月 30 日《申报》登出《苏州省立医学专门学校长蔡文淼辞职照准》载："闻教厅昨呈省署请，于王若俨及汪某、熊某等三人中择一委任。"[27]蔡辞职尚在是年农历腊底，次年正月初，新校长便上任，人选是《申报》推测的"汪某"；《申报》是年 2 月 16 日《更换医专校长》载："苏州省立医专校长蔡文淼，去冬被反对者呈请教育厅撤换……惟校长一席，业由省署委定医学士汪企张君接任。汪君已于十二号，正式至校接事。"[28]三天前《申报》刊发一篇《医校卒业生之公函》，为苏州医专的毕业生张懋熙等四十五人，为蔡文淼创校十载鸣不平，亦颇有理，其创校之艰，而有彼时之成就，则其所遇学潮确实有不合理之处。[29]但新校长汪企张依然准时于 2 月 12 日、农历正月初五便至校接事，医专蔡文淼时期正式结束。

第三节　动荡时期

苏医专自 1921 年初上半学期至 1927 年夏，至改组并入第四中山大学学校不存，总共 6 年共 13 个学期，这期间共有 5 位校长出任，这其中包括两位代理校长，他们在学校的经历都不能算愉悦。这期间苏医专学潮不断，同时外部环境也混乱不堪，教育机构经费短缺，加上军阀混战，使得学校发展严重受损。而其最终被无情改组撤办，也是江苏医学教育的巨大损失。江苏再办起省立医学院已经是 7 年后的 1934 年的"江苏省立医政学院"，医学院开办之难可想而知。以下历数苏医专历任校长的经过。

1. 汪企张（附夏建安、汪于冈）

汪尊美字企张，生卒年不详，江苏上海（一作苏州）人，早年毕业于日本大阪医学院，为近代著名医人余云岫（1879—1954，浙江镇海人）同学，其生平最令人印象深刻的便是其与余云岫一同坚定地反对中医，是"废止中医派"的代表人物。汪氏曾任上海县城南面外上海公立医院院长，此后一度自己开业。在接任苏医专校长后的 1921 年 2 月 14 日，《申报》上有一则申明《汪企张启事》载："日前忽奉省檄，令长江苏公立医学专门学校。恳辞再三，不蒙俞允。万不得已，只有就职。除一面将沪杭甬铁路医官一职，恳请另派贤能接替外，所有南北两诊所，概托畏友医学士余云岫君，总承诊务。余君学博艺长，素孚众望，定可为诸公造福无疆也。每日午后五点钟起，仍在英大马路贵州路口候诊。"[30]则其得调令任医专校长后，上海的私人诊所全部交由好友余云岫打理。原本以为医专可以因此平静讲学，但现实很快给汪校长一个下马威。《申报》1921 年 6 月 17 日登《医校学生反对考试》载：

> 阊门外马路江苏医学专门学校现届第四班毕业之期，日前照例先行学年考试，结果有徐、赵两学生不能及格，致各学生群起暗潮，纷纷集议对付方法，决定毕业试验，一律罢考。要求校长汪企张照平日在校课程为标准，分别给发毕业证书。汪校长不

允。现各学生已纷纷回家，誓不应考。三、二、一年级学生已发全体离校宣言，大有不达目的不止之势。闻该校主任教员沙凤千，刻正分向各学生竭力疏通，不识如何了结也。[31]

毕业班四年级个别学生因学年考试不及格，便纠结全校学生向学校施压罢考，今日听来颇为荒谬，但当时直接影响全校，教学几陷于停顿。两天后的19日，上海《时事新报》上《苏州医校之散学风潮》一文更加详细地介绍了此次风潮的关键，原来学潮第一阶段为四年级学生因不及格而要求免除考试，遭到汪校长拒后，最终号召全校学生起来罢免校长，这其中尤以三年级生最积极，而校长亦暗地里联络一、四年级学生取得学生秘密会议的材料，一纸诉状告到省教育厅，教育厅要求严办最为激烈的三年级六名同学，汪校长明令开除，学生遂大哗，以至于拳脚相见，教务长出面斡旋亦无果，闹剧最终无法收场。[32]《民国日报》6月21日有《苏医专校长之罪恶》一文，数落汪校长刚愎自用、不近人情又生活腐化之种种。[33]两天后的23日，此报再登《苏医专教职员为校长辩护》文，言校长刚来学校励精图治，对学生严格要求，最终二人无法及格，又大闹校内举行的来华菲律宾教育部长与本地校长的谈话会，造成恶劣影响，孰是孰非似并不难判断。[34]《申报》6月19日载《省教育会覆医学专门学校函》：

江苏省教育会复江苏公立医学专门学校函云：敬复者奉函见告，因考试问题，酿成风潮之经过情形，并属详加讨论。兹经干事员会讨论，佥以学校考试为证明学生成绩起见，虽未可谓完全无弊，现尚无较此妥善之办法。学校对于学生既须给以毕业证书，舍考试无从为证书之根据。医学有生命关系，评定成绩，更不可丝毫宽假。如学生有不愿与试者，惟有以不遵校章论。同人意见如此，用即奉复，并颂公安。[35]

江苏教育会态度亦非常明确，完全支持汪校长。《申报》6月24日载《江苏公立医学专门学校历届毕业同学公鉴》亦谓学校自去年冬天驱蔡以来，屡起风潮。此次又因考试问题，酿成全体同学离校风潮；"不意于此半年间，竟屡起风波。长此以往，前途可危。"并提出希望于一星期内"各纾所见，共筹良策，以维大局"。[36]但此后报章记载阙如，但很快暑期苏医专继续发布招生广告，此事似已过去。虽然度过此次风潮，但汪企张在苏医专确实也没待太久；据苏州商会档案记载，汪于1922年2月1日起代理江苏公立医学专门学校校长一职。这位代理校长"汪于冈"，其实就是汪企张的弟弟汪桐美，字于冈，与哥哥一样毕业于大阪医科大。苏医专致函苏州总商会换届，函件原文如下："江苏公立医学专门学校公函敬启者，案奉教育厅训令第89号内开，案查前据该校代理校长夏建安呈复确因身病不能兼代校务等情，前来当经转呈省长核示在案，兹奉指令内开呈悉，夏建安因疾难胜兼职，汪于冈尚能维持校务，既据该厅长查属实应准夏建安解去兼职该校校务，在周校长未到校以前，即由汪于冈暂行代理，仰即查照转知可也，此令等因，奉此合亟令行该校知照此令等因，奉此，于冈遵2月1日起代理校务，除分别相应函达贵会，请即查照为荷，此致苏州总商会。江苏公立医学专门学校代理校长汪于冈，民国十一年二月十三日。"[37]则汪于冈代理医专之前，尚有夏建安曾代理校长位。则罢考事件不久后，汪企张便告别医专，到沪上做开业医生去了。

2. 周仲奇

夏、汪两人代理直至 1922 年底，各自散去开业；医专迎来了新一任医专校长。《申报》12 月 16 日《前医专教务长留学德奥返国（在欧专攻病理之周仲奇博士）》载：

> 周仲奇博士，前任江苏医学专门学校教务长，学识经验素富。民国八年，由省费派赴德国柏林大学及奥国维也纳大学，专攻病理，颇有发明，考得博士学位。现业于本月十一号，乘日轮长崎丸抵沪。该校教职员学生及卒业生代表，均至海关码头欢迎。晚间设席洗尘，一俟行色稍定，即当赴苏莅任。闻该校校友会尚须开大会欢迎云。[38]

新校长周威字仲奇，江苏江宁人，生卒年不详，另一个身份是蔡元培第三个妻子周峻的娘家人，在民国也是小有名气的医人。12 月 11 日从日本回沪，医专代表在上海迎接。两天后的 12 月 18 日《申报》又载《医学专校新校长接任》记述其赴任更为详细：

> 江苏医学专门学校自前校长汪企张离校后，由省派前教务主任周仲奇继任，旋因周留学德国，一时不能返国，故又特委该校皮肤花柳专家汪于冈君为代理校长。现周君已在德国柏林大学得病理博士位，于本月二十四日到申，故该校教员学生及医员各代表先日赴申迎接，二十五日到苏。时该校学生又赴车站迎接，当夜宿苏州铁路饭店。翌日下午，该校学生开欢迎会，到者除学生

外，尚有教职员医员及看护妇等共计数百人。先由该校校友会会长
林君报告开会宗旨，又继以教员、毕业生及学生专致欢迎词。毕乃
由击博士报告留学状况，及此次返国情形。毕全体摄影，继之以茶
点余兴，至六时始散。闻周博士已于二十八日正式接任矣。[39]

其中系日期似非公历，其中"于本月二十四日到申"似为农历
十月二十四，即公历 12 月 12 日，与之前报道相去不远。之后次日 13
日抵达苏州，14 日在校开欢迎会，似较合理。又报道中言其为德国
柏林大学病理学博士，为医专第一位留德校长。

周仲奇与苏医专的蜜月期似乎稍长一些，也差点就经历医专的高
光时候，上任一年不到的 1923 年 11 月 24 日，《申报》登出《苏州医专
改组大学之进行》的报道，显示苏医专已经开始谋划改组建立大学：

> 省立医学专门学校自开办迄今，颇著成效。毕业诸生悬壶问
> 世者，亦不乏人。近鉴诸公立工专学校改组大学，及农校升格运
> 动，或已达目的，或可获希望，因是特于前日开会集议讨论进行
> 方法。其列席者半属教职员，此外学生方面，亦于本月二十日，
> 召集同学在本校开会讨论，当议决（一）组织江苏公立医专改组
> 大学期成会，（二）职员　分干事评议二部，又分会计交际文牍
> 宣传请愿各科现正锐意组织。[40]

虽然还在谋划的筹备期，但周校长似乎迫不及待地想要使用
"大学"而不是"医专"的名义招生。最早在 1924 年 7 月 21 日，
《申报》上就登出了《江苏医科大学招生》广告："本校原称江苏公

立医学专门学校,现经省议会议决,改组江苏医科大学,咨请省公署公布在案。本年度为筹备时期,照大学制,先行招收大学预科一班。"落款是"江苏医科大学筹备处"。[41]看似医大即将步入正轨,也仅招收了第一届"大学预科"生,然而就在这个筹备期中,新的麻烦又来了。一开始,8月8日《申报》登出《苏州医专升格之有望》的报道,言苏医专的改组遭到省内斥责:"苏州医专改组大学自经公布后,该校即以大学名义招收预科生,为明年改办大学之预备。讵意手续上稍有疏忽,遭省中坚斥。今已由该校长周仲奇、教务长沙凤千,赴宁接洽,闻已由省中命补答辩书,将省令撤回矣。"[42]第一次提出申请改组大学,竟遭到省内坚决抵制,甚至颇有先斩后奏之嫌,周校长遂携教务长同赴南京接洽,传情况颇为乐观。不过现实给了周仲奇好好上了一课。1924年9月1日,《申报》上登出江苏教育厅的《苏医专呈请改大之省令》回复,措辞更为严厉批评了周校长上马升格医专及招收预科的做法:

江苏公立医学专门校长周威,前以筹备改组医科大学,拟订简则,及招收大学预科生。简章呈请省署核示,奉指令不准。复具呈声明本年度筹备改组及招收大学预科与前项五年间概划,并无抵触,沥陈请,仍核准。兹悉省长指令云,查此案前准省议会来咨声明,俟下学年省款稍裕,实行改组。是省议会本未有实行年期之议决,即本署咨复原文,亦主按照原定计划先行,充实其内容。所谓原定计划,即五年概划之谓所谓充实其内容,决非先招大学预科生之谓。该校长不加体验,遽尔张皇登报,实行改组,置省议会原案与本公署迭令于不顾,殊堪骇诧。至法专升

格，论程序则经教育部核准有案，与该校之自由行动者迥异；论
性质则法专内容之充实偏于精神方面，与该校之偏重物质上设备
者又复不同，讵能相提并论？来呈谓行政当局有维持经济之权，
断不至因噎废食。然废食固不可无食，而强求食亦岂可能？本省
教育经穷迫至于今日，仅仅维持现状，苦尚不给，况升格问题，
原不在维持范围之内。在行政当局，不能不权衡于缓急先后之
间，郑重将事。医大固为急要，但不顾办一有名无实之医大，长
一般虚荣之心，误学子高深之业，贻人民生命之害，此则本公署
之主旨与该校长实有不同。总之大学改组与否，仍在内容充实与
否。该校现有设备，就该校于学理观察，果能忠实证明确与最低
限度之其他国立、省立医科大学相等，本公署自不妨兼顾事实，
酌予处夺。若仍藉词强事，自由行动，则将来贻误学校之责，应
由该校长负之。仰即转饬遵照。[43]

　　从教育厅的回复来看，医专上次提交改组申请被驳回并未好好反
思，此次提交便甚为不妥。医专所言江苏省曾允诺下学年、即 1924
年 9 月起"省款稍裕"，经费充裕，可以考虑改组升格，教育厅此次
直接拒绝，言省内本无承诺，医专升格还是要根据先前的要求，制定
五年计划，充实学校教学科研内容。而周校长竟然枉置教育厅要求于
不顾，一意登报宣传，制造舆论，提前招生，让教育主管部门措手不
及。医专还提出为什么江苏法律专门学校可以升格，自己不可以，教
育厅也做了回应，主要还是法科升格成本比较低，可以迅速达到；而
医专物质要求比较高，医专目前硬件条件远没有达到。其后又驳斥医
专质疑教育厅"因噎废食"，不肯为省立学校升格大学之说，指出随

便办一有名无实的医大，是误人子弟且贻害生命的举动，口气极其强硬。在此之后，周仲奇不仅没有等来省里的支持与升格，反而等来了学潮。这学期即将尾声的 12 月 7 日，《申报》上登《苏州医专学生来电》载："校长周威欺骗新生，任用私人，违抗省令，校务废弛。臣等决意驱逐，并恳各界赐予援助，无任盼祷。"[44] 这则"来电"就像一根导火索，引爆了医专的又一场大学潮。

相比于医专之前的学潮，此次因升格大学而与省教育会间的抵牾、最终驱赶校长的事件，被报章媒体大肆渲染，形成重大舆情，《申报》自前引 12 月 7 日起，几乎每天都有相当篇幅报道事件过程，其中也不乏添油加醋，更是加剧了学潮的破坏力。此事一直到次年 1925 年初稍稍平息，彼时周仲奇早就被勒令去职，然校园仍波动许久。此间相关报道文献量巨大，总结起来大致分两个阶段，首先是医专曾有林姓教员被校长开除，遂散布谣言，同时又因为医专升格事周氏被省教育会训斥，成其原罪。又周氏重用教务长沙凤千，而沙氏被攻击与周校长一同"纵情声色"藏污纳垢，因此牵连周氏，最终成为驱周的把柄。第一阶段基本无中生有而来，到了第二阶段，又爆出周氏司机殴打学生，报纸再次连篇累牍报道，学生再次大哗，其中夹杂诸多无理取闹，提出撤换校长、教务人员，被开除学生可以留校不用上课等要求，时任江苏教育厅长蒋维乔则多方维护周仲奇，两下僵持许久。直到月底的 12 月 22 日，情况稍微好转，学生于是日恢复上课，周仲奇校长也答应"自愿离校"，开除学生也陆续返回学校，但不用上课。[45] 但返校也无课可上，最终这学期提前放假。[46]

3. 吴济时

翻到 1925 年春季学期，江苏医专迎来了史上最后一位校长吴济时。吴字谷宜，号荆溪散人，江苏宜兴人，生卒年不详，与前任周仲奇一样为柏林大学医学博士。吴氏之前的经历与苏医专颇有些渊源。有记载其创校初曾在医专当过教务长；[47]1914 年由江苏省派遣赴德，入柏林医科大学研究内科兼医化科，获得博士学位，1916 年归国，最先来到苏医专任职。[48]1918 年时，任南京四象桥牙巷内省立第一医院院长，[49]1922 年底，蒋维乔又委托吴氏担任苏医专的医学指导员。[50]24 年底 25 年初的驱周学潮中，吴氏也作为江苏教育会代表之一来校斡旋，其对苏医专当有相当的了解。[51]《新闻报》1925 年 2 月 21 日载《吴济时任苏省医专校长之经过》，言教育厅长蒋维乔推荐吴济时出任医专校长。[52]3 月 1 日的《申报》上已登出《报告江苏教育厅复函》："苏州医举专门学校校长已呈请省长核准，聘请吴济时暂行兼任。"[53]因为学潮的关系，25 年春季学期开学还特别晚，4 月 4 日方才举行开学典礼，吴氏正式以校长身份致辞。[54]

也就在刚开学不久，新校长便重启医专改组升格事宜，1925 年 4月 19 日《申报》有《苏公立医专请改办大学之省令》报道载：

> 江苏公立医学专门学校，曾由前校长周威，呈请省厅改办大
> 学，未奉省长核准。经周校长一再声论，嗣该校发生驱长风潮
> 奉，省令批案，应由新校长审慎考虑，详细呈复，再行核夺情
> 形。业志本报兹悉：该校新校长吴济时接事后，审察校内状况，
> 对于改办大学，筹划方法：（一）筹集基金，（二）培养教授，
> （三）增设学级，（四）扩充校舍，（五）兼收女生，（六）渐图设
> 备。详叙理由，呈复教厅，核转奉省长指令，察核该校长所陈筹
> 备改组大学情形事关重要，应由该厅提交教育行政委员会郑重讨

论，复转核夺云云。闻蒋厅长已致函教育行政委员会，核议见复，以凭转呈。[55]

吴氏提出的诸条筹备方案，较之前更为适宜。此学期结束时，南京举行省教育厅行政会议，苏医专改组升格也在议程之中。《申报》6 月 19 日《苏省教育行政会议纪》便载最终讨论方案："医专改组大学案，议决改组大学，以现状论应予认可。惟经费应就十四年度决定标准为范围。"[56] 即原则上同意医专改组升格大学，但是年江苏教育经费紧张，"就十四

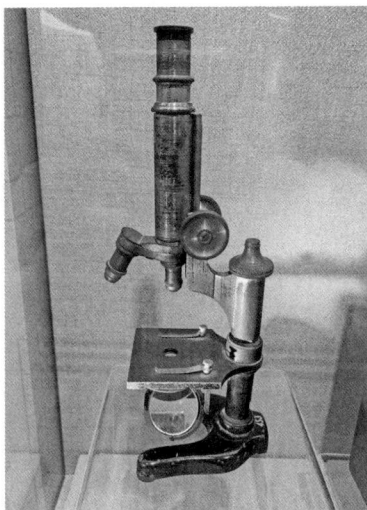

上医院史馆藏原苏医大显微镜

年度决定标准"即去年 1925 年定下的预算标准。然彼时江苏教育厅尚且驳回改组计划，时过一年经费愈加紧张后反而能"原则上同意"，则经费问题亦不过是借口。暑假后开学，学校正式改称江苏医科大学。9 月 15 日《申报》载《苏省医专改组大学后之设施》云：

苏州江苏省立医学专门学校近奉省令改组大学，并颁到"江苏医科大学"钤记一颗，业已正式启用。吴校长因该校既行升格，虽当省款支绌之际、于内容及设备上竭力扩充，务使循序渐进，以期完善。现学校方面于细菌、生理等六教室之外，添设生物、药物两教室，并预备募集图书。医院方面，则已由慎昌洋

行运到爱克司光线器具，旧有之水电工程，亦大加修理，以备应用。闻选聘教员颇为慎重，凡教员之毕业文凭、学业证书及任事成绩等，均须送校审查，合格者方能订约。此次招生，投考者较往年为踊跃，唯录取标准十分严格，失望者颇多。其开学日期定本月二十一日。[57]

吴济时校长上任后一系列动作，看得出其在办学上颇有资源与想法，执行力也相当强。尤其之前学潮诟病较多的医学课程教学问题及学校办学硬件问题，都加以改善。之后的一年多时间里，报章上关于苏医大的信息少了很多，有的多是请来日本医学教授做讲座，苏医大形象大为改观。其中颇有影响的当时的佛教领袖太虚大师（1890—1947，浙江崇德人），也曾来苏医大讲过一次佛教与医学的讲座。1926 年春农历二月初十，太虚在苏医大开讲《身心之病及医药》，并随吴济时校长参观校园及附属医院，留下深刻印象。[58]太虚能来苏医大，可能源于其去年底赴日讲法，接触了日本现代文明之后的因缘。

1925 年春，时任省教育厅长的蒋维乔在推荐吴济时上任后不久，北洋段祺瑞政府以南京官员皆有"附齐"嫌疑而遭全体免职，蒋氏亦辞去厅长之位。然皖系选上来的教育厅长沈彭年不能服众，江苏省立学校校长联名驱逐，吴济时也在其列。[59]声援同时，吴济时似有意辞去校长之职务，第一学期结束后的暑假，《申报》1925 年 7 月 27 日登《苏医专校长辞职及省令慰留》载：

江苏公立医学专门学校校长吴济时，近以精力已尽疲于奔命，向省署呈请辞职云。窃查职校前以学潮以后，处理为难，谬荷前韩省长、前蒋厅长不弃菲材，敦促兼任，至于再三。济时当亦以职校经此纠纷，复加驻军蹂践，前途殊多危险，不忍坐视此十数年医学教育，任其一旦凋残。遂不惜个人重大之牺牲，而暂为公义驰驱之仆役。所幸到校三月，黾勉从事，校内设施次第恢复。属院方面，自驻军开拔，亦复照常开诊。学潮既静，兵灾亦舒，似可告无罪于公家、于医界、于社会矣。然措施纵有端倪，精力已难接济。济时或沪或宁，疲于奔命；对内对外，难若登天。让贤藏拙，此其时矣。瓜期已届，息壤在彼。祗因飞倦将归，非仅知难而退也。为此沥陈下悃，恳请览核准予辞职。[60]

据吴济时的辞职信看，彼时支持自己的韩国钧、蒋维乔皆已去职，而自己也勉强把医专从学潮与战争阴霾中拯救出来，似乎一切开始走上正轨，自己也该让贤他人；但最终被省教育厅一口婉拒。从吴氏口中也能看到，齐卢战争以来，齐奉军曾一度占据医专附属医院作为野战医院，医专附属医院被占似不见报章报道，但吴氏之前任职的南京省立第一医院亦遭此下场，1925 年 2 月 5 日《申报》登出《吴济时致韩国钧电》言："顷接宁电，奉军于昨晚八时突将第一医院为后方医院，已派兵驻守。惟本院为省立慈善机关，不应改隶军事范围，请迅电咨卢宣抚查明。饬该驻院守兵，实时退出，以免纷扰为祷。"[61]则战时江苏诸多医院皆被征调。

从办学成果与维持稳定的角度来看，吴济时应该是苏医专、医大史上的杰出校长了。自其 1925 年 4 月接手以来，两年余医大基本相安无事，期间改组升格更是其重要功绩。但正好在其任职两年的 1927 年 4 月，苏医大再次爆发学潮，这次内讧直接导致苏医大建制解散，从今后便消失于教育史之林。1927 年初北伐军进驻苏州，4 月 11 日苏医大突发学潮，学生出面抓捕吴校长，并在火车站将其押送至公安局，并数落其贪污、纳垢等多项罪名，因地方政府处于战时失灵状态，吴氏在公安羁押近两周，事后复盘此事则殊为荒谬，1927 年 4 月 22 日上海《时事新报》刊登《江苏医大驱吴风潮之经过：吴谷宜已出看守所》讲到驱吴风潮的根本问题：

> 　苏州公立医学大学，自驱逐周仲奇后，吴谷宜来苏掌校，平时对学生应付困难。自革命军到苏，吴氏亟思回避。但省政府尚未成立，无处辞职。四月四日，吴氏召集全体教职员大会，拟照他省校成例，组织委员会，协助校长进行校务。留苏客籍学生到会旁听，反对委员会之设立，事遂中止。当场吴氏宣布办法二条，肯负经济全责，并有"毁家救校、亦所不惜"之言，学生鼓掌赞成，人多称吴氏之应付得宜。六日开学，八日上课，十一日忽发驱吴风潮。当时学生刘宗沛、蒋灿等，途遇吴氏，即押送校中，经送公安局，由该局再移送地检厅，其所恃罪状八条，要在"反革命"且"经济不公开"等。拘押之前，已由临时学生会推定王畿道等十一人为校务维持会，但多数教员均以校长被拘，不肯上课。校中经济亦无办法。十六日，各委员乃向临时学生会辞职，成立仅四日……吴氏在看守所多日，因所控各节侦查无据，学生亦屡传不到，故已准保释云。[62]

吴氏在校务会上愿毁家救校，结果不出几日却被学生扭送公安，并被扣上"反革命"的帽子，其魔幻如此。最终吴氏虽无罪释放，但医大学潮仍汹涌，并不知不觉滑入深渊。

第四节　从阊门外到吴淞镇

1927年6月9日，新成立的南京国民政府宣布改组原国立东南大学，并陆续改组省内诸多专科大学，合并成立第四中山大学。应该在此之前，改组苏医大的消息就已放出，从现存的报道来看，5月下旬苏医方面便已听说要并入第四中山作医学院，并迁校吴淞等事宜。5月29日《申报》登出《江苏医科大学校友会召集临时紧急大会启事》，召集6月1日那天召开紧急会议；[63]一周后的6月5日登出的《江苏医大校友会在苏开会》大致讲述了这天的会议内容："兹因省教育厅有将该校迁沪，及改用英文教授之说，于前日（一日）在苏州开会，出席者二百余人，议决维持现状继续上课，一方面向当局抗争，并请各界主持公道，起而援助。"[64]因学校当日已无校长及大多数教员，又值学潮后的假期，苏医大事务转由校友会支持；虽然略有发声，即反对迁校及改德文为英文授课，但似乎毫无作用。6月8日上海《时事新报》第8版登出两位前医专校长汪尊美（企张）、桐美（于冈）兄弟的署名文章，皆对改组医大表达不满，汪企张更是写长篇散文《对于江苏医大三位接收委员的单相思》，希望三位代表第四中山大接收江苏医大的委员乐文照、牛惠生与俞凤宾，能"拿出些手段"，尤其与之相熟的俞凤宾，言下之意望其能保全苏医大。[65]但大势已不可违，8月1日《申报》上便发布了《第四中山大学通告》，其中明确规定了"（江苏）医科大学原有本科学生，归并同济大学，其学生待遇照医大原定办法办理。又医大预科学生，得升入中山大学。"[66]彼时形式上江苏医大历史正式结束了。相似的 9 月 2 日发布《国立第四中山大学医学院通告》：

> 本医学院业经政府拨定吴淞镇院址，兹已组织就绪。除预科已经第四中山大学通告招生，并将江苏医大预科一年级生转入本大学自然科学院外，凡江苏医大预科二年级生，转入本医学院者，希自即日起至本月十二日止前来本院登记处登记。须带像片、证书、成绩报告书，并实习记录簿，缴呈审查，合格者得免试升入本科一年级。又国内外医科大学二年级生志愿入学者，须将像片、证书、学业报告书，并实习记录簿等，缴呈本院登记处审核。如经审查合格者，亦得免试插入本院一、二年级。务希依限报名为要。此布，九月二日。[67]

苏医大唯有预科生能经过审查转入新成立第四中山大，一年级则需转入"自然科学院"，预科二年级才可选择医学院。甄选完成后，第四中山医学院还纷纷登报公示。而大量原医大本科生们，则无法入第四中山医学院求学。这其中确实存在英美系医学的传统，对德日系医学院有排斥。而沪上同济大学医学院则与其在学派上相符。1917 年同济大学脱离德国办学，由江苏教育会主持在吴淞复校，改私立同济医工专门学校，1927 年 8 月才改国立。但同济医学院似乎并不愿意接受这么多苏医大的学生，麻烦又摆到教育主管部门的面前。这时代表前苏医大的"江苏医科大学校友会"

已经偃旗息鼓，但又冒出了个"江苏医科大学专门部失学学生团"。《申报》1927年11月16日登出一篇《苏医大专门部失学团宣言》：

江苏医科大学专门部失学学生团宣言云：全国诸父老兄弟公鉴，吾苏自今夏革命军莅临后，全省教育即由第四中山大学校长张乃燕先生负责改组。而吾江苏医科大学，奉令改为医学院。学生自意下学期到院受课，当不生问题。殊知第四中山大学于八月二日登报通告，将本科生并入同济大学，但学生待遇仍照江苏医大原定办法办理。当时学生即推代表谒见张校长，请示合并办法。蒙答以尚未议决，学生遂静候。待至十月中旬，各学院均已次第开学，同济亦同时上课，而学生并入同济之办法，迄无公布。生等始悟行将失学，不得已乃组织失学团，公筹川资，推代表赴宁晋谒张校长，请求处置。复蒙答以一月内定有办法。今者一月之期早过，处置之方仍无。他校学生咸无不得其所，而吾医大专门部学生独乃无一校可归。因转思教育为救国之本，爱护学子，实长教之责。使其失学，断无是理。况张校长负责改组吾苏之教育者，当有具体计划。对于同一学生，谅不致有得学、失学之不平等措施。学生本应静默以候办法，惟失学已久，艰难备历。长此以往，牺牲更大。因特将学生之失学苦痛，披陈于诸父老兄弟之前，希加援手。俾学生失学之问题，从早解决，不特学生之幸，亦吾苏教育前途之幸也。[68]

从此宣言可知，第四中山大学医学院虽把原苏医的本科全部
推给同济医学院，但同济显然无此接受的意愿与义务，开学数月
后亦不得解决。甚至"失学团"闹出舆情，江苏教育厅过问后，
依然无法解决。同年 12 月 6 日《申报》上登出上海特别市党部
青年部致第四中山大学张校长一函，其意情况相较一月前仍然没
有改观，除浙江医专稍微接收若干学生外，大部分苏医专高年级
学生犹处失学状态。[69]直到 12 月 29 日《民国日报》上登出《四
中大解决前苏医大学生续学问题》，代表第四中山大学及其医学
院，反驳了"失学团"的几次登报声明，指其"逞其词锋，语多
偏激"，实际情况是包括沪上同济、同德、东南诸医学院及杭州
的浙江医专，皆有接收其学生，如同济原因学额已满，仍招考接
收了 12 名前苏医大学生，又有 12 人转入同德医学院，5 人转入
东南医学院，另有 8 人不愿赴外地求学，加上早先自动转入浙江
医专的学生，学生基本都有了出路，就连那位"失学学生团"代
表龚抢元也转入了上海东南医学院，[70]苏医大的最后一次学潮风波
基本结束。

同时，转入第四中山大学医学院的原苏医预科学生，也在入学后
遇到过学习的麻烦。《申报》1927 年 10 月 31 日《特别市党部消
息》载：

> 本日有第四中大医学院学生蒋灿、钱惠二人来部，称该生等
> 共有同学十九人，向系江苏医大学生，本年秋季并入第四中大医
> 学院。现因该校所授功课，改为英文，而该生前所学为德文，以
> 致上课发生冲突。学生当局对待此少数学生，当与其他学生一

律，故亦必须重行补习英文。而该生以为所授功课，既已习过，再为文字补习，似不甚经济，故来该部，请求转向学校商议。其大旨如医学院课程，应以医大学生为标准，不偏重任何一国文字。医学院既以医大改组，应将医大同学一并收入，并升入本一、不经过任何考试云。该部对云：彼等要求，拟派员往学校调查真相然后与以答复。如学校实为事实上困难，当为该生等介绍转入相当云。[71]

钱惪

钱惪，江苏江阴人，传染病学家，1926年入学江苏医大预科，转入第四中山大学医学院，1932年中央大学医学院第二届毕业生，是国立医学院校培养的第一代医学博士。毕业后曾在上海同仁医院以及南京、长沙、贵阳中央医院工作。解放后曾任上海中山医院内科主任、上海第一医学院内科学院副院长及院长、上海第一医学院副院长等职。20世纪50年代率领部分上医教职员工支援内地，入川创办重庆医学院，任副院长、院长。

这次是转入四中山医学院的预科班，因为学习语言语种问题，在报上发牢骚，原本医专因是德日系医学体系，尤其最晚两位校长全部为留德学生，其第一外语皆为德语。但新组建的四中山医学院为英美体系，乐文照、颜福庆全部为留英美医学院的学生，其第一外语无疑皆为英语，遂有此次风波。其与早年震旦学院风波，学生因想主修英语，但学院力主学法文，最终逼其师生出走震旦，另创复旦有几分相似。同时学生代表不忘声援一下未能随预科一起升入第四中山大学医学院的学长们。这则声明最值得注意的是两位代表中的一位：钱惪（1906—2006，江苏江阴人）。日后的钱惪成为上医的优秀毕业生与卓越的医学教育家、传染病学家、一级教授，1957 年受命组建重庆医学院，是上医与重医史上的功勋人物。他无疑也是曾经求学苏医专（大）的学子中成就最大的一位。

注　释

1　复旦大学上海医学院历史的研究，可参《上海医科大学志》编纂委员会编《上海医科大学志：1927—2000》，复旦大学出版社，2005 年；前引《颜福庆传》，复旦大学出版社，2007 年；季为群《回首老上医》，复旦大学出版社，2007 年；刁承湘《上医情怀》，复旦大学出版社，2007 年。

2　学界直接研究苏医专的成果很少，今有牛亚华《民国初期中国的医学教育与日本》，《中华医史杂志》2018 年 6 期，及王扬宗《民国初年一次"破天荒"的公开尸体解剖》《中国科技史料》第 22 卷，2001 年第 2 期。

3　其苏《前江苏省立医学专门学校校舍之回忆》，《医事公论》1933 年第 5 期，14—15 页。

4　《江苏省立医学专门学校招生通告》，《申报》1912 年 11 月 21 日第 1 版。

5　《江苏医学专门学校及附属省立医院迁移广告》，《申报》1920 年 2 月 4 日第 2 版。

6　前引其苏《前江苏省立医学专门学校校舍之回忆》。

7　《蔡禹门医院广告》，《申报》1912 年 9 月 25 日第 4 版。

8　赵永良主编《无锡籍大学校长（书记）名录》，上海交通大学出版社，2011 年，第 4 页。

9　前引王扬宗《民国初年一次"破天荒"的公开尸体解剖》。然王氏论所据为《江苏公立医学专门学校校友会杂志》第 1 期（创刊号）笔者未见，其中材料较本文所引《解剖开始式序言》略晚。

10　《江苏省立医学专门学校执行尸体解剖开始式序言》，《江苏教育行政月报》，1913 年第 7 期，第 1—10 页。

11　《枪上戒烟丸》，《申报》1918 年 6 月 20 日第 9 版。

12　《蔡文森来函》，《申报》1919 年 4 月 1 日第 11 版。

13　《南洋制药公司特别启事》，《申报》1919 年 4 月 2 日第 3 版。

14　杨绛《将饮茶》，生活·读书·新知三联书店，2010 年，第 10 页。

15　郁有满《江阴巷、贝巷与陶氏》，无锡《江南晚报》2022 年 1 月 21 日 B3 版。

16　前引杨绛《将饮茶》，第 10 页。

17　公众号"外滩以西"：《延庆路上一扇打开的窗》，2022 年 08 月 19 日。https：//mp. weixin. qq. com/s/osKBbwxYlY5x9ySHkoXDrA。

18　《苏垣公立医学罢课纪》，《申报》1919 年 5 月 31 日第 8 版。

19　《苏教厅长胡家祺辞职》，《申报》1919 年 6 月 1 日第 8 版。

20　《各地对日影响之新讯·苏州》，《申报》1919 年 6 月 6 日第 8 版。

21　《省立医院之风潮》，《申报》1920 年 9 月 18 日第 7 版。

22　《医校风潮已平》，《申报》1920 年 9 月 21 日第 7 版。

23　《省立医校驱范风潮》，《申报》1920 年 10 月 28 日第 7 版。

24　《公立医校之改善谈》，《申报》1920 年 11 月 19 日第 7 版。

25　《江苏医校教职员请撤蔡文森电》，《时事新报（上海）》1921 年 1 月 4 日第 2 版。

26　公牍：第二八号（一月十日）《呈省长为公立医学专门学校校长蔡文森呈以办事棘手引咎辞职据情转呈文》，《江苏教育公报》1921 年第 4 卷第 1 期，第 61—62 页。

27　《苏州省立医学专门学校长蔡文森辞职照准》，《申报》1921 年 1 月 30 日第 7 版。

28　《更换医专校长》，《申报》1921 年 2 月 16 日第 7 版。

29　《医校卒业生之公函》，《申报》1921 年 2 月 13 日第 7 版。

30　《汪企张启事》，《申报》1921 年 2 月 14 日第 1 版。

31　《医校学生反对考试》，《申报》1921 年 6 月 17 日第 7 版。

32　《苏州医校之散学风潮》，《时事新报（上海）》，1921 年 6 月 19 日第 6 版。

33　《苏医专校长之罪恶》，《民国日报》1921 年 6 月 21 日第 8 版。

34　《苏医专教职员为校长辩护》，《民国日报》1921 年 6 月 23 日第 8 版。

35　《省教育会覆医学专门学校函》，《申报》1921 年 6 月 19 日第 11 版。

36　《江苏公立医学专门学校历届毕业同学公鉴》，《申报》1921 年 6 月 24 日第 3 版。

37　转引自陈加林《百年徽商与社会变迁：以苏州汪氏家族为例》，上海人民出版社，2014 年，390—391 页。

38　《前医专教务长留学德奥返国（在欧专攻病理之周仲奇博士）》，《申报》1922 年 12 月 16 日第 17 版。

39　《医学专校新校长接任》，《申报》12 月 18 日第 10 版。

40　《苏州医专改组大学之进行》，《申报》1923 年 11 月 24 日第 10 版。

41　《江苏医科大学招生》，《申报》1924 年 7 月 21 日第 2 页。

42　《苏州医专升格之有望》，《申报》1924 年 8 月 8 日第 11 版。

43　《苏医专呈请改大之省令》，《申报》1924 年 9 月 1 日，第 11 版。

44　《苏州医专学生来电》，《申报》1924 年 12 月 7 日第 6 版。

45　《江苏公立医专风潮告一段落》，《申报》1924 年 12 月 24 日第 10 版。

46　《江苏医学风潮已有暂时解决办法》，《申报》1925 年 1 月 1 日第 10 版。

47　前引《江苏省立医学专门学校执行尸体解剖开始式序言》其中有《教务长吴济时君之报告》。《江苏教育行政月报》，1913 年，第 7 期。

48　《吴济时启事》《申报》1916 年 11 月 4 日第 1 版。

49　《南京快信》，《申报》1918 年 5 月 25 日第 3 版。

50　《南京快信》，《申报》1922 年 12 月 15 日第 10 版。

51　《江苏医专驱长风潮之尾声》："现时校务正赖维持，仍望执事勉为其难，照常进行。一面函陆科长与省教育会，推定之吴谷宜君等接洽，研究善后问题。"《申报》1924 年 12 月 24 日第 11 版。

52 《吴济时任苏省医专校长之经过》，《新闻报》1925 年 2 月 21 日第 11 版。

53 《报告江苏教育厅复函》，《申报》1925 年 3 月 1 日第 11 版。

54 《江苏公立医专近讯》："苏州江苏公立医学专门学校，自吴济时博士到校以来，逐渐整理粗有头绪。日前(四日) 上午十时举行开学典礼校长训词。"《申报》1925 年 4 月 11 日第 11 版。

55 《苏公立医专请改办大学之省令》，《申报》1925 年 4 月 19 日第 12 版。

56 《苏省教育行政会议纪》，《申报》1925 年 6 月 19 日第 13 版。

57 《苏省医专改组大学后之设施》，《申报》1925 年 9 月 15 日第 7 版。

58 象贤记录《太虚法师在江苏省立医科大学之演说辞：身心之病及医药》，收入《海潮音》1926 年第 7 卷第 4 期。

59 《江苏省立校长会议厅长问题》："为新教育厅长，不符众望，恳请维持教育人格，另举贤能事。窃校长等前因教育部无端免蒋厅长职，以沈彭年继任，曾经迭次恳请留蒋，对于沈彭年本不发生人格问题。"《申报》1925 年 7 月 3 日第 9 版。

60 《苏医专校长辞职及省令慰留》，《申报》1925 年 7 月 27 日第 9 版。

61 《吴济时致韩国钧电》，《申报》1925 年 2 月 5 日第 14 版。

62 《江苏医大驱吴风潮之经过：吴谷宜已出看守所》，《时事新报》1927 年 4 月 22 日第 8 版。

63 《江苏医科大学校友会召集临时紧急大会启事》，《申报》1927 年 5 月 29 日第 3 版。

64 《江苏医大校友会在苏开会》，《申报》1927 年 6 月 5 日第 7 版。

65 汪企张《对于江苏医大三位接收委员的单相思》、(汪) 于冈《读江苏医大旅沪毕业生宣言书后》，《时事新报(上海)》1927 年 6 月 8 日，第 8 版。

66 《第四中山大学通告》，《申报》1927 年 8 月 1 日第 3 版。

67 《国立第四中山大学医学院通告》，《申报》1927 年 9 月 2 日第 3 版。

68 《苏医大专门部失学团宣言》，《申报》1927 年 11 月 16 日第 8 版。

69 《特别市党部消息》，《申报》1927 年 12 月 6 日第 13 版。

70 《四中大解决前苏医大学生续学问题》，《民国日报》1927 年 12 月 29 日第 8 版。

71 《特别市党部消息》，《申报》1927 年 10 月 31 日第 10 版。

第七章
屹立沪滨

1927 年北伐完成之后，全国高等教育进入了短暂而活跃的时期。新创国立院校纷纷建立，旧有国立、私立学堂也纷纷发展壮大。复旦的改变也不少，比如开始新招女生，比如正式在教育部立案，当然潜在的努力就更多，20 年代末复旦已经成为沪上知名的私立大学，李登辉校长功不可没。而创校便是国立背景的"上医"：国立第四中山大学医学院，更是拥有了相当的基础。虽然国民政府时期教育经费被拖欠是常态，尊贵如国立上医也需要出门化缘，但那十年间上医得到的帮助与发展依然有目共睹。1937 年是上医早期发展的最高潮，枫林桥的永久校址落成。但有如抛物线来到顶点，这年秋冬，上医便在战火中被迫离开了崭新的枫林校园。上医与复旦都是经历"一·二八"及"八一三"两次战火，不一样的是，上医毅然迁出吴淞，来到沪南枫林桥。而复旦在江湾两次遭到战火破坏，尤其"八一三"将原本静谧的复旦校园破坏殆尽，主要建筑损毁严重，环相辉堂复旦源的校园气相，甚至直到 80 年后的今天才重新恢复。虽然 30 年代时，复旦与上医分属国立与私立学校序列，但两所国人寄托深切期望的名校在上海沦陷后毅然开启了西迁之旅，其中壮怀激烈远非常人想象。今天抗战西迁叙事中，西南联大或中央大学的故事多广为人知，但历史上复旦与上医的经历同样可歌可泣。

第一节　从吴淞到枫林桥

1927 年国民政府在南京成立国立第四中山大学，下设九大学院，

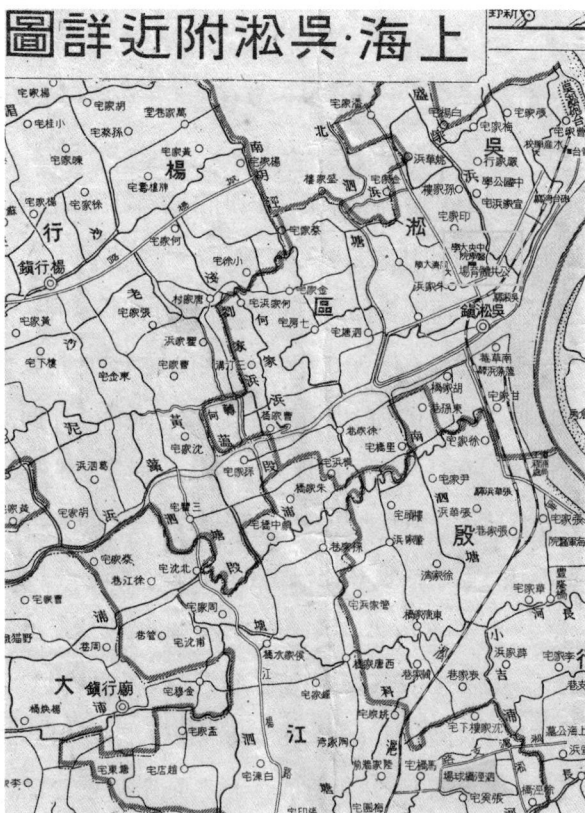

《中国战局详解地图》（1937）中出现吴淞上医的标注。其实彼时上医已经迁往枫林桥，此图或根据更早底图所绘

其中医学院与商学院被放在了上海。商学院放在了淞沪铁路边的屈家桥，而医学院则迁入吴淞原国立政治大学旧址。原国立政治大学创办于北洋晚期，国民政府成立后停办，再往前为"自治学院"，办学位置为前吴淞商埠建筑，今主体为上海吴淞中学校园内。这里在二十多年，正是复旦借吴淞提镇行辕创校的地方。上医档案馆裴鹏兄考证复旦旧址提镇行辕，在上医原国立政大校园东侧，至上世纪末裙房建筑尚存，则复旦、上医同创一地。

1927 年中央大学校长张乃燕（1894—1958，浙江归安南浔镇人）邀请自己的妹夫乐文照新组医学院，同时又邀请了时任协和医学院副院长的颜福庆出任医学院院长，颜福庆虽然一口答应，但他一直等到自己在协和合同完成后的 1928 年，才回到上海接手医学院事务。在早期筹措医学院事务，接收苏医大相应物资、学生等具体工作主要都是由乐文照完成的。乐文照（1896—1979），浙江镇海人，1914 年进入上海哈佛医学院（今复旦大学附属华山医院内）求学，1916 年以优等生身份由校方选送美国哈佛大学医学院继续学业，1920 年毕业，获医学博士学位。1921 年回国，受聘于北京协和医院，1923 年起在上海圣约翰大学医学院任教。1927 年发起筹建第四中山大学医学院，一度代理院长兼教授，也曾任母校中国红十字会第一医院（即今华山医院）副院长、内科主任。抗战前一直协助颜福庆署理上医学院事务。1946 年离

乐文照（虹口区档案馆藏）

开上医开业，1949 年奉调任公济医院（后改上海市第一人民医院前身）内科主任。

拥有了吴淞校舍后的上医，同时争取到当时的红十字会总院、即今华山医院作为自己的实习医院，华山也与整个上医史牢牢绑定在一起。这里不仅培养出了上医创院院长之一的乐文照，颜福庆也在回到上海后接任这里的院长，并悉心经营，将此医院扭亏为盈。而之后两次淞沪战争，上医校园被夺，也都第一时间在红十字会总院过渡，这里也是早期上医办学的重要校址之一。这其中有一重因缘，时任中国红十字会的主席，是颜福庆的堂兄颜惠庆。惠庆自 1924 年起的八年里，连任第六、第七届红十字会主席位，尤其在 1926 年张作霖入北京后，颜惠庆请辞国务总理与外交总长，国民政府成立后亦不愿复出，转而留心慈善，与自己堂弟的轨迹在此时聚合。[1]

同时，上医在吴淞校舍对面，开设了吴淞卫生模范实验区，成为医学院公共卫生方向的重要教学实习机构。1928 年 7 月，颜福庆初回上医，便组建公共卫生科，兼科主任及公共卫生教授，亲自教授公共卫生学科，这也是国内医学院最早建立的公共卫生学科。同年，上医正门泰兴路（今泰和路）对面，创建了我国第一个农村卫生实验区——吴淞卫生公所，作为公共卫生教学实验区。1929 年 9 月与上海特别市卫生局合作，将吴淞卫生所改为"吴淞卫生模范区"，并要求上医学生必须到模范区轮转实习公共卫生一个月。此举把医学生的诊疗服务范围从医院空间转到更广大的社区乡村，是我国公共卫生史上的里程碑。上医档案馆裴鹏兄发现吴淞卫生模范区老照片建筑形态与早期吴淞复旦提镇行辕建筑高度相似，彼处应为原行辕相关的附属建筑群之一，则可以部分还原吴淞校园面貌，聊补早年复旦无影像资料之憾。

　　吴淞卫生模范区在"一·二八"淞沪抗战中被毁，上医也内迁租界，并重开卫生模范区。但这里依然得到了重建，新任上海特别市卫生局局长的李廷安（1898—1948，广东中山人）发起重建吴淞卫生所，地点放到了吴淞滨海医院，并与留在吴淞继续办学的同济医学院合作。[2]离开吴淞的上医则在日后的岁月中新创高桥、颛桥等多个卫生模范区，也培养了如苏德隆（1906—1985，江苏南京人）等卓越的公共卫生学家，从办学、人才等多方面打下了上医发展的厚实基础。

　　上医在吴淞的第一个五年确实也算不上完美。虽然创校时仅为国立四中山的医学院，但国民政府大学院制度的改易，让这所国府首校名字一改再改，从第四中山大学到江苏大学再到中央大学，医学院的前冠也换过三次。终于在"一·二八"停战的 1932 年 9 月，正式改为国立上海医学院。而吴淞相去海格路红十字会总院路程超过四十里，即便使用今天的通勤工具也要花去相当的时间。何况当日普通师生要通勤两地，大概率要坐淞沪铁路抵达上海站（北站）后换沪杭铁路，从梵王渡站（今中山公园地铁站旁）下车，再换车辗转跋涉至红十字会总院。显然如果能在租界内办学，现有医疗资源都能有效利用。所以，早在 1931 年 1 月，颜福庆便在外滩香港路银行工会大楼，发起了新建医事中心的大会"中山医院发起人会议"。倡议很顺利，包括国民政府高层、亦为颜福庆姻亲的孔祥熙、孙科，以及沪上名流唐绍仪等一众人士皆响应支持。是年夏倪珪贞去世后，宋家捐出赙仪金，更是使得新建医学院计划天下皆知。

　　不过上医南迁租界依然是被迫的，1932 年"一·二八"事变起，新建医事中心尚无眉目，但吴淞地区成为抵抗日军的前沿阵地，上医校园遭到一定程度破坏，战后上医迁至红十字会总院，颜福庆又通过关系借圣约翰大学医学院楼开学上课，此楼便是圣约翰校园中现存最早的建筑格致楼（Science Hall）。一个学期后的 1932 年夏，上医决定在海格路红十字总院暂建一幢临时校舍，并得到了另一家实习医院，叶子衡所捐叶家花园改建的澄衷医院。不过这时期最重要的工作，便是正式推动上海医事中心：新医学院与中山医院的建设。首先的问题是选址，当时最早的选址在洛克菲勒的产业、法租界南段的中华棒球场，紧挨着耶稣会震旦大学，但在沟通多年后这里被公董局否定，上医不得不重新寻找新址。最终在上海特别市的努力下，上医来到了肇嘉浜南侧的枫林桥，之后的故事大家都是熟知的，1937 年 4 月 1 日上医与中山医院落成。至少那一刻，上医与颜福庆都走到了各自的巅峰。

上医落成
前排从左到右分别是孔祥熙、宋霭龄、徐亦蓁（第一任院长牛惠生妻）、颜福庆、胡惠德

上医全图

第二节　李校长的晚年

时间拨回到 1931 年 1 月 4 日，李登辉的夫人汤佩琳在小南门的家中去世，享年 45 岁。李校长悲痛欲绝，长时间陷在其中走不出来。一个学期后的 6 月，李校长勉强出席校务会议，慢慢回归复旦校务。在那之前的日子里，复旦正式在国民政府中立案，被纳入政府教育轨道，而建校二十五周年庆典（1930）也热闹非凡，不仅马相伯老先生也来捧场，还授予于右任、邵力子、钱永铭三位复旦功勋荣誉博士。但自从 1931 年起，李登辉与复旦面前似乎都缠绕着一股乌云。紧接着"九一八"事变之后的"一·二八"淞沪抗战，第一次让复旦看清侵略者的凶残与战争的恐怖；复旦经营二十余年的校园在战火中第一次遭受重大破坏。复旦校园地处沪北主干道翔殷路（今邯郸路段）与淞沪铁路相交处附近，周围又有跑马厅等大型建筑物，加上校园本身拥有多幢大楼建筑，最终成为侵略者重要的打击目标。可以想象，自己夫人亡故周年时，时年六十周岁的李校长又要面对一次更大的浩劫，当年他与妻子共同居住的腾佩路寓所，在这次战事中毁于一旦，其心中痛楚可想而知。战时李校长不得不把复旦的大学部迁回徐家汇李公祠，中学部一度内迁杭州，等战事平稳才陆续回迁。战后的校园重建，则靠钱永铭出面化缘，复旦才在战后稍稍喘定一口气。

晚年李校长的烦恼还没有结束，一桩桩更为棘手的问题摆到了他的面前。1935 年冬，中共北平市委领导爱国学生爆发游行示威，高呼"援助绥远抗战""各党派联合起来"等口号，史称"一二·九"抗日救亡运动。事变发生后上海大学联合会发布声明支持北平学生。12 月 23 日，以复旦学生为代表的上海青年学生，组成"上海各大学学生救国联合会"（简称"救国会"），赴京请愿，汇集沪宁铁路上海站（北站），发车赴南京。李登辉校长接到国府命令，去北站劝导学生。李登辉非常无奈，觉得学生爱国有什么错，但是他还是出现在火车站月台，《李登辉传》在这里详述了李校长与学生的对话，内心的痛苦与煎熬，略录于下：

> "同学们，你们回去吧。"
>
> "校长，我们不回去。"每个同学在深深地痛苦着。
>
> "同学们，你们爱复旦吗？"
>
> "我们爱！"

几千个呼声变成了一个巨响。

"你们爱我吗?"

"我们爱!"

"我们爱!"

"我们爱!"

在场几千个同学的心被深深感动了,每个人的眼眶里充满了热泪。

"你们听我的话吗?"

"听你的话!"

"那么你们回去吧。"李登辉的声音低沉了,充满了无奈。

"不,校长,让我们晋京请愿去!"[3]

最终李校长劝阻无效,学生坐上学生自驾的火车,西进南京。一路铁路遭到破坏,车上复旦、交大学生边走边修复铁轨,沿途都有当局设阻劝回,最终经过一夜,一车人停在了无锡。无锡与复旦第二次缘分到来。自惠山李公祠接纳复旦之后二十多年后,无锡县长出面接待了复旦的学子,并安排到中南大戏院休息,安抚他们送回了上海。不过更危险的时刻也即将到来。

转过 1936 年春,先是北平的北大、清华等校与"一二·九"运动有关学生领袖被搜捕,很快 3 月 24 日,复旦也遭到军警包围,学生被捕,次日凌晨军警更是冲入学校与师生发生冲突,金通尹、余楠秋等教员被打,65 岁的李登辉校长跌倒,也险遭棍棒。甚至军警开枪还不慎误伤同伴,后报登"复旦学生枪杀警察",遂成"三二五"事件。此后复旦校园陷入动荡之中,甚至为了平息一时事端，李登辉宣布取消因"一二·九"而组织的"救国会"，又遭到学生的包围质疑，让已经不堪其扰的李校长更加无可奈何。

复旦这两年频繁的学潮也让国民政府动了杀心，策划关闭复旦。南京校友会动员当时校友中的国民党中央委员于右任、邵力子、叶楚伧等从中斡旋，最终在是年8月20日于沪上沧洲饭店（今址为锦沧南华）召开紧急会议商议对策，最终结果是李登辉校长"请假休养"，期间由钱永铭代理校长，吴南轩总持校务。吴南轩为复旦五四运动时期的高足，此时以弟子礼见李校长，问何人可以辅理校务，李校长推荐了章益与殷以文后，便去了重庆休假，复旦暂时脱离了危机。来到重庆的李校长走访了早年复旦校友在重庆所办复旦中学，校址在菜园坝，这也是民国时上海以外所办多所与复旦有关的中学之一。入川后李登辉结识了四川省主席刘湘等实力派大员，这次重庆之行也为复旦结下一段后世之缘，让复旦在马上到来的抗战中找到了暂时的栖身之所。

次年春，复旦得到国府的经费补助，并得到江苏教育款产管理处拨付的无锡太湖大雷嘴土地一千余亩作为新校址，李登辉随校务委员会一同亲赴无锡勘察土地，本地荣德生在无锡梅园款待复旦诸公一行。这是近代无锡第三次与复旦结缘，可惜即将爆发的"八·一三"淞沪抗战把这一切计划都打乱了。

第三节　烽火中的学府

复旦与上医在1937年春夏时都迎来过各自的一段高光，尤其上医枫林桥校舍的落成，让人看到国人新医学事业突破发展的希望，而复旦人彼时也在畅想着如何在太湖边发展全新的农科、水产、纺织等新学科。但 8 月 13 日的战火彻底打破了梦想，近代上海最大的一次浩劫淞沪会战打响了。

抗战时复旦大学校园中被毁的奕柱堂（吴格教授提供）

8 月 13 日上午 9 时，日军先以一辆坦克车掩护四五人试探进击闸北，国军立即还击，至 11 时稍停。上海市长俞鸿钧曾向日方严重抗议，同时令中国第八十七师、第八十八师进至江湾市区，第九集团军司令张治中下达对虹口警戒，集团军主力集结于上海北站、江湾、吴淞、虹口等线。日军一度炮击后进攻，中国军队立即反击，淞沪抗战正式爆发。虹江码头、翔殷路、淞沪铁路瞬间成为火海。战事在半个月后全面升级，此后一个月中罗店、川沙、金山、大场相继陷落，国军退出江湾一线，上海沦陷。

从庐山到北碚

复旦在9月初一度在徐家汇李公祠开学，一如"一·二八"时期，但很快发现战事非比过往，国民政府教育部亦指示，要求沪上私立复旦、大同、大夏、光华四校，效仿平、津高校，组织联大西迁。最终光华与大同没有组校，复旦与大夏组成联合大学，并遵教育部令分为两部，第一部以复旦为主体，复旦副校长吴南轩负责迁往江西庐山牯岭，第二部以大夏大学副校长欧元怀为负责，章益为教务长迁往贵阳。11月联大两部各自抵达庐山、贵阳开学。但很快12月国府首都南京陷落，危及九江，联大一部决定继续内迁。原来的目的地是二部所在的贵阳，但复旦师生上船后抵达重庆，得到川渝人民的夹道欢迎，诚邀复旦留川，最终复旦西迁师生意料之外地在重庆找到借宿之地。抵达时候的1937年12月正值菜园坝复旦中学放假，复旦在重庆复旦中学暂且上课。直至次年春天，复旦选定嘉陵江上游北碚对岸的夏坝为新校址。复旦迁至北碚，得到本地人卢作孚（1893—1952，四川合川人）的大力支持。接下来的八年里，西迁复旦（渝校）师生在此度过了一段还算平静的求学时光。

当时西迁的复旦师生其实仅为原来就读的约三分之一，大多数人因为各种因素选择暂时留在沦陷的上海。已经年近七旬的李校长毅然承担起留沪师生的教学工作，组织复旦补习所（沪校）。但辗转租界各种地方，四迁其址，最终在1938年底来到沪西赫德路、武定路口一处洋房，在此也度过了七年多的时光。但李校长在沪办学艰辛，似乎更甚渝校，不仅面临教学物资短缺、日伪的骚扰，还有来自自己门生的误解与质疑。

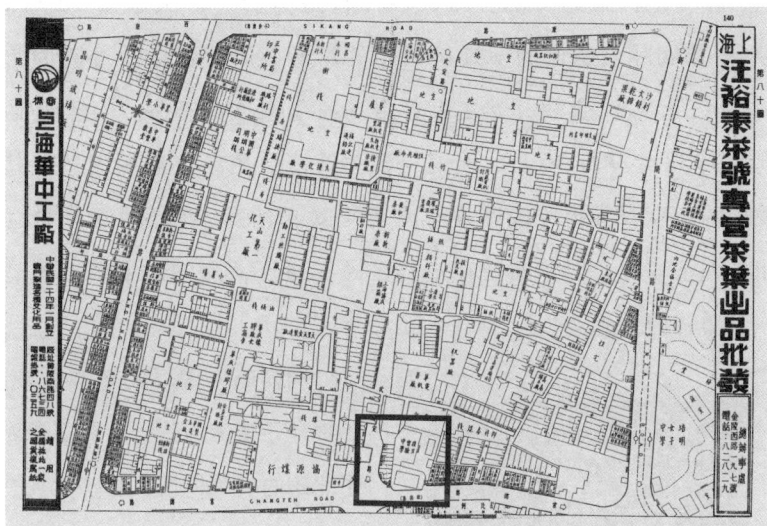

1947 年上海行号录，圈中为战时赫德路复旦沪校

　　1938 年复旦沪校在公共租界初办时，以吴南轩为代表的渝校管理者大为不满，指责李登辉有附逆之嫌；代理校长钱永铭亦来电劝李登辉来重庆，以避免不必要的麻烦。李登辉来信表明心意，并表示不会离开上海与沪校。但钱永铭的担忧是不无道理的，他的教育界老友、沪江大学校长刘湛恩（1896—1938，湖北阳新人），便在日伪收买不成的情况下，于 4 月 7 日被枪杀于公共租界静安寺路、大华路（今南京西路、南汇路）路口。刘湛恩的身份不仅是战时教会联合大学的校长，同时还是国民政府国际外宣部门的重要成员，本要奉国府国际宣传处董显光之命，赴美做反日宣传，却出师未捷身先死。[4] 李校长与复旦的另一位老朋友，也在枯坐沪上之际走到生命尽头，那就是民国复旦知名校董唐绍仪。唐绍仪被军统刺杀的经历，各种传记与纪录片中都有详细记录，被刺的地点在他最为人熟知的住处，福开森路寓所（今武康路 40 弄 1号）。那实际上是他的女婿诸昌年的寓所，唐绍仪搬入的时间为"八一三"淞沪会战开始之后，自珠海老家回到租界，直至其遇刺的 1938 年 9 月 30 日，刚好一年多一点。[5]唐绍仪遇刺固然与其暧昧的态度及其拒绝国民政府内迁的邀请有关，但不可否认社会知名人士在那个时候滞留在沦陷区，在西迁大众的眼中确实不是一个明智的选择。

周谷城教授书孙寒冰墓碑，2018年，喻融、叶倩如、沈喆韡等拓自重庆北碚

同样陷入困境的还有渝校。1940 年重庆大轰炸中，日军轰炸了北碚的黄桷树镇，北碚复旦校园及师生宿舍遭到不同程度破坏，时任渝校教务长孙寒冰（1903—1940，江苏南汇人）殉职，渝校办学受到严重冲击。孙寒冰与章益、奚玉书都是五四运动时被原先学校开除而加入复旦的，在复旦毕业后又远赴哈佛大学求学，归国后继续服务复旦，是李登辉校长最钟爱的弟子之一，孙寒冰之殒，令远在沪上的李登辉有如丧子之痛。

甚至早在大轰炸之前，就有消息传出，远迁北碚的复旦将被改称"国立西康大学"迁西康省，《申报》1939 年 3 月 28 日载《复旦大学改为国立西康大学将由重庆迁西康》：

《复旦大学师生罹难碑记》，2018 年，喻融、叶倩如、沈喆韡等拓自重庆三峡博物馆

上海私立复旦大学因校舍全部被毁，故除一部分留沪开学外，并迁至重庆开课。一切校务仍由校长钱永铭、副校长吴南轩负责主持。现教育部鉴于该校历史悠久，办理完满，特令该校迁至西康，改为"国立西康大学"，从事培植边疆人才。该校奉令后，现正着手筹备迁校事宜云。[6]

复旦再迁校的消息并非空穴来风，但最终没有成行。但这无法掩盖西迁复旦风雨飘摇的窘境，复旦校董事会也在 1939 年起谋求改国立，终于在 1941 年成功，北碚校门口挂起了于右任所书"国立复旦大学"匾额。

复旦在重庆时期的办学颇有些特色，不仅文、理、商、法传统强势学科稳中有进，还在北碚新创农学学科，还因地制宜地新增了茶叶专科等多个专业。复旦农科建制主体 1946 年随全校复员江湾，并在魏德迈路（今邯郸路）南国权路一带新辟试验田。部分农科师生与其他专业留渝同仁一起，在北碚校址创办相辉学院，继续在本地教书育人。这其中相辉学院的农学专业 1949 年 8 月招入一位江西籍新生，一年后随相辉学院并入西南农院完成本科学业，在未来成为中国水稻杂交专家，他就是袁隆平（1930—2021）。

辗转大西南

作为国立大学，1937 年上医西迁更为复杂。"八一三"淞沪会战开始的一个多月里，沪南地区相对沪北要安全很多，虽然炮火依然可以听闻，但毕竟战场还没有靠近，上医枫林桥及周边建筑如外交大楼，很快成为战时伤兵医院，医学院再次迁往海格路红十字会总院。直到上海全境沦陷前的 11 月 9 日，最后一批伤员从医学院翻过枫林桥撤入法租界后半小时，医学院校区被日占，这里其实也仅仅刚落成七个月。1938 年 2 月，颜福庆赴武汉任战时国府卫生署长，上医暂由乐文照、朱恒璧（1890—1987，江苏阜宁人）等代为管理，朱恒璧同时任代理院长。至 1939 年，鉴于国立大学陆续西迁，上医也分批迁往内地，朱恒璧任上医渝院负责人，带领高年级医学生跋山涉水，上医西迁第一站是云南白龙潭，与西迁的国立中正医学院（今第三军医大学的主要前身之一）合办，后昆明战事吃紧，1941 年再迁重庆歌乐山，接收迁来的中央医院作为实习医院。同时，乐文照任沪院负责人，不仅负责在沪低年级学生教学，并在上海保护院产，且需照顾西迁诸人留沪家属，责任更为重大。

　　彼时的颜福庆同样被困扰，刚任卫生署两年的颜福庆因为下属兼姻亲史悠明（史悠明娶曹秀英妹美英，颜、史为连襟）被弹劾，原副署长、东京帝大医学博士金宝善（1893—1984，浙江绍兴人）继任。[7]其背后不仅有医学英美系与德日系的对峙，更是抗战相持之后宋子文系失势，二陈 CC 系抬头后的结果。颜、史皆为宋之姻亲，此时蒙难也就不难解释。离开卫生署的颜福庆在重庆与朱恒璧有过一次长谈，之后远赴美国治病，次年 1941 年 1 月，朱恒璧被正式任命为国立上医的院长。金宝善署长也与朱院长亲密合作，上医转去重庆，得到了相当的发展，中央医院就是在金宝善的授意下被上医接收下来。且由于管理有方，中央医院经营颇善，教育部长陈立夫当即决定把中央护士学校也交由上医管理。1941 年时朱恒璧还曾短暂返沪，准备召集沪院师资赴渝，但在广西途中出车祸，腰背受伤，在红会总院做了手术。朱恒璧在歌乐山为上医发展做出杰出贡献，在太平洋战争后接收了港大医学院的学生，又在贵州战事吃紧时，接收贵阳医学院的师生，歌乐山医学教育在战时声名远播。

歌乐山上医建筑

而时年 59 岁的颜福庆，彼时在美国做了胃大部切除的手术，手术是由他耶鲁医学院的同学做的。手术很成功，同年辗转来到香港，同堂兄颜惠庆一家在香港团聚。但这片刻的宁静也很快被剥夺，太平洋战争爆发，香港沦陷，颜惠庆被日军控制，而颜福庆于 1942 年返回上海，在上医沪院任教授。彼时上海租界同样沦陷，日伪横行。乐文照、颜福庆、周诚浒等上医元老竭尽所能维护院产，其中艰辛非常人所能体会。屋漏偏逢连夜雨，1943 年春，颜福庆的太太曹秀英因病去世，一年前，颜子士清也因多年骨癌去世。几年内遍历国仇家难，颜福庆内心的凄凉可想而知。

1945 年 8 月 15 日，日本宣布无条件投降，西迁诸校也开始谋划复员。当时国民政府接收大员满天飞，朱恒璧担心上医在沪资产被侵吞，做出周密安排，并先行飞抵上海。然而接收情况并不容乐观，彼时的医学院与中山医院中已然空空如也。即便朱恒璧重整上医的决心没变，但那一切最终都淹没在内战之中。陈立夫一度希望朱恒璧担任上海卫生局长，被朱拒绝；之后的日子里，当局肆意抓捕进步学者学生的做法也惹怒了朱恒璧。1949 年上海临解放前，包括上医、复旦在内的众多沪上高校掌门人都没有听从杭立武的劝告飞离上海，而是将学校建制留在了上海，迎接解放。相似的还有复旦校长章益，他不仅本人没有离开沪上，复旦全校没有任何成建制的院系脱离学校，这在国内国立综合大学中是少有的。章益在复旦复校江湾后，做好了沪校渝校间的融合与过渡，保护左派教授、学生们少受国民政府当局滋扰。同时因战事失修的校园，也在他手上得到恢复重建。其中最值得一提的是他为老师李登辉校长修建的登辉堂。

　　早在茂飞时代设计的复旦校园中轴线的最北端，原来放置的是第一宿舍 100 号楼，这栋茂飞作品在毁于日寇战火前，仅存有个别影像。复校后的 1947 年，校长章益向各地校友募集了三十余两黄金，献给为复旦倾其所有的恩师李登辉，作为颐养金，李校长知道后坚决拒绝。后经协商，决定扩大募捐，用这笔钱修建登辉堂。1947 年 7 月 5 日，登辉堂尚未完全竣工，李校长在登辉堂主持本年毕业典礼，那也是他人生最后一次为复旦师生做公开演讲。是年 9 月 19 日，李校长与世长辞，享年 77 岁。1980 年代，为筹备复旦建校八十周年，暨纪念复旦创校两位功勋校长，登辉堂改名为相辉堂。全建筑为中式礼堂风格，建成后屡经翻修，伫立在当年复旦源茂飞轴线正北面，今天已然成为复旦人共同的精神家园。

注　释

1　陈雁《颜惠庆传》，第 160 页。

2　李永宸《李廷安与上海市吴淞区卫生事务所》，《南京中医药大学学报（社会科学版）》，2016 年
　　第 17 卷第 2 期。

3　《李登辉传》，第 141 页。

4　王启元《董显光的战场》，《读书》，2020 年第 11 期。

5　李天纲《武康路 40 弄 1 号：唐绍仪旧居》，收入方世忠主编《武康路》，中华书局，2017 年，
　　第 33 页。

6　《复旦大学改为国立西康大学将由重庆迁西康》，《申报》1939 年 3 月 28 日第七版。

7　钱益民等《颜福庆传》，第 174 页注 1。

尾声

解放后，复旦和上医各自继续着不同的发展轨迹。

朱维铮先生课上经常举的例子，孔子将后世所认为的"春秋"近250年的时间，分为所见、所闻、所传闻三个时代。前文的七章多是"所传闻世"，尤其抗战之前的校史只能求诸文献的记载；20世纪后半页的校史时代，便来到"所闻"之世。那时，四十九岁的原国立复旦的校长章益出走济南执教山东师范学院，更年长八九岁的张志让与陈望道先生，先后成为新复旦的校务委员会主任、校长。1952年完成的院系大调整，华东诸校的系所、师生的加入，让复旦诸多学科及办学规模都得到了长足的发展；比如从浙江大学调入的文理诸系及苏步青、谈家桢、陈建功等知名教授便是一例。有加入也有离开，北洋时期复旦最早开设的专业：商科、法科，及北碚时期创立的农科，都在20世纪初被调整出复旦。院系调整背景下消失的原私立、教会大学，以及拆分院系的国立学校，也有不少藏书"纪念物"流诸复旦，如从震旦大学转入复旦的合肥李氏藏书、丁氏藏书，以及沪江、圣约翰、光华、暨南诸校转入的英、法、拉丁文的西文典籍，成为复旦大学重要的藏书基础，也留下了一条晚清、民国以来上海高等教育界的线索与因缘。上医则在1952年更名上海第一医学院，区别于同年在震旦大学旧址新办的"上海第二医学院"。最让上医人自豪的是 1956 年卫生部评选高等医药院校一级教授中，有 16 位上医人获此殊荣。而上医人远赴重庆创办重医的事迹，更是沪渝两地医疗事业互动的佳话。至于再多"所闻世"中的校史事迹，需另一本或几本大书才能包含的了。

来到 2000 年，上海医科大学和复旦大学合并办学，组建成为新的复旦大学；2012 年，新的上海医学院成立，2018 年 12 月 21 日，教育部、国家卫生健康委员会、上海市人民政府正式签约，共建托管复旦大学上海医学院及其直属附属医院，这些便是笔者"所见世"的时代。当然，作为一位曾经的普通学生与留校的科研人员，二十来年的所见所闻不过是些无足轻重"一个人的叙事"（借用读史老张前辈的大作书名）。这些细屑碎片的记忆，本也不值得问世流通；但其中似略有与本书酝酿、生成的相关因缘，谨在此处赘述一二。

在读大学前，我的七年的中学生涯都在镇海叶氏创办的澄衷中学度过，此书中多次致敬我的这所母校及其相关的近代名流，蔡元培、胡适之、竺可桢、杨荫杭，以及没有机会提到的复旦校董李达三、参加东京审判的高文彬、"梁陈方案"提出者之一的陈占祥等，都是母校澄衷的骄傲；而叶氏四公子创办的跑马厅与叶家花园、澄衷医院更是与笔者的求学生活关系密切——我在跑马厅故址北区学生公寓中度过了近八年的时光，叶家花园则是每到散心时脑海里蹦出的第一选择。2003 年笔者考入复旦大学护理学院，那年春天非典时期，记得高考那天都被打了额温枪；入学后第一年在本部，先住的南区，再住了东区轻专楼，第二学期结束便来到了枫林。医学院的老师经常说起复旦上医两校合并，上医在复旦与交大之间选择了复旦；交大（华山路本部）离得更近，复旦则更有文化，这话一直记得。虽然大二时候我便躬逢复旦百年校庆的盛世，但那时对此懵懂无知。

大一入学教育时在相辉堂听一位老先生讲校史的情形，给我留下了些许印象。我坐得很远，眼睛近视，听也听得不清晰，整节校史课就记得老先生说，我们复旦早年培养出的学生里面有位陈寅恪你们都知道的，学问可大了，会很多门语言（其实高中刚毕业的我并不知道陈寅恪是谁，但多年后回忆起来可以确认校史课上讲到的就是陈先生）。后来才知道，这位给我们上校史课的老师就是复旦校史研究的先驱许有成教授。

本科四年的护理学求学生涯中，笔者不能算是个好学的学生，但我似乎挺习惯在华山医院、儿科医院的临床实习生活，只能说在本科的尾声，才算找到了学习的节奏。感谢本科四年的生涯赋予了我医学的训练与医学生的身份，以及临床护理工作的独特体验，这让我在十余年后的学术工作中，可以驾驭一些医学史的话题与思考；这些年一直也有机会回医学院分享自己对医学史、护理学史及上医创校史的研究成果，让我倍感荣幸。

2007年秋，我来到本部古籍所继续求学，跟随业师陈广宏先生学习明清文学与文献学。老师对我很包容，研一刚来时让我先把中文系及相关本科课程尽量多的去听，把跨专业读研的短板补上一点。课余我还经常窝在古籍所资料室，周春冬老师在闲时会跟我们讲些中文系耆老的轶事。旁听多了，兴趣不免节外生枝——对校史研究的接触，大约也是这时候开始。记得在朱维铮先生的课上第一次听到关于马相伯的研究，也在纪录频道看到《大师》纪录片中的《马相伯》《陈寅恪》诸集，及其出镜的老师们。老先生中影响最深的就是章培恒先生聊他的老师蒋天枢先生编陈寅恪集的往事。我们这届古籍所硕士大部分都没见过章先生本人，我有幸在雷士德工学院旧址上的那家医院病房中见过一次休养中的章先生，聊了什么完全不记得了，就感到先生身上博雅深邃又不失威严的气场。

2012 年冬天博士毕业后在中华文明国际研究中心做博士后，并师从李天纲先生，为我打开了中西交流与复旦校史的关节。李老师是马相伯与中西交流史的专家，多年间不仅席前听老师讲授徐光启、徐家汇、马相伯等话题，也没少跟随老师实地走访徐家汇、松江、金山、丹阳、瑞安各地，体验乡土中国的活力。那时，我也有过整理校史的研究与札记的机会，记得中法建交 50 周年的时候，奉命整理过一些法国与复旦的材料，除了耶稣会与马相伯，我也找出了蒋碧薇、梁宗岱等任职复旦法文系的记载，蒋碧薇北碚家中作"光禄寺"的情节也被放入日后拙编的校史话剧当中。不过那时候我也没想过有朝一日会参与到校史研究当中来。

由于早年老师对我学业的包容，硕博士时候我曾留下过丰富的"舞台经历"，也与校史结下了不小的因缘。不知为何，很早我们就选择校史作为原创话剧的素材，只是早年其实我们完全无法把握这些校史上的人物们。建校 105 周年时，研究生剧社曾编排过一部关于马相伯的学生话剧，热闹之余勉强算有些开创之功。几年后在燕园剧社推出过《复旦爱情故事》的话剧，表现了宏大叙事下的复旦历史人物李登辉、汤佩琳及严幼韵等人的感情世界，想法固然精巧，但今天看来仍稍显稚嫩。不过剧中辞藻时有惊艳之语，在本书中也略有采撷。2017 年时已经卷成青椒学者后，命运又一次把我和校史演出拉到了一起。学工部黄洁老师邀请我编剧导演了马相伯、李登辉、陈望道、颜福庆等多部校长剧目，让我误打误撞又过足了剧作瘾。记得第一次排演马相伯的话剧《马相伯在1913》时我心里也没底，不过效果似乎有点出乎意料的好，第二次演出时候竟然斗胆邀请李老师与马相伯玄孙马天若来现场，却让自己在后台紧张不已。

第一版的《陈望道》是周双丽老师邀请献礼中文系百年系庆的，编剧之余与陈光磊老师交流良多，光磊老师身上的先生之风，让我依稀看到当年望老的风范。虽然那版剧呈现不算理想，不过台下一位观众对剧中设计的"光禄寺"一幕及安排的"蒋碧薇""方令孺""但荫荪"等角色特别感兴趣，并记入了他的朋友圈中。金光耀老师告诉我，那位观众是他的老同学"读史老张"。几年后我随同学老友叶松亭引荐第一次在文新大楼拜会了"老张"张国伟老师，并获赠他当时的新著《相辉：一个人的复旦叙事》，才看到他在书中也记下了来看《陈望道》话剧的感想；我在书评《不止一个人的念想》也与之有过互动。第二版望老剧我与刘宜林导演合作无间，舞台上也更为妥当紧凑。老刘是专业导演、演员，我有幸受邀看过他参演的《宝岛一村》让我殊为震撼。老家在胶东的他还是我一位同班同学的邻居，这个世界有时候确实不大。

李登辉校长的话剧我个人最为喜欢，我给那部剧就起名为《巍巍学府》，与本书同名。两次演出《巍巍学府》也都在相辉堂老堂，是我学生话剧登台最多的地方，音乐响起时我都能感觉自己仿佛就要登场的激动。颜福庆院长的大戏中间经过一些波折，最终在时任医学院宣传部长陆柳老师的支持下，于中山医院福庆厅首演，首演的时间正是颜老逝世五十周年。因为饰演剧中角色唐绍仪的老师临时被封控在家，我时隔多年又一次粉墨登场。那场戏的阵容和排场都很大，大家演的很动情，据说观看时颜老长孙颜志渊先生感动落泪。演职人员阵容中好多临床医护人员与医学生，挤出业余时间，在非常的时期，演绎医学院前辈们的事迹，这本身便足以感动观众。

纪念复旦上医两校西迁 80 周年之际，我得到周鹏老师的帮助，与碑帖传拓团队远赴重庆北碚，把战时国立复旦旧址中的新老石碑都拓印回来，做成拓片保存。尤其一块纪念大轰炸时期殉国的孙寒冰先生及多位复旦师生的《复旦师生罹难碑》原件藏于重庆三峡博物馆库房，在征得馆方同意后，传拓团队将其拓出带回，拓片全图收入本书第七章。此碑自上世纪五十年代后便下落不明，直到八十年代被发现后便收入博物馆库房，在北碚复旦旧址外陈列则为其缩小的复制件。此次碑帖重见天日，可谓复旦抗战史、西迁史上的重要纪念物。那次赴渝的同时，我带领"校史主题宣讲团"赴重庆复旦中学宣讲校史。重庆复旦中学与复旦本部的关系无需多言，李登辉校长在"三二五"事件后辞职出游，便来到了这里，并曾兼任重庆复旦中学校长。踏入重庆复旦中学竹园校区时，进门便见到李登辉校长的雕像，器宇非凡，这也让我想到复旦本部诸位名人塑像中，就缺校园创始人李校长的塑像；我在排练李校长大师剧《巍巍学府》时，就给腾飞书院的孩子们定下要求，谁发达了就回来母校捐一身李校长的全身塑像，当时他们都点头答应。听说近日相辉堂前即将有李校长全新塑像，着实振奋吾心。5 月 18 日，马相伯、李登辉老校长组合人像雕塑落成。

想到我写作校史主题的文章，其实开始的很晚，缘起也是受了学界同仁的影响。老友汤志波兄自古籍所毕业后，执教鞭于华师大。因其闵行校区外不远处一座"尚一桥"展开，而辑有《南汇蒋氏族谱》一帙相赠，研究视角与材料采撷，俱叹为观止。陈特兄因言，复旦周边也广有人文，尤其江湾镇一带曾经为沪北名镇，一时之望。我深受启发，常携特弟沿万安路、走马塘行走江湾故地，辅以旧籍，因作《虬江之湾》一文，后登《文汇学人》2019 年开年第一期的头版，也让初涉地方研究的自己大受鼓舞。这一年酝酿、写作了不少关于沪北江湾的文字。年底的时候，时任虹口区地方志办公室副主任的冯谷兰老师携志办同仁来复旦，邀请我参修江湾、乍浦诸街道志。我也没有想到原本对复旦周边形胜地讨论，变成了有益家乡史志的学术训练。次年 2020 年更是在时任陆健局长、冯主任的邀请下挂职虹档，虽仅一载时光，但让我本人受益匪浅；在校史材料方面更是收获颇丰。颜福庆、乐文照等皆与虹口一地因缘匪浅，而江湾一地于复旦与上医有着同样重要意义，本书中的诸多章节都已有极力的表现。

2022 年春夏禁足期间，适值复旦迁校江湾一百周年。时正草拟一篇茂飞设计复旦校园经过的小文投稿，李纯一女士问我迁校是在一百年前的哪一天。当时随手搜了二十年代章程，记载是 2 月 25 日开学；这个旁证还是不让人满意。再搜《申报》数据库，看到 1922 年初复旦新旧学生迁入新校区，在 2 月 14 日情人节这天。而下一条，迁入后的师生们，在 5 月 5 日、5 月 6 日两天举办新校区落成典礼。而 100 年后的 5 月 6 日，就是预先定下来的一场校史的讲谈会"沪滨屹立东南冠：东南网络中的复旦大学"，冥冥之中都是刚好的安排。讲谈会上陈以爱老师与纪赟老师为我们展示五四运动的复旦先驱及东南华侨之于复旦建设的全新话题，为近年来校史研究的重要突破，甚至域外文献中的复旦与上医将会是未来校史研究的重要蓝海，期待学界同仁的新发现与新成果。

小书写作尽量做到详前人之略，略前人之详，校志、校长传略及烽火中的复旦、上医所及者，拙作都尽量从简，这也使得书中如战时滞留及西迁篇幅偏小，但笔者近年尚无更多新发现，只能藏拙自守。小书写就不过一年余的时间，但六七年来的校史从学经历，得到学界前辈同仁的关照仍不可胜数。感谢业师李天纲教授百忙中赐序揄扬。虽然我早就与李老师提过有写作校史的计划，也深知李老师此时也正忙于大作《马相伯年谱长编》的收尾工作，但仍希望能有老师一言以壮拙作声色。幸得李老师如椽大笔，洋洋大观，甚至以笔者有"三复"作史之责，让笔者顿感鼓舞而又责任重大。钱益民老师作为复旦上医校史工作的权威，笔者因《颜福庆》剧本写作，至尚在 10 号楼一楼的角落的校史研究室办公室请教，而与钱老师相熟。之后每逢校史问题，或者有活动涉及相关话题，都要拉上钱老师一起深谈。这本小书初排稿的头两位读者就是李老师与钱老师；其中钱老师指读一过，奖掖之余，记下诸多文字、段落甚至是史实、人物等问题供我修改，让我感念不已。

同时，本书中关于清末天主教会办学事迹人物诸节，出自笔者与张晓依、杨磊、陈嘉仁团队，三位治学广涉小语种、西文文献、图像资料、教内制度等诸多特长，对早期徐家汇、震旦事迹考察略有突破前贤之处。江湾大学城一节考察本是笔者与乔依婷合作而成，依婷查阅方志材料，绘制地图亦有颇多贡献。全书图文资料，不少为初次刊布，如孟刚老师在史地所藏品中发现迄今最早标示吴淞复旦的地图《宝山全境地图》，陈熙兄提供哈佛燕京图书馆藏"中支战争详解地图"，图中首见标有吴淞上医（中央大学医学院）。同时感谢陈引驰老师、金光耀老师、高晞老师、张仲民老师、纪赟老师、孟繁之先生、向文钦兄、独立学者王蔚，校档案馆同仁陈启明女史、裴鹏兄，及校图书馆师长吴格、龙向洋、王亮、喻融诸老师的慷慨帮助，本书因诸位之力而增色良多。尤其要感谢周桂发老师为小书题写"巍巍学府"书名，并与笔者交流良久，周老师丰富的校史掌故及款款爱校之心让晚辈如我感佩不已。

本书写作、问世，还先后得到"复旦大学上海医学院上医文化基金"与"复旦大学校友基金"的支持，在此感谢我校宣传部、外联处同仁的信任与鼎力相助。

最后要感谢我的这位责编、也是"大观"丛书的发起人顾雷博士的青眼厚爱。顾雷兄年辈在前，他自振风塔下来中文系读硕士时，我尚是澄衷中学的学生。但其经工作历练、重新回炉古保院读博并通过答辩时，我已在本单位取得升等，名义上又能算其"师长"。虽在公开场合介绍顾博士时我都自豪地称其为"我们的学生"，但我内心却从来都是持晚辈礼，几未有逾越。我的写作计划很早就与顾兄谈起，他一口答应愿意为我出版，并纳入"大观"书系。遥想2021年夏，我曾应邀在故特别市立图书馆旧址（今杨浦区图书馆）演讲"复旦上医与近代中国"，顾兄作为唯少的听众，给予了重要的鼓励，坚定了我写出全书的决心。他曾经对我说，这是他在复旦社做的最重要的书；我也跟他说过，这是我为复旦社写的最重要的书。我想我们未来一定会遇到更好的点子和稿子，但至少值此校庆之际，彼此的"誓言"还是作数的。

说了那么多，大部分话是入不得校史正文的。不过是希望，若干年后有人还会翻到这本小书的话，读后不仅能略知些复旦、上医的旧事，也能想起这些热爱这片校园的人们。

王启元乙巳孟夏望日前，书于虬江分水、望老旧庐东首。

图书在版编目(CIP)数据

巍巍学府:复旦·上医与近代中国:1905—1949/
王启元著.--上海:复旦大学出版社,2025.5.(2025.9重印)
(大观书系).--ISBN 978-7-309-18014-5

Ⅰ.G649.285.1

中国国家版本馆 CIP 数据核字第 2025YG2642 号

巍巍学府:复旦·上医与近代中国(1905—1949)
王启元　著

责任编辑/顾　雷

复旦大学出版社有限公司出版发行
上海市国权路 579 号　邮编:200433
网址:fupnet@ fudanpress.com　http://www.fudanpress.com
门市零售:86-21-65102580　团体订购:86-21-65104505
出版部电话:86-21-65642845
上海盛通时代印刷有限公司

开本 890 毫米×1240 毫米　1/32　印张 10.5　字数 239 千字
2025 年 5 月第 1 版
2025 年 9 月第 1 版第 3 次印刷

ISBN 978-7-309-18014-5/G·2699
定价:69.00 元